La arquitectura y el urbanismo como servicio público

Architecture and Urban Planning as a Public Service

Sigfrido Herráez, decano del COAM

ESP Cuando hace dos años, la Junta de Gobierno del COAM se planteó que el urbanismo y los urbanistas volvieran al colegio de arquitectos, lo hizo consciente de que el servicio público de los arquitectos que hacen ciudad es tan importante como el papel del arquitecto creador de espacios cerrados.

Es obligado para nosotros mantener siempre una intensa relación con las condiciones del lugar, tanto en obras del paisaje como de arquitectura y, lo más importante, ser sincero en el diseño, ya sea de una calle, de una plaza, de un edificio... La sinceridad redundará en calidad de vida para los 'clientes' —'ciudadanos'— que harán uso de esos elementos. El colegio será el foro de debate para nuestro nuevo plan general de la ciudad de Madrid, al igual que lo es para mostrar la obra de los mejores arquitectos madrileños.

Castro, Zuazo, Bidagor... y tantos otros compañeros que hicieron ciudad abrieron las puertas de ese 'nicho' de nuestra profesión en el que quieren entrar muchos otros profesionales y para el cual estamos magníficamente formados académicamente, habiendo estudiado en detalle la historia de nuestras ciudades y compartiendo conocimientos para hacerlas cada vez más seguras, más saludables y, también, con niveles más sostenibles de consumo de energía. Así, por ejemplo, el trazado y orientación de una calle ahorrará energía en las futuras viviendas alineadas a lo largo de la misma como también la variedad de relaciones y la mezcla de usos permitirá una movilidad más sostenible sin dispendio de recursos energéticos.

Es nuestra obligación abrir las puertas de nuestro colegio a estos debates y reflexiones que enriquecen nuestra amada profesión de arquitectos.

ENG Two years ago, when the governing board of COAM contemplated the return of urban planning and town planners to the architects' association, it did so in the awareness that the public service provided by architects who design cities is as important as the role of architects who design closed spaces.

We are invariably obligated to maintain an intense relationship with the conditions of place, both in works of landscape architecture and of architecture, and more importantly to be sincere in its design, whether that of a street, a square or a building. Sincerity results in quality of life for the 'clients' –'citizens'– who will be making use of those elements. The association will be the discussion forum for the new master plan of the city of Madrid, just as it is for showcasing the work of Madrid's best architects.

Castro, Zuazo, Bidagor and many other fellow members who designed the city opened the doors to that 'niche' in our profession through which many other professionals would like to enter, and for which we are magnificently qualified in the academic sense, having studied in detail the history of our cities and shared our knowledge to make them increasingly safer and healthier and to provide them with more sustainable levels of energy consumption. For example, the design and orientation of a street will save energy for the future dwellings laid out along it, just as the variety of relationships and mixture of uses will allow more sustainable mobility without wasting energy resources.

It is our obligation to open the doors of our association to these discussions and reflections that enrich our beloved architectural profession.

#387 Territorio

¿Cómo se transformará Madrid de aquí al año 2050? ¿Cómo se dará aire limpio, agua y energía a más de 8 millones de habitantes? ¿Dónde se debe expandir la ciudad para preservar, por ejemplo, la producción de alimentos o la biodiversidad? ¿Cómo se debe renovar el caserío existente? ¿Sólo con aislamientos térmicos o, por el contrario, con innovaciones tipológicas?

Territorio: la necesidad de un plan

Territory: The Need for a Plan

Junta de Gobierno del COAM

ESP Cualquier territorio que se precie necesita conservar la identidad y la herencia recibida, al mismo tiempo que busca el progreso y el desarrollo sostenible; volviéndose imprescindible una visión de conjunto para saber hacia dónde se quiere ir, preservando el equilibrio territorial y aprovechando plenamente sus potenciales.

Así, la geografía, la diversidad, la estructura urbana y las mejoras producidas por las infraestructuras y la urbanización de pueblos y ciudades se constituyen en potencialidades del territorio.

Sin embargo, la zonificación de los usos residenciales, comerciales y productivos, al ocupar diferentes localizaciones en el territorio, produce unas necesidades de movilidad de la población que desmejora la vida urbana, fragmenta los espacios naturales, la pérdida de la diversidad del paisaje y el aumento de los costos de servicios y consumo energético, por no hablar de la falta de acceso a viviendas asequibles.

Desde el punto de vista de la ordenación urbanística, el territorio se identifica con la planificación y la gestión de las áreas geográficas para garantizar un desarrollo equilibrado y sostenible. En este contexto, el territorio se concibe como un espacio físico en el que se llevan a cabo actividades humanas y se establecen relaciones entre la sociedad y el entorno natural.

Fue a finales de los años veinte del siglo pasado cuando las ideas formuladas por urbanistas ingleses acercaron el urbanismo español al concepto de territorio. Se planteó la vuelta al orden a través de la planificación territorial, mediante el llamado 'Regional planning' de los informes del Gran Londres; partiendo de la idea de que la vieja ciudad constituía el caos y de que los crecimientos debían planificarse con núcleos satélites de población autónoma.

Hoy, las ciudades y sus áreas metropolitanas se constituyen en una nueva realidad urbano-territorial caracterizadas por la dispersión de lo urbano, o una segmentación continua y un consumo excesivo de suelo que supera los límites administrativos tradicionales.

El desarrollo del concepto de territorio desde la ordenación urbanística implica la planificación y gestión de un espacio geográfico con el objetivo de lograr un desarrollo equilibrado, sostenible y acorde a las necesidades de la sociedad. Esto implica considerar aspectos sociales, económicos y ambientales para garantizar un uso eficiente y responsable del territorio, comprendiendo el pasado, entendiendo el presente e intuyendo el futuro; todo ello sin perder el camino del progreso y sin olvidar que uno de los objetivos es el aumento de la calidad de vida de los ciudadanos.

Madrid, en 1995, se dotó de una Ley de Medidas de Política Territorial, Suelo y Urbanismo, que han sido revisadas recientemente en 2022, donde se definen Instrumentos y Planes de Ordenación del Territorio que debían servir para determinar la estrategia territorial de nuestra Comunidad y la organización racional y equilibrada de su utilización.

Todavía hoy, el territorio de la Comunidad de Madrid adolece de un planeamiento territorial con una visión metropolitana. Desde el COAM creemos firmemente que dicha planificación territorial facilitaría que Madrid capital pueda compatibilizar de una manera más fácil, sencilla y eficaz su nuevo planeamiento con los municipios periféricos que le dan un soporte social y económico.

ENG Any self-respecting territory needs to maintain its identity and the legacy it has received, while striving for progress and sustainable development, for which it is essential to have a comprehensive view that allows the road ahead to be ascertained, to preserve the territorial balance and to fully develop its potential.

In this respect, the geography, diversity, urban structure and improvements brought about by infrastructure and urban development of towns and cities make up the potential of a territory.

However, when the zoning of residential, commercial and productive uses leads to the occupation of different locations in the territory, it creates needs for population mobility that degrades urban life, fragments natural spaces and causes the loss of landscape diversity and increases costs of services and energy consumption, in addition to lack of access to affordable housing.

From the perspective of urban land use planning, the territory is identified by the planning and management of geographical areas to guarantee balanced and sustainable development. In this context, the territory is conceived as a physical space in which human activities are carried out and relationships are established between society and the natural environment.

The ideas formulated by British urban planners brought the concept of territory to urban planning in Spain in the late 1920s. A return to order was proposed through the regional planning of the Greater London Plan, which began with the idea that the old city was the embodiment of chaos and that growth had to be programmed in the form of autonomous satellite towns.

Cities and their metropolitan areas today are embodied by a new urban-territorial reality characterised by dispersion of the urban, or a continuous segmentation and an excessive consumption of land that eclipses traditional administrative boundaries.

The development of the concept of territory in urban land use planning involves planning and managing a geographic space to achieve balanced and sustainable development in accordance with the needs of society. This entails the consideration of social, economic and environmental aspects to guarantee the efficient and responsible use of the territory, comprehending the past, understanding the present and grasping the future without losing track of progress and forgetting that one of its aims is to improve the quality of life for its inhabitants.

In 1995, Madrid was given a Law of Political, Territorial, Land and Urban Planning Measures, recently revised in 2022, which defined Territorial Land Use Instruments and Plans that were to be used to determine the territorial strategy of the autonomous region of Madrid and the rational and balanced organisation of its use.

Still today, however, the territory of the Madrid region lacks a territorial plan with a metropolitan vision. COAM firmly believes that such territorial planning would allow the new approach taken by the city of Madrid to be made simply and effectively compatible with the peripheral municipalities that provide its social and economic support.

Territorio

Territory

Javier García-Germán y Alejandro Valdivieso
Directores de *Arquitectura*

ESP El presente número de *Arquitectura*, centrado en la noción de territorio, desarrolla el primero de los seis temas (territorio, clima, inclusión, cuerpo, belleza y práctica) del proyecto editorial *El futuro Madrid*. De entre los tres ejes —sostenibilidad, inclusión y belleza— que estructuran la agenda de la New European Bauhaus sobre la que se ha contextualizado parte del proyecto, los números dedicados a territorio y a clima abordan aquellas cuestiones que giran alrededor de la sostenibilidad, desmitificándola con el objetivo de convertirla en una herramienta real de trabajo para los arquitectos.

Discutir sobre la noción de territorio resulta complejo porque pone encima de la mesa cuestiones tan dispares como las ecológicas y de biodiversidad, las metabólicas y de seguridad alimentaria, o las sociales y migratorias; además de incluir asuntos disciplinares relativos al ejercicio profesional del diseño urbano, del urbanismo y de la planificación territorial. Dado que resulta difícil abordar todos estos temas en un número que por su formato tiene limitada su extensión, las dimensiones sociales y antropológicas del territorio se incluirán en los números dedicados a inclusión y a cuerpo —reforzándose así la condición *transescalar* de la línea editorial—, centrando el presente número en aquellas cuestiones medioambientales que afectan al territorio físico de la región de Madrid.

Durante los últimos veinte años, como consecuencia del proceso de globalización, Madrid ha pasado a formar parte de la red de ciudades globales, conformando un importante nodo que conecta Europa con Latinoamérica. Madrid canaliza crecientes flujos económicos y migratorios que están haciendo que la ciudad esté superando su condición refractaria, convirtiéndose en una ciudad más abierta, diversa y plural.

Con todo, los mayores cambios están aún por llegar. Según Eurostat, Madrid será de entre las grandes ciudades europeas la única que crecerá por encima del 20%, aumentando su población en aproximadamente 1,4 millones de habitantes en los próximos veinticinco años. En este contexto de gran flujo migratorio, Madrid requiere un territorio bien organizado, dotado de unas infraestructuras ecológicas que lo aprovisionen de aire, agua, energía y materiales, sin menoscabar sus dimensiones humanas y *más-que-humanas*.

A pesar de ello, enfrentada a estos grandes retos, Madrid no está a la altura de las circunstancias. Sorprendentemente, la Comunidad de Madrid carece de cualquier plan regional que organice mínimamente su territorio. Lo procesos de urbanización se articulan desde dos frentes. Por un lado, están los planes sectoriales que, en materia de infraestructura de transporte o de sanidad, por ejemplo, establecen las correspondientes consejerías. Por otro, está el crecimiento urbano dirigido desde los ayuntamientos. Éstos, por su idiosincrasia, están más centrados en cuestiones inmobiliarias y de financiación —o en la atracción del turismo, como es el caso del Ayuntamiento de Madrid— que en entender hasta qué punto en la *construcción* del territorio están las mejores oportunidades para mejorar la condición urbana.

Hoy en día no se puede conceptualizar la ciudad como se ha venido haciendo. Ésta ha dejado de ser el ente edificado que se configuraba como oposición al campo. Los procesos de urbanización ya superan ampliamente la huella construida de la ciudad para extenderse a aquellos territorios alejados en el espacio y en el tiempo; de donde proceden los materiales que consume y adonde van a parar los que deshecha. De este modo, el Madrid urbano supera sus territorios urbanizados hasta alcanzar todos aquellos otros territorios desde los que se abastece, y dónde descarga sus residuos, a veces incluso alejados del ámbito peninsular.

Bajo esta nueva conceptualización, se hace necesario reconsiderar el marco geográfico en el que se enclava Madrid. Se trata del territorio que le da su potencial y que marca sus limitaciones. Esto supone entender su estructura hidrogeológica —y aquellas cuestiones como la correlación entre disponibilidad de agua y el crecimiento poblacional— o el conocimiento de aquellos recursos materiales que delimitan la disponibilidad de los materiales de construcción. De la geosfera a la biosfera, resulta también fundamental entender que el territorio es compartido con otros seres más allá de lo humano, resultando necesario desplegar un mosaico territorial que permita entender en profundidad sus variables ecológicas, y así poder determinar dónde y cómo desplegar los procesos de urbanización, y dónde no.

La contribución de Chris Reed y de Pablo Pérez-Ramos, invitados a editar este número junto con los directores, ha sido necesaria para articular una mirada territorial desde el prisma de la ecología. Esta cuestión, que ha sido articulada en otros países desde las disciplinas de la arquitectura del paisaje y de la ecología del paisaje, es una de las carencias de la formación de los urbanistas españoles y, en cierta medida, es responsable del estado de la cuestión. Esto explica aquellas propuestas —recogidas en el número— sobre renaturalización o *rewilding* del *hinterland* rural de Madrid como manera de compensar las prácticas extractivas que lo han esquilmado durante décadas.

Pasando de la escala territorial a la urbana, en la misma línea de pensamiento ecológica se encuentra, por ejemplo, el proyecto de la Estación Intermodal de Logroño de Ábalos+Sentkiewicz. Frente a los proyectos presentadas a concurso aún radicados en la forma urbana, los arquitectos entienden que su propuesta de un nuevo parque que cubra las vías del tren es únicamente viable desde la red de aguas subterráneas de la ciudad. Alimentadas por la proximidad al río Ebro, estas venas subterráneas garantizan el caudal de agua que el mantenimiento del parque necesita.

Es importante señalar que la escala de la arquitectura también ofrece oportunidades para desplegar una agenda territorial. Es el caso, entre otros, de la Rambla Climate-House (Molina de Segura, Murcia) de Jaque (OFFPOLINN) y Mesa. Siendo un ejemplo más discursivo que performativo, muestra cómo una construcción por pequeña que sea puede diseñarse desde variables ecológicas y territoriales. Desde la incapacidad de la arquitectura para operar a la escala de la cuenca fluvial de toda la rambla, esta construcción ofrece oportunidades para rediseñar la cohabitación con los flujos biogeológicos presentes en el lugar, y para crear una nueva domesticidad que superpone lo humano y lo no humano.

Conceptualizar la ciudad desde la ecología también requiere un entendimiento metabólico que permita medir cuantitativa y cualitativamente los continuos intercambios de materia, energía, información y población entre la ciudad y el extenso territorio del que depende. Este entendimiento permite visibilizar el resultado de la interacción de los sistemas sociales y ecológicos en los complejos procesos de urbanización. Así se aborda en el número, exponiendo la superación de la actual visión tecnocrática del metabolismo urbano —campo actualmente dominado por ingenieros dedicados a cuantificar los flujos de materia y energía necesarios para movilizarlo— para incidir en sus variables cualitativas.

Hay que destacar que un entendimiento metabólico de la ciudad está estrechamente vinculado a la escala constructiva de la arquitectura. Conceptos de actualidad como la trazabilidad y la logística de los materiales, las prácticas no-extractivas, la necesidad de crear un catastro de materiales, el *urban mining* o los sistemas constructivos reversibles, forman parte de la ecología de materiales de un edificio y están estrechamente vinculados al concepto de metabolismo urbano.

En este sentido, es paradigmática la reciente reivindicación de la ecología material de la madera como material de construcción sostenible por excelencia. No sólo se trata de un recurso constructivo renovable, sino que además se erige como uno de los pocos que constituyen un auténtico sumidero de CO_2 y, por tanto, combate de manera directa el calentamiento global. Las bondades de la construcción en madera han traído un auténtico fervor en su empleo, con notables ejemplos como la biblioteca Gabriel García Márquez de SUMA arquitectura en Barcelona, un buen ejemplo en el que lo cuantitativo deviene en cualitativo. Así y todo, la construcción en madera no está exenta de detractores que señalan cuanto ésta constituye una práctica extractiva que perpetua las relaciones de dependencia entre la ciudad y los territorios de los que se alimenta.

Frente a esta nueva Atlantis que ahora considera la madera como el nuevo hormigón, han aparecido propuestas que entienden la ciudad como fuente de recursos materiales. Trabajando alrededor de estas cuestiones se sitúa, también en Barcelona, el proyecto 10K House de TAKK. Se trata de una intervención radical de reciclaje urbano, realizándose la reforma integral de un piso de 50 m2 con un presupuesto de ejecución material de 10.000 €. TAKK propone una intervención de acupuntura de máxima austeridad, siendo además su contribución al metabolismo urbano desde un punto de vista cuantitativo indudablemente ejemplar, al controlar su ecología de materiales y minimizar la inversión en material y energía.

Estas dos visiones contrapuestas son abordadas en la segunda entrega del Café Houellebecq. Sus invitados discuten esta vez acerca del riesgo de convertir la sensibilidad por el territorio en un nuevo romanticismo —ahora reduccionista— que limite la paleta de materiales a los recursos naturales disponibles localmente y a los tipos constructivos vernáculos, como es el caso del empleo de la piedra de marés por el IBAVI en Mallorca. Este entendimiento regionalista se contrapone a una visión más cosmopolita que aboga los sistemas constructivos industriales y, también, por un apercibimiento material basado en el reciclaje, procedente del metabolismo urbano.

El número incluye un ensayo fotográfico de Luis Asín intercalado con una serie de ortofotos del territorio de la región que pretende dos cosas. De una parte, insistir en cuestiones tales como la riqueza medioambiental del territorio de Madrid, así como en los contrastes a los que nos conduce una acelerada y progresiva antropización. De otra, alimentar el debate en torno al feísmo de los paisajes urbanos cacofónicos que son tan característicos del territorio de Madrid. La dimensión estética de la ciudad está directamente vinculada no sólo con la falta de la presencia de urbanistas y arquitectos en la toma de decisiones sino, principalmente, con un entendimiento ilustrado de la acción política que, en el caso de Madrid, no existe.

El conjunto de desafíos urbanos supera la capacidad de la disciplina del urbanismo para afrontar el futuro por venir. Es necesario abordarlos colectivamente y abarcando una mayor escala, todo ello con el objetivo de buscar nuevas fórmulas de habitabilidad que vayan más allá de los actuales límites físicos y organizativos de la ciudad para encontrar nuevas maneras de entender lo urbano. Un cambio hacia lo territorial puede contribuir a abordar la creciente complejidad de la ciudad-región, posibilitando la superposición de lo humano y de lo *más-que-humano*, incorporando lo que hasta ahora no ha sido considerado parte de ella. Este giro puede ofrecer nuevos marcos de pensamiento y nuevas oportunidades para las disciplinas del planeamiento y del urbanismo, así como para las políticas urbanas y de gobernanza. Sólo quedaría preguntarse —y no es poco— de qué manera puede cambiarse el marco normativo para favorecer nuevas formas de ejercicio profesional que comiencen a resolver desde su base todas estas cuestiones.

ENG This issue of *Arquitectura*, which focuses on the notion of territory, is the first of the series covering the six topics (territory, climate, inclusion, body, aesthetics and practice) of the editorial project *The Madrid of the Future (El futuro Madrid)*. Of the three values that structure the agenda of the New European Bauhaus initiative —sustainability, inclusion and aesthetics— on which part of the project has been contextualised, the aspects devoted to territory and climate deal with those factors concerned with sustainability, demystifying it so as to make it a veritable working tool for architects.

Discussing the notion of territory is a complex endeavour because it raises such disparate topics such as environment, biodiversity, urban metabolism and food security, in addition to social and migratory aspects, and matters relative to the discipline-related aspects of the professional practice of urban design, urban development and territorial planning. Given that it is difficult to approach these subjects in an issue of limited size, the social and anthropological dimensions of territory will be covered in the issues devoted to inclusion and body —thus strengthening the transscalar nature of the editorial line— with this issue focusing on the environmental aspects that affect the physical territory of the Madrid region.

As a consequence of the globalisation process, Madrid has over the last twenty years come to join the network of global cities and has become an important hub connecting Europe with Latin America. Madrid is channelling growing economic and migratory flows that are causing the city to overcome its resistance to change and become a more open, diverse and plural city.

Nevertheless, the greatest changes are still to come. According to Eurostat, Madrid will be the only one of the major European cities to grow by more than twenty per cent, with its population increasing by approximately 1.4 million inhabitants in the next twenty-five years. In this context of significant migratory flows, Madrid requires a well-organised territory that is endowed with ecological infrastructure to supply it with air, water, energy and material resources without diminishing its human and extra-human dimensions.

Despite facing these major challenges, Madrid is not in a position to rise to the occasion. Surprisingly, the Community of Madrid autonomous region lacks any regional plan to provide a bare level of territorial organisation. Its urban development processes are concentrated along two axes. The first of these is the sector plans that are established by the corresponding government departments, such as transport and health infrastructure. The other is urban growth, which is managed by the different local councils. These, owing to their idiosyncrasies, are more focused on property development and finance-related matters —or on attracting tourism, as is the case of Madrid City Council— than on understanding to what extent the best opportunities for improving the urban condition are to be found in *constructing* territory.

The city can no longer be conceptualised as it has been until now. It has ceased to be the built-up entity whose configuration conflicted with the countryside. Urban development processes now greatly exceed the built imprint of the city and extend to those territories that, distant in space and time, are the source of raw materials consumed by it and the destination of everything it discards. In this way, urban Madrid goes beyond its urbanised territories to take in those that supply it and those that receive its waste, at times even far away from the Spanish mainland.

Under this new conceptualisation, the geographical framework in which Madrid is placed needs to be reconsidered. It is the territory that gives Madrid its potential and defines its limitations. This entails understanding its hydrogeological structure —and factors such as the correlation between the availability of water and population growth— and knowledge of those material resources that restrict the availability of building materials. From the geosphere to the biosphere, it is also essential to understand that Madrid's territory is shared by other non-human beings. For this, it is necessary to create a territorial mosaic that provides in-depth understanding of its environmental variables, which allow decisions to be made on where and how to roll out the processes of urban development, and where they should be avoided.

The contribution from Chris Reed and Pablo Pérez-Ramos, guest editors for this issue together with the journal's editors, has been essential for constructing a view of territory from the ecological perspective. This aspect, which is patent in other countries through the disciplines of landscape architecture and landscape ecology, is one of the shortcomings in the education of Spanish urban planners and, to a certain extent, to blame for the current situation. This explains the proposals —included in this issue— on the rewilding of Madrid's rural hinterland as a way of compensating for the extractive practices that have overexploited it for decades.

Moving from the territorial scale to the urban, an example of this same line of ecological thinking is found in the design for the Logroño Intermodal Station by Ábalos+Sentkiewicz. In contrast to the competition designs that continue to be rooted in the urban form, the architects understood their proposal for a new park to cover the railway tracks is only made feasible by the city's groundwater network. Fed by the proximity of the River Ebro, these underground veins guarantee the flow of water required for the park's upkeep.

It is important to point out that the scale of architecture also offers opportunities to create a territorial agenda. This is the case, among others, of the Rambla Climate-House (Molina de Segura, Murcia) by Jaque (OFFPOLINN) and Mesa. More a discursive than performative example, it shows how a building, regardless of its small size, can be designed according to ecological and territorial variables. Given the inability of architecture to channel water flows on the scale of an entire ravine (*rambla*), this building offers the opportunity to redesign a co-existence with the bio-ecological drainage present in the place and to create a new model of domesticity that overlaps the human with the non-human.

Conceptualising the city from the ecological perspective also requires a metabolic understanding that allows quantitative and qualitative measures to be made of the continuous exchange of material, energy, information and population between the city and the extensive territory on which it depends. This understanding allows the result of the interaction of social and ecological systems to be made visible in the complex urban development processes. This is addressed in this issue, which demonstrates how the current technocratic view of urban metabolism —a field now dominated by engineers dedicated to quantifying the material and energy flows required to activate it— can be overcome to allow its qualitative variables to have an impact.

It should be stressed that a metabolic understanding of the city is closely linked to the constructive scale of architecture. Current concepts such as material traceability and logistics, non-extractive practices, the need to create a materials registry, urban mining and reversible building systems form a part of the material ecology of a building and are closely linked to the concept of urban metabolism.

In this sense, the recent vindication of the environmental impact of wood as a quintessentially sustainable building material is paradigmatic. Not only is it a renewable building resource, but it is also considered one of the few to act as a carbon sink, therefore making it a direct way of fighting against global warming. The benefits of building in wood have led to ardent supporters of its use, with Barcelona's Gabriel García Marquez Library, by SUMA Arquitectura, a notable example of how the quantitative is made to become qualitative. However, building in wood is not without its detractors, who point out that it is an extractive practice that perpetuates the dependence of the city and the territories on which it feeds.

In contrast with this new Atlantis that now considers wood to be the new concrete, designs have emerged that understand the city as a source of materials. The 10K House project by TAKK, also in Barcelona, works on this premise. This radical urban recycling intervention consisted of the entire refurbishment of a 50m2 flat with a total building cost of €10,000. TAKK executed a highly austere, acupuncture-like intervention, with an exemplary contribution to urban metabolism from the quantitative perspective by controlling the environmental impact of the materials used and minimising investment in material and energy.

These two opposing views are addressed in the second instalment of Café Houellebecq. Guests in this section discuss the risks of turning sensitivity for territory into a reductionist manner of espousing a new environmental romanticism that limits the range of materials to locally available natural resources and to vernacular building styles, exemplified by the use of Marés stone by IBAVI in Majorca. This regionalist thinking is contrasted by a more cosmopolitan view that advocates industrial building systems and the sourcing of recycled material from urban metabolism.

The issue includes a photo essay by Luis Asín, interspersed with a series of territorial orthophotos of the region that serves two purposes. The first is to highlight aspects such as the environmental wealth of Madrid's territory, and the contrasts driven by hasty and progressive anthropisation. The second it to encourage discussion on the ugliness of cacophonous urban landscapes that are so characteristic of Madrid's territory. The aesthetic dimension of the city is directly linked not only to the lack of the presence of urban planners and architects in decision-making, but mainly to an illustrated understanding of political action, which does not exist in the case of Madrid.

The totality of urban challenges exceeds the ability of the urban planning discipline to cope with what the future holds. It is necessary to address them collectively and at a greater scale for the purpose of finding new formulas of habitability that go beyond the current physical and organisational limits of the city to discover new ways of understanding urban design. A change towards territorial thinking may contribute to tackling the growing complexity of the city-region, enabling an overlapping of the human and the extra-human and incorporating what has until now not been considered a part of it. This change in direction offers new thought frameworks and new opportunities for the planning and urban design disciplines, and for urban and governance policies. All that is left is to wonder —no small task— how the regulatory framework can be changed to encourage new forms of professional practice that may start to resolve all of these questions from the ground up.

AQUÍ
KUBƎRA®
MAXI CHINA
johnson
CLIMATIZACIÓN
Aerotermia
Johnson
¡Y vive mejor!
ponjohnsonentuvida.es
KUBERA
CASAS

El Fin del urbanismo?

The End of Urbanism?

Chris Reed

No basta con un nuevo adjetivo u otra novedosa formulación del urbanismo. Si bien la ciudad aún no está muerta, el urbanismo no puede por sí mismo captar la urgencia de los problemas, ni siquiera tiene la amplitud de perspectiva necesaria para afrontar lo que está en juego ahora y, menos todavía, lo que está por venir.

ESP ¿Ha llegado a su fin la era del urbanismo? ¿Es hora de ir más allá de la ciudad? ¿O definitivamente ya la hemos dejado atrás? En la década de 1990, Charles Waldheim y Mohsen Mostafavi introdujeron el término *landscape urbanism* como una nueva vía crítica para el explorar el pensamiento del diseño. Fue, en muchos sentidos, una respuesta a los obsoletos campos del diseño urbano (que devino en una disciplina autorreferencial, obsesionada con la forma colectiva y centrada en los edificios) y de la arquitectura del paisaje (que había abandonado sus estrechas interrelaciones con los sistemas ambientales e infraestructurales que formaban parte intrínseca de su origen en Norteamérica, dejándolo como un simple arte decorativo sin impacto urbanístico). El *landscape urbanism* representó un cambio radical en el pensamiento, incorporando los sistemas y los procesos, así como los protocolos del paisaje como agentes formativos. Fue difundido por personas como James Corner y Stan Allen, informado por el trabajo de ecólogos y urbanistas como Nina-Marie Lister y firmas como West 8, y ayudó a mostrar las formas en las que el espacio abierto y el paisaje podrían transformar la forma en que organizamos y experimentamos las ciudades. En este sentido, tanto el trabajo que desarrollo en mi oficina, como mis tareas de investigación y docentes, han buscado aplicar, ampliar y probar estas ideas en diversos lugares y formas. En las décadas que han transcurrido desde el inicio de esta disciplina, el énfasis en el paisaje y el espacio abierto tanto como motor y como parte constitutiva de las ciudades y del urbanismo, ha tenido un enorme éxito en la transformación y el rejuvenecimiento de ciudades por todo el mundo.

Desde aquellos primeros días, han emergido nuevos urbanismos o formulaciones de los mismos. Mohsen Mostafavi introdujo la noción de *Urbanismo Ecológico* justo cuando comenzaba su liderazgo como Decano de la Graduate School of Design de Harvard. Este enfoque miraba de manera más amplia a las derivadas ecológicas y ambientales (materiales, metafóricas, teóricas) del diseño y el urbanismo, y estableció una agenda tanto para la escuela como para las disciplinas de la arquitectura, la arquitectura del paisaje y el urbanismo, que ha resonado durante más de una década. Del mismo modo, otros profesionales y pensadores, ahora centrados en los movimientos de sostenibilidad y los impactos del cambio climático, introdujeron adjetivos como "verde", "ambiental" y "biofílico" a la disciplina del urbanismo. Más recientemente, el *BioUrbanism* de Adrian McGregor o el *Biospheric Urbanism* de Bas Smets, abordan las implicaciones planetarias de lo que hacemos y de todo lo que está vivo. Si bien el trabajo desarrollado es muy interesante, todo este debate plantea preguntas (ciertamente irónicas) como las siguientes: ¿será el siguiente urbanismo "galáctico" o "alienígena"? ¿cómo se puede llegar a abarcar más?

FIG 01. Los Angeles, California EEUU. [Mike Belleme].

En paralelo a esta evolución, otros muchos han mirado más allá de las configuraciones tradicionales de la ciudad y del urbanismo, extendiendo su trabajo a redes y territorios todavía más amplios, así como a procesos de urbanización concomitantes y en evolución. Neil Brenner y sus colegas hablaron de las fuerzas de la *Urbanización Planetaria*, vinculadas a las redes económicas y de extracción/producción/distribución globales, y sostienen que las ciudades (o al menos las fuerzas de urbanización que han dado origen a las mismas) lo son todo y están en todas partes. Rem Koolhaas ha planteado que el campo es ahora el lugar donde se están produciendo las transformaciones más significativas. Muchos otros se han embarcado en viajes similares en las afueras de las ciudades, y a veces incluso más allá. Sin embargo, estas formulaciones continúan planteando binarismos y falsos dualismos: ciudad versus no-ciudad; urbanismo planetario versus lo intacto (o el vacío, por implicación); humano versus no-humano.

Sin embargo recientemente, investigadores como Lola Shepard y Leena Cho con su trabajo sobre el Ártico y el Norte Global respectivamente, han contrarrestado este trabajo poniendo en primer plano a personas y a lugares situados en áreas muy remotas del mundo: aquellas que están fuera de las redes económicas globales y que escapan de las formulaciones urbanas más típicas, como por ejemplo la ciudad, el suburbio, lo periurbano, la metrópoli, lo rural, el campo, etc. Este trabajo reconoce de manera significativa a pueblos indígenas que han vivido y prosperado en muchos de estos lugares durante generaciones, aunque a menudo no han sido reconocidos, y que incluso han sido dejados de lado, en muchas de las formulaciones occidentales desarrolladas sobre el territorio y los asentamientos humanos. Igualmente, el trabajo de Jane Hutton sobre los *Paisajes Recíprocos* pone énfasis sobre algunas de estas ideas. En paralelo al estudio riguroso de una serie de obras paradigmáticas de arquitectura del paisaje, Hutton ha investigado la red de lugares de extracción y producción de dónde proceden sus materiales, así como los dañinos efectos sociales y ambientales que han producido. Todos estos autores proponen formulaciones de habitabilidad y vida colectiva que van mucho más allá de los límites físicos y organizativos de la ciudad, y que con razón cambian el enfoque hacia una multiplicidad de nuevas formulaciones urbanas y renovados marcos de pensamiento.

Hoy en día nos enfrentamos a nuevas y urgentes crisis que exigen innovadoras agendas. La crisis climática y de biodiversidad están poniendo en peligro el planeta y amenazan con la extinción de muchas especies, e incluso de la raza humana. El aumento del nivel del mar, el aumento de la intensidad y frecuencia de las tormentas, las inundaciones, las sequías, el incremento de las temperaturas, el efecto isla de calor, los incendios, así como la pérdida dramática de biodiversidad, son el resultado de cambios que los humanos bien han iniciado o bien están acelerando. Del mismo modo, la liberación de carbono —en lugar de su secuestro— continúa exacerbándose. Se trata de un conjunto de desafíos que no se pueden resolver de manera pequeña y aislada, sino que necesitan ser pensados y trabajar colectivamente de manera diferente, tanto coordinadamente como con iniciativas independientes yabarcando una mayor escala, de modo que tengamos un impacto crítico.

Además, los cambios sociales y culturales —así como las crisis que generan— tienen gran importancia, cobrando enormes peajes. La conciencia racial y étnica, así como los movimientos que han llevado la discriminación y las prácticas discriminatorias al centro de atención, han ampliado las voces, tradiciones e historias que informan nuestro pensamiento y el trabajo que desarrollamos. El interés en lo indígena, en la raza, en la etnia o en la diversidad, ha permitido contar un abanico más amplio de historias, ha fomentado nuevas conversaciones sobre las cuestiones que se deben reconocer y conmemorar; y ha enriquecido la diversidad de aquellos que ostentan el poder y que están en la toma de decisiones. La geopolítica global, así como la guerra, amenazan y erradican a personas y lugares. Éstas situaciones han sentado las bases para el desarrollo de investigaciones y proyectos que están impulsando la equidad y la diversidad, generando puntos de partida frescos y renovados. En otras situaciones, desafortunadamente, es todavía necesaria una pausa antes de comenzar el duro trabajo que se requiere para revertir el status quo. Aún queda tanto por hacer...

Si tenemos en cuenta todo esto, no basta con un nuevo adjetivo u otra novedosa formulación del urbanismo. Si bien la ciudad aún no está muerta, el urbanismo no puede por sí mismo captar la urgencia de los problemas, ni siquiera tiene la amplitud de perspectiva necesaria para afrontar lo que está en juego ahora y, menos todavía, lo que está por venir. Para empezar las formulaciones del urbanismo (incluso en su sentido más amplio) a menudo excluyen los límites, las periferias, las áreas intermedias, lo remoto y lo salvaje, etc. También excluyen el medio ambiente (lo más-que-humano), que al fin y al cabo es un elemento equivalente, o quizás incluso mayor, que lo que nosotros somos como especie o aquello que hemos realizado como tal.

Es problemático que el urbanismo esté centrado necesariamente en lo humano, y que con frecuencia desarrolle una agenda capitalista y colonialista, ignorando por lo tanto un mundo más amplio y diverso. Se trata de una disciplina que por su naturaleza genera estructuras de poder excluyentes. Se necesitan otras formas de pensar. Por un lado, Donna Haraway, en la formulación que plantea del futuro por venir, expone alternativas que resuenan y pueden informar el debate sobre lo urbano:

> "...a diferencia del Antropoceno o del Capitaloceno, el Chthuluceno se compone de historias y prácticas multiespecies de devenir-con, en tiempos que siguen en juego, en tiempos precarios, en los que el mundo no está terminado y el cielo no ha caído (todavía). Estamos en juego el uno para el otro... El orden se reteje: los seres humanos están con y son de la tierra, y los poderes bióticos y abióticos de esta tierra son la historia principal."
> Donna Haraway, *Staying with the Trouble: Making Kin in the Chthulucene*

Entiendo que este tipo de replanteamiento permite un conjunto diferente de preguntas, escalas y modos de operación: ¿Para quién y para qué diseñamos? ¿Cómo una comprensión de lo "público" como *aquello que se tiene en común, lo que es abierto y compartido, al servicio del bienestar general* (parafraseado del Merriam Webster) puede abrir nuevas formas de investigación que podrían reflejar mejor los mundos, las especies y las diversas personas y lugares, entre nosotros y a nuestro alrededor? ¿Cómo podríamos pensar nuestro trabajo de modo que todavía incluya a lo humano, pero no se centra en los humanos, incorporando una comprensión más amplia de lo que se comparte: nuestra tierra común, nuestros recursos, el clima, las criaturas salvajes, las especies no humanas, todos arraigados en una comprensión de las coexistencias o multiexistencias que suponga vivir y respirar, relacionales y empáticas, vivir al lado y entre (ver el LifeWorlds podcast de Alexa Firmenich como un punto de partida). Y al hacerlo, ¿cómo podemos invocar a múltiples pueblos, culturas y sociedades (y sus visiones del mundo), reconociendo e incluyendo especialmente a aquellas poblaciones indígenas, razas, etnias e identidades no occidentales y no blancas que han sido marginadas en el pasado? ¿Cómo podemos abrazar las multiplicidades, los enredos y los limites borrosos? ¿Cómo podríamos delinear nuevas rúbricas de trabajo que encarnen estas ideas, tal vez bajo un paraguas que denomino DESIGN PUBLICS?

Entonces, un giro hacia lo territorial —como sugiere esta número de la revista, incluso reconociendo las potenciales implicaciones colonialistas del término (y la necesidad de ir más allá de las mismas)— puede ayudar a centrar el enfoque de lo urbano en la rica complejidad de la unión de lo humano y de lo no humano, y en lo que existe afuera pero que puede (o no) incluir la ciudad. Este cambio ofrece nuevos modos de pensar, nuevos puntos de partida y nuevos entendimientos, así como innovadoras oportunidades para la investigación, el diseño, la planificación, las políticas urbanas, la gobernanza y la práctica. Vivir y estar-con. En y a través de nuevos entornos. Un paso adelante (o mejor aún, a un lado) y más allá.

N.B.: Gracias a Julia Czerniak, Nina-Marie Lister, Bradley Cantrell e Isabel Moutard por las conversaciones que me han ayudado a articular y refinar algunas de las ideas clave aquí, así como a Javier García-Germán, Alejandro Valdivieso y Pablo Pérez-Ramos por sus ideas, así como por la oportunidad de dar vida a este texto.

FIG 02. Galveston, Texas EEUU. [Mike Belleme].

(A) new modifier to, or formulation of urbanism is not enough. While the city is not yet dead, the city alone—urbanism unto itself—cannot capture the urgency of the issues and the expanse of perspective needed for what is at stake now, and for what lies ahead.

ENG Has the era of urbanism come to an end? Is it time to move beyond the city? Or have we already left it behind? In the 1990s, Charles Waldheim and Mohsen Mostafavi introduced the term "Landscape Urbanism" as a new critical pathway for design thinking and exploration. It was, in many ways, a response to the fields of urban design—which had become somewhat inwardly focused, obsessed with collective form, and centered around buildings —and of landscape architecture— which had given up its close interrelationships with environmental and infrastructural systems that were intrinsically part of its origins in North America, leaving it as a decorative art without urbanistic impact. "Landscape Urbanism" represented a radical shift in thinking, with landscape systems and processes and protocols as formative agents, was expanded by folks like James Corner and Stan Allen, informed by the work of ecologists and planners such as Nina-Marie Lister and firms like West 8—and helped to showcase the ways in which open space and landscape could transform the manners in which we organize and experience cities. In this vein, my own practice, research and teaching have looked to apply, expand, and test these ideas in multiple venues and forms as well. In the ensuring decades since the field's inception, a focus on landscape and open space as both driver of and constituent part of cities and city design has met with enormous success in the transformation and rejuvenation of cities around the world.

Since those early days, various urbanisms (or formulations thereof) have flourished. Mohsen Mostafavi introduced the notion of an "Ecological Urbanism" just as he was inaugurating his leadership as Dean of the Harvard Graduate

School of Design: this framing looked more expansively at the ecological and environmental informants (material, metaphorical, theoretical) to design and planning, and set an agenda for both the school and the design disciplines that has resonated for over a decade. Other practitioners and design thinkers, focused especially on sustainability movements and the impacts of climate change, introduced modifiers like "Green," "Environmental," and "Biophilic" to the growing list of Urbanisms. Most recently, Adrian McGregor's "BioUrbanism" and Bas Smets' "Biospheric Urbanism" touch on the planetary implications of what we do, and on everything that is living. While there is very good work here, all this begs the question (admittedly tongue-in-cheek): is a "Galaxial" or "Alien" Urbanism next? How can we possibly go bigger?

In parallel to this evolution, many others have looked beyond traditional configurations of the city and of urbanism more broadly, extending their work to broader networks, territories, and concomitant, evolving processes of urbanization. Neil Brenner and other colleagues spoke to forces of Planetary Urbanization, linked to global economic and extraction/production/distribution networks, and argued that cities (or at least the forces of urbanization that have given rise to cities) are everything and everywhere. Rem Koolhaas has posited the countryside as the place where the most significant transformations are happening. Many others have embarked on similar journeys at the edges of cities, sometimes beyond. Yet these formulations continue to put forward binaries and false dualisms: city versus not-city; planetary urbanism vs the untouched (empty, by implication); human versus other-than-human.

In contrast, more recent design researchers like Lola Shepard and Leena Cho, with their parallel work and practices centered respectively on the Arctic and the Global North, have countered some of this work through foregrounding the people and places that exist in very remote areas of the world—outside of global economic networks and escaping more typical formulations of city, suburb, peri-urban, metropolis, rural, countryside, etc. This work importantly recognizes the indigenous peoples who have lived and thrived in many of these places for generations, though often unrecognized or pushed aside (or worse) in many Western formulations of land and human settlement. Jane Hutton's work on Reciprocal Landscapes puts an exclamation point on these ideas, vis-à-vis the deep study of a number of signature works of landscape architecture and their networked, reciprocal sites of extraction and production, as well as their deep and harmful social and environmental effects. All put forward formulations of inhabitation and collective living that go far beyond the physical and organizational confines of the city—and rightly shift focus to a myriad of other formulations and frameworks for thinking.

Today, we all face new and urgent crises, which demand innovative agendas. The climate and biodiversity crises have put the planet in peril and threaten the extinction of the human race, as well as many species that are endangered or have already been eradicated. Sea level rise, increasing intensity and frequencies of storms, flooding, drought, increased temperatures, urban heat, fire, and a dramatic loss of biodiversity are all the result of changes that humans have either initiated or accelerated. Carbon release rather than sequestration continues to exacerbate. Together, these are challenges that cannot be solved in small and isolated ways—we need to think and work differently, and collectively, both in concert with one another and as a series of independent, broader-scale initiatives—in order to have critical impact.

Moreover, social and cultural change—and crisis—loom large, with enormous human tolls. Racial and ethnic reckoning, and the movements that pushed discrimination and discriminatory practices into the limelight, have rightly expanded the voices, traditions, and histories that can inform our thinking and the work we do. A focus on indigeneity, race, ethnicity, and diverse identities have allowed a broader range of stories to be told, have sponsored conversations about whose histories are recognized and acknowledged, and who has decision-making and power. Global geopolitics—and warfare—threaten and are eradicating people and places. In some instances, these shifts and crises have laid the groundwork for richer and more equity-driven research and projects, new and fresh starting points; in others, a pause in fighting is needed before hard work begins. There is so much more work to do...

Given all this, a new modifier to, or formulation of urbanism is not enough. While the city is not yet dead, the city alone—urbanism unto itself—cannot capture the urgency of the issues and the expanse of perspective needed for what is at stake now, and for what lies ahead. To start, formulations of urbanism (even broadly) often exclude edge, peripheries, in-between areas, the remote, and the wild, etc. They also exclude the environment—the other-than-human—as an equal or perhaps even greater player that what we as a species are or have made. As problematic, urbanism necessarily focuses on the human and most often capitalist and colonialist enterprise—and therefore disregards the broader and more diverse world; it extends power structures that exclude.

Other ways of thinking are needed. For one, Donna Haraway, in her formulation of a new or future epoch, has framed alternate perspectives that resonate (and can inform) here:

> "...unlike either the Anthropocene or the Capitalocene, the Chthulucene is made up of ongoing multispecies stories and practices of becoming-with in times that remain at stake, in precarious times, in which the world is not finished and the sky has not fallen—yet. We are at stake to one another.... The order is reknitted: human beings are with and of the earth, and the biotic and abiotic powers of this earth are the main story."[5]
> Donna Haraway, *Staying with the Trouble: Making Kin in the Chthulucene*

FIG 03. Productive Landscape Alternatives, Detroit, Michigan EEUU [STOSS].

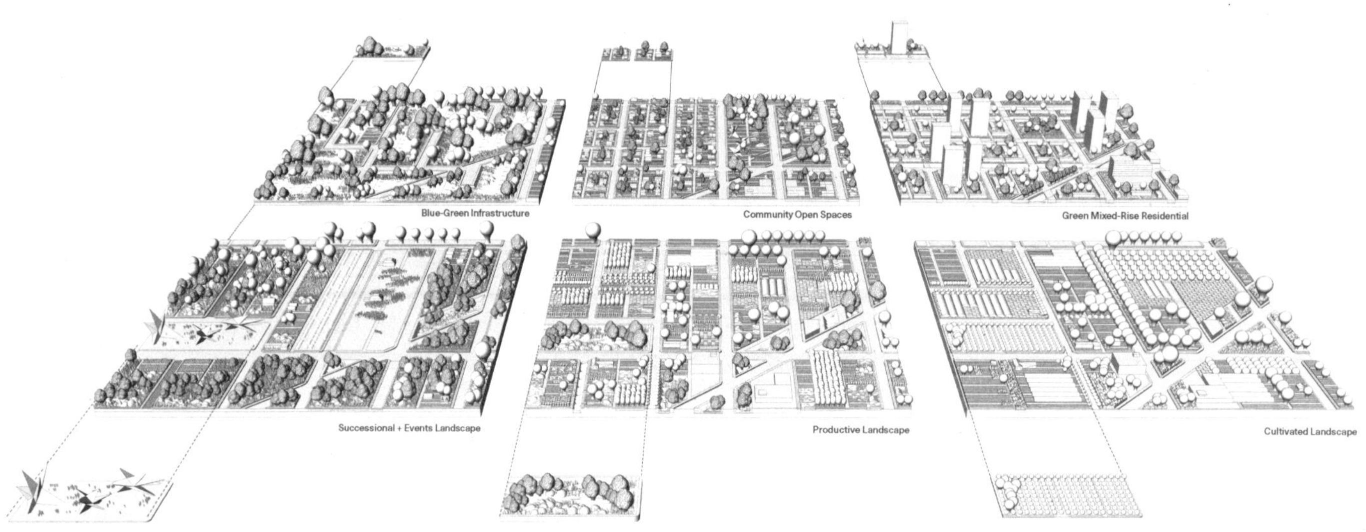

For me, this kind of re-framing allows for a different set of questions, scales, modes of operation: Who and what do we design for? How does an understanding of "public" as that which is held in common, what is open and shared, in service of the general welfare (paraphrased from Merriam Webster) open up new forms of inquiry that might better reflect the worlds and species and diverse people and places among and around us? How might we think of our work as still including the human but not centered on humans—on bigger understandings of that which is shared: our common earth, resources, climate, the weather, wild creatures, non-human species–all rooted in an understanding of living, breathing, relational, and empathetic co-existences or multi-existences, living besides and among (see Alexa Firmenich's LifeWorlds podcast as one point of departure). In doing so, how can we also invoke multiple peoples, cultures, societies—and their world views—especially recognizing and including those indigenous populations, non-Western, non-white races and ethnicities and identities who have been marginalized in the past? How can we embrace multiplicities, entanglements, and blurred edges? How might we outline new working rubrics that embody these ideas, perhaps under the umbrella of DESIGN PUBLICS?

A shift to the territorial, then—as this edition suggests, even with an acknowledgement of the term's potential colonialist implications (and an imperative to move beyond them)—can help to re-center our disciplinary focus on the rich complexities of human and non-human realms together, and on that which exists outside of but may (or may not) include the city. This shift offers new modes of thinking, new starting points, new understandings, and entirely new opportunities for research, design, planning, policy, governance, and practice. Living- and being-with. In and across new realms. A step forward—or, better yet, sideways—and beyond.

N.B. Thanks to Julia Czerniak, Nina-Marie Lister, Bradley Cantrell, and Isabel Moutard for conversations that have helped me to articulate and refine some of the key ideas herein, as well as to Javier García-Germán, Alejandro Valdivieso, and Pablo Pérez-Ramos for their insights and for the opportunity to bring this to life.

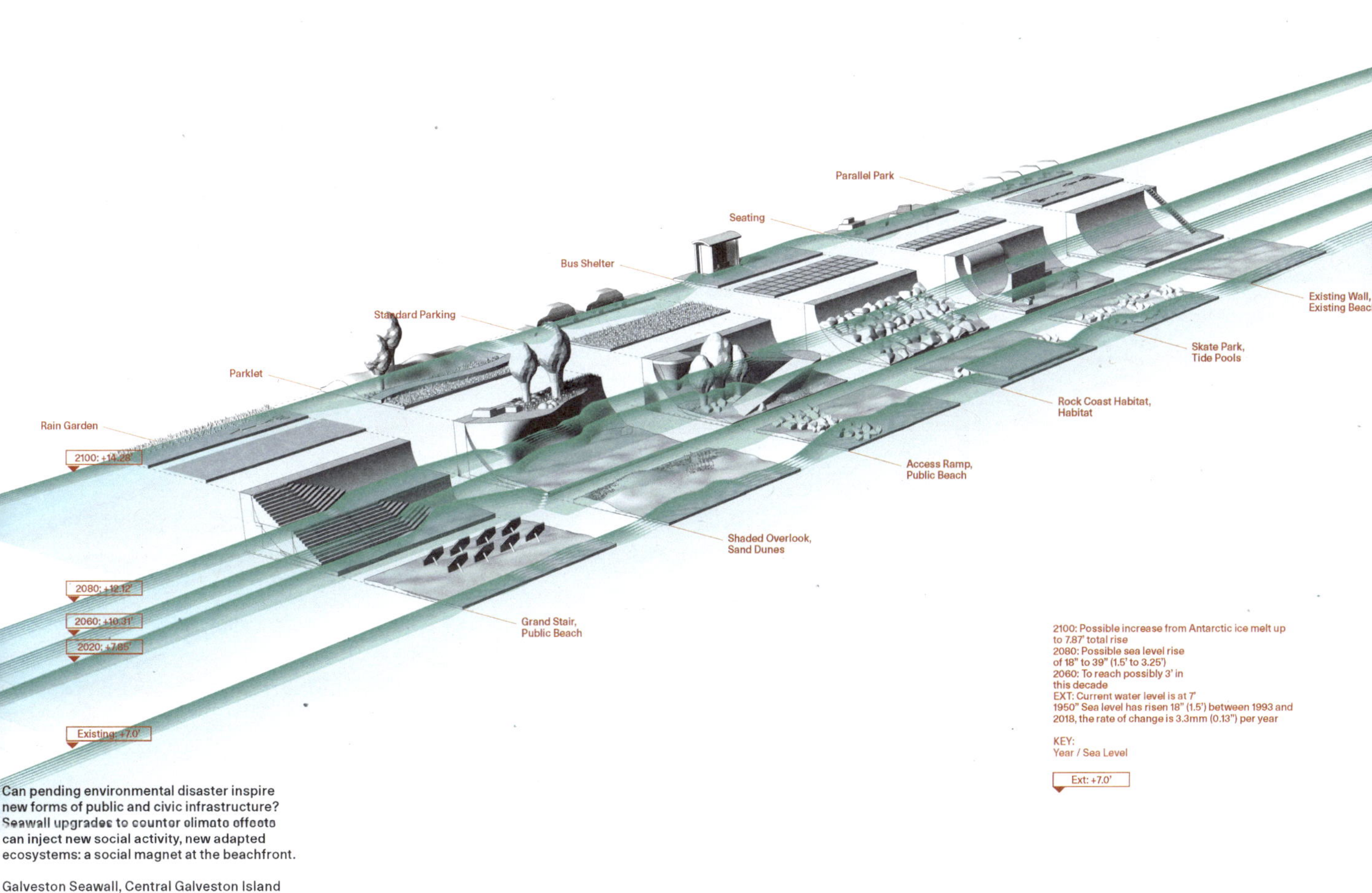

FIG 04. Mitigación de inundaciones y alternativas a diques, Galveston, Texas, EEUU [STOSS].

Concurso internacional de ideas para la configuración del Bosque Metropolitano de Madrid

International Competition of Ideas to Shape the Metropolitan Forest of Madrid

Lote 1: Primer Premio
Tiempo de Silencio
UTE VOLTERRA ECOSYSTEMS
+ LOLA LANDSCAPE ARCHITECTS

Lote 1: Segundo Premio
AGUAiLA – Madrid, Puerta de la Sierra
PINO FORESTAL INGENIERÍA

Lote 2: Primer Premio
Efecto Mariposa
UTE CLIMENT-NAVASCUES-AR2V

Lote 3: Primer Premio
A Flor de Yeso
UTE UXAMA INGENIERIA Y ARQUITECTURA,
GESTION INTEGRAL DEL SUELO I
ESLAVA Y TEJADA ARQUITECTOS

Lote 3: Segundo Premio
De Cerro a Cerro
BURR+GUTIÉRREZ-DE LA FUENTE ARQUITECTOS

Lote 4: Primer Premio
Manantial Sur Infraestructura Regenerada
ALDAY JOVER ARQUITECTOS

Lote 4: Segundo Premio
Vuelvo al Sur
ATALAYA TERRITORIO SL, JUAN JOSE TUR MC GLONE +
WEST8 URBAN DESIGN & LANDSCAPE ARCHITECTURE

Lote 5: Primer Premio
Del Manzanares al Guadarrama
RUBIO ARQUITECTURA

Lote 5: Segundo Premio
Los Tres Bosques del Suroeste
WILD (UTE ESTUDIO MMX, DCA TOPOGRAFIA E
IMPACTO MEDIOAMBIENTAL, GRAHEN INGENIEROS
CLARA GONZÁLEZ, SUSANA SÁNCHEZ-IZQUIERDO,
MARÍA BARCELÓ + LAURA ALONSO)

PROYECTO

BOSQUE METROPOLITANO

Ayuntamiento de Madrid

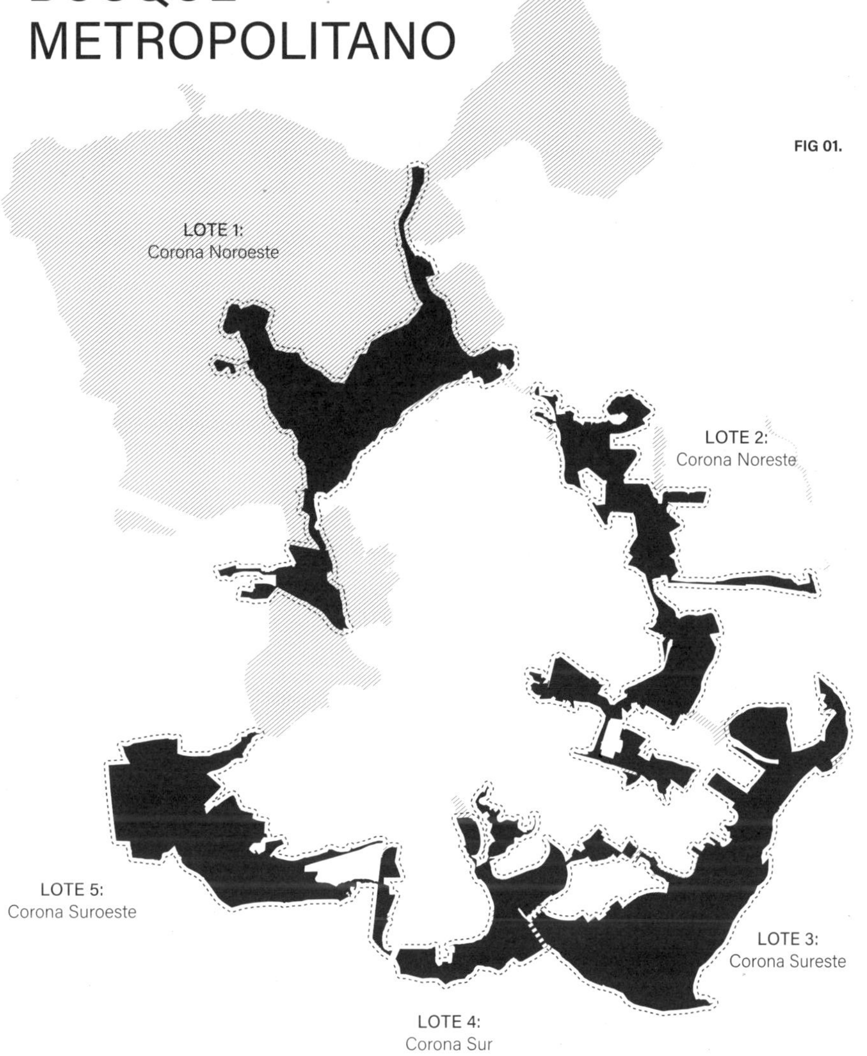

FIG 01. Plano de localización.
Location plan.

ESP El proyecto municipal Bosque Metropolitano es parte de la Estrategia de Sostenibilidad Ambiental Madrid 360. Consiste en una gran infraestructura verde que conecta las actuales zonas verdes de la ciudad de Madrid, desarrollando nuevas plantaciones de especies arbustivas y arbóreas autóctonas.

Es un instrumento clave en la estrategia de renaturalización de la ciudad Madrid, el cual contribuirá a alcanzar los siguientes objetivos generales:

- Conformar un cinturón verde alrededor de la ciudad de Madrid, con ramificaciones hacia el interior, creando nuevas superficies verdes conectadas con las ya existentes.

- Mejorar la salud y el bienestar de la ciudadanía.

- Contribuir a la consecución de los objetivos de desarrollo sostenible, haciendo de Madrid una ciudad más sostenible medioambiental, social y económicamente.

El desarrollo del mosaico de paisajes que conforma esta infraestructura verde, entre los que es destacable la gran masa forestal que abraza la ciudad, constituye una medida comprometida y responsable por parte del Ayuntamiento de Madrid hacia una nueva forma de utilizar el territorio y reducir la huella ecológica, proporcionando una respuesta eficaz a la necesidad de adaptación y mitigación del cambio climático, constituyendo una excelente oportunidad para abordar desde el ámbito local los actuales retos y desafíos medioambientales y socioeconómicos.

Para ello, se convocó un concurso internacional de ideas, gracias al cual se seleccionaron las siguientes propuestas para desarrollar en los cinco ámbitos de trabajo del proyecto.

(DESCRIPCIONES DEL AYUNTAMIENTO DE MADRID)

FIG 02. Anillo abierto del Bosque Metropolitano.
Metropolitan Forest Open Ring.

ENG The municipal project "Bosque Metropolitano" is part of the Environmental Sustainability Strategy Madrid 360. It consists of an extensive green infrastructure that connects the current green zones of the city of Madrid, implementing new plantings of native shrubs and tree species.

It is a crucial instrument in the re-naturalization strategy of Madrid city, which will contribute to achieve the following general objectives:

- To form a green belt around Madrid, with branches extending inwards, creating new green areas connected with the existing ones
- To improve the health and well-being of citizens.
- To contribute to achieving sustainable development goals, making Madrid a more environmentally, socially, and economically sustainable city.

The development of the mosaic of landscapes that make up this green infrastructure, among which the large forest mass that embraces the city is noteworthy, constitutes a committed and responsible measure by the Madrid City Council towards a new way of using the territory and reducing the ecological footprint. It effectively responds to the need to adapt and mitigate climate change, representing an excellent opportunity to address current environmental and socioeconomic challenges and issues from a local perspective.

For this purpose, an international ideas competition was launched, and the following five proposals were selected to be developed in the five areas of work of the project.

(DESCRIPTIONS BY MADRID CITY COUNCIL , TRANSLATION BY *ARQUITECTURA*)

Dispositivos Arquitectónicos
Architectural Devices

FIG 03. Parque Valverde.
Pino Forestal Ingeniería.

FIG 04. Ecoducto.
UTE Climent-Navascues-AR2V.

FIG 05. Ecopuente.
UTE Climent-Navascues-AR2V.

FIG 06. Un Manantial en Madrid.
Alday Jover Arquitectos.

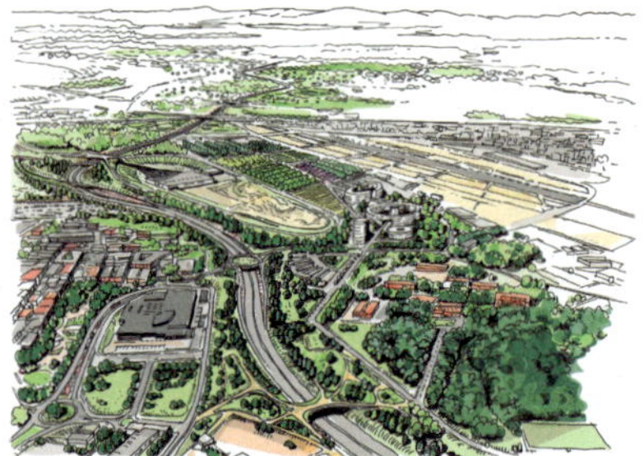

FIG 07. Vista aérea de la propuesta "Del Manzanares al Guadarrama".
Rubio Arquitectura.

FIG 08. Vista de las trincheras de la Guerra Civil en la propuesta "A Flor de Yeso".
UTE Uxama Ingeniería y Arquitectura-Gestión Integral del Suelo-Eslava y Tejada Arquitectos.

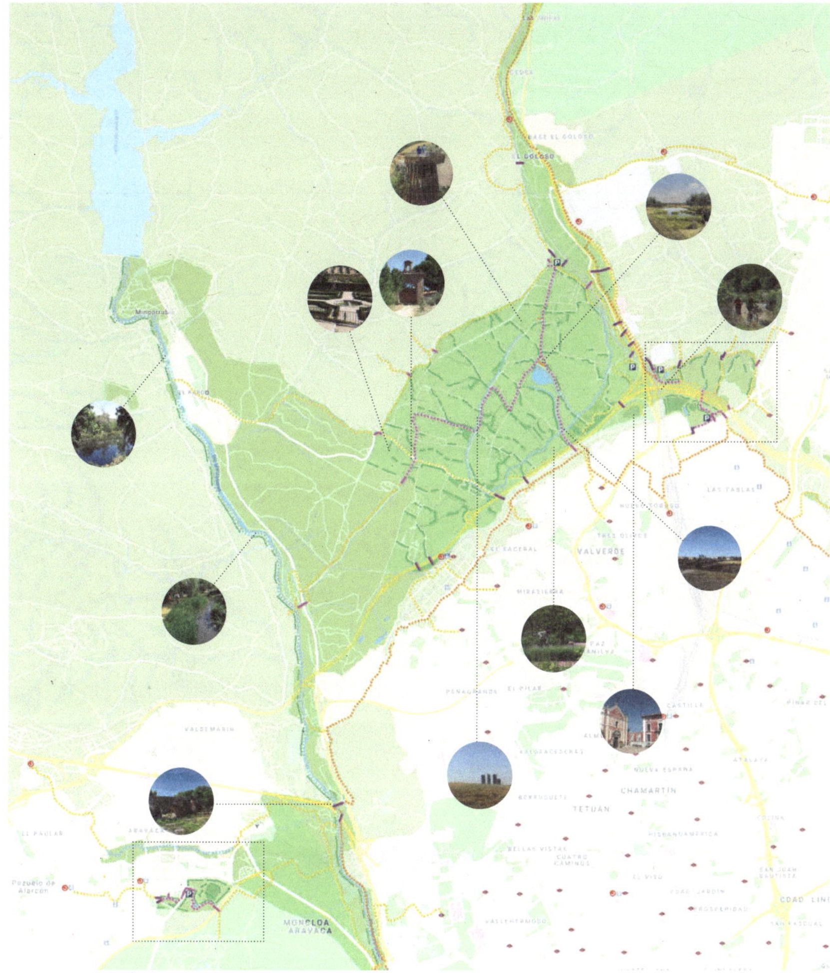

FIG 09. Plano general de la propuesta.
General plan of the proposal.

FIG 10. Corredor ecológico.
Ecological corridor.

ESP El proyecto nace de la fusión de dos grandes conceptos con los que se vertebran las ideas clave del Bosque Metropolitano de Madrid: agua y biodiversidad. Esta corona noroeste tiene una gran belleza con un gran potencial en el turismo ornitológico, teniendo en cuenta que existen en el ámbito del Monte de El Pardo varios ejemplares del águila imperial ibérica.

En esta corona priman las actuaciones para el refuerzo de los trazados físicos y naturales (arroyos, vaguadas y montes adehesados), la implantación de un centro de educación medioambiental, la promoción de las actividades tradicionales en el ámbito, como es la agricultura de secano, así como la puesta en valor del río Manzanares como gran corredor ecológico del municipio.

ENG The project originates from the fusion of two principal concepts that articulate the Madrid Metropolitan Forest: water and biodiversity. The Northwestern crown unfolds excellent beauty and significant potential for bird-watching tourism, especially considering the presence of several specimens of the Iberian imperial eagle in the area of Monte de El Pardo. In this crown, the focus is laid on actions to reinforce the physical and natural features (streams, gullies, and dehesa woodlands) existing in the site, the implementation of an environmental education center, the promotion of traditional activities in the area, such as dryland farming, and the enhancement of the Manzanares River as a significant ecological corridor for the municipality.

FIG 11. Plano general de la propuesta.
General plan of the proposal.

FIG 12. Recreación de la propuesta de diseño de la avenida forestal.
Recreation of the forest avenue design proposal.

ESP El Lote 2 del Bosque Metropolitano de Madrid vertebra y conecta importantes parques urbanos.

Fomentando la estrategia de "naturalización" en la ciudad, incorpora diferentes tipos de bosque; además genera una red de articulación urbana, como alternativa de movilidad sostenible, a través de una avenida forestal que garantizará la continuidad verde, las conexiones con la estructura urbana y los nodos de actividad, así como la observación del territorio. Este modelo de avenida forestal se ha extrapolado al conjunto del proyecto.

Para coser la ruptura generada por las infraestructuras de comunicaciones viarias y ferroviarias, que segregan y aíslan, se proyectan una serie de ecoductos, que enlazan las distintas piezas de la trama urbana.

ENG This site of the Madrid Metropolitan Forest structurally connects critical urban parks.

Promoting the strategy of "naturalization" in the city, it incorporates different types of forests. It generates a network for urban articulation, serving as an alternative for sustainable mobility. This is achieved through a forest avenue that ensures green continuity, connections within the urban structure and activity nodes, and territorial observation. This prototype of forest avenue has been applied to the entire project.

To reconnect the divide created by road and railway infrastructures — which segregate and isolate—, a series of ecoducts are planned which will connect the different pieces of the urban fabric.

A Flor de Yeso
UTE UXAMA INGENIERIA Y ARQUITECTURA,
GESTION INTEGRAL DEL SUELO
+ ESLAVA Y TEJADA ARQUITECTOS

FIG 13. Plano general de la propuesta.
General plan of the proposal.

FIG 14. Vías de borde y avenidas forestales.
Edge roads and forest avenues.

ESP Corredores ambientales penetran en la nueva trama urbana del sureste, permeando el bosque que se extiende radialmente en torno a la nueva ampliación de la ciudad, redefiniendo el borde como oportunidad. El proyecto propuesto cose pieza a pieza el anillo del bosque, mediante ecoconectores que salvan las infraestructuras. Este bosque árido, se recorre por redes que restablecen caminos históricos y vías pecuarias, pautados con dotaciones que recuperan la memoria e identidad del lugar, su singular naturaleza e historia: la vegetación gipsícola, los suelos yesíferos, la minería prehistórica del sílex, las trincheras de la guerra o el paisaje que se abre desde los Cantiles del Manzanares.

Se definen objetivos como son la recuperación de la continuidad, el logro de la permeabilidad con la ciudad o la protección de la diversidad ambiental. Se abordan con estrategias de diseño orgánicas, soluciones basadas en naturaleza y procesos de economía circular.

ENG Environmental corridors penetrate the new urban fabric of the Southeastern part of Madrid, permeating the forest that extends radially around the city's new expansion, redefining the edge as an opportunity. The proposed project stitches together the forest ring piece by piece, using eco-connectors to bridge infrastructures. This arid forest is traversed by networks that restore historical pathways and livestock routes, punctuated with provisions that recover the memory and identity of the place, its unique nature and history: the lime-adapted vegetation, the lime-rich soils, the prehistoric mining of flint, the trenches of the war, and the landscape that unfolds from the Cantiles del Manzanares.

Objectives are defined, such as maintaining continuity, achieving permeability with the city, and protecting environmental diversity. These are approached with organic design strategies, nature-based solutions, and circular economy processes.

ESP La zona sur de Madrid -a lo largo del cauce del Manzanares- es un lugar de infraestructuras que han troceado y dividido el territorio; pero también es un lugar de oportunidades, un territorio lleno de recursos no sólo los vinculados al cauce del río Manzanares y a sus potenciales riparios sino también los recursos históricos, agrícolas, hortícolas, arqueológicos y sociales que se pueden expandir y hacer rebrotar. La propuesta 'Manantial Sur', es una propuesta de rebrotes sociales y ecológico-paisajísticos. El rebrote social recupera conectividades peatonales y crea centralidades cívicas y sociales. El rebrote ecológico promueve las condiciones para la emergencia de biodiversidad de fauna y flora así como un gran bosque monumental. El rebrote de las infraestructuras de movilidad nace de entenderlas como amplios corredores ecológicos que conforman una matriz agroforestal y social.

ENG The Southern area of Madrid, along the Manzanares River, is a region where infrastructures have fragmented and divided the territory. However, it is also a place of opportunities, a land rich in resources. These are linked to the Manzanares River and its potential riparian zones and include historical, agricultural, horticultural, archaeological, and social assets that can be expanded and revitalized. The 'Manantial Sur' proposal is a vision of social and ecological landscape regeneration. Social regeneration involves restoring pedestrian connectivity and creating civic and social centralities. Ecological regeneration aims to foster conditions for the emergence of fauna and flora biodiversity, as well as a significant monumental forest. The regeneration of mobility infrastructures arises from understanding them as broad ecological corridors that form an agroforestry and social matrix.

FIG 15. Plano general de la propuesta.
General plan of the proposal.

FIG 16. Corredores ecológicos en convivencia con campos agrícolas.
Ecological corridors in coexistence with agricultural fields.

FIG 17. Plano general de la propuesta.
General plan of the proposal.

ESP La propuesta quiere hacer una correcta lectura de las preexistencias, naturales y artificiales del lugar; es decir, de todos los datos que están impresos en el territorio. Todo lugar tiene su historia y su memoria. Si en el terreno están las huellas de lo que hoy es, y lo que en el pasado fue, bien pueden estar los datos de lo que en el futuro puede ser. Ahí están, los surcos, las cuencas, las escorrentías, los cauces, la vegetación, el arbolado, en definitiva, la geografía y la geología del lugar. En el ámbito se encuentran los dos biotopos presentes en la Comunidad de Madrid. La sierra y el llano. Un territorio de doble vertiente donde convergen, las frondosas y verdes estructuras naturales de la sierra de Madrid con los secos llanos del sureste de la Comunidad de Madrid, un lugar idóneo sobre el que estructurar un amplio corredor verde que conecte el Manzanares con el Guadarrama y a Madrid con su sierra.

ENG The proposal seeks to interpret the site's natural and artificial pre-existing elements with precision, including all the data imprinted on the territory. Every place has its history and memory. If the land bears traces of what it is today and what it was in the past, it can also hold clues to what it might become. These are the furrows, basins, runoffs, channels, vegetation, trees,.... in short, the geography and geology of the place. The area encompasses the two biotopes present in the Community of Madrid: the mountain range and the plain. In this dual territory the lush green natural structures of the mountains converge with the Southeastern dry plains of the Community of Madrid. It is an ideal location to articulate a broad green corridor that connects the Manzanares with the Guadarrama, and Madrid with its mountains.

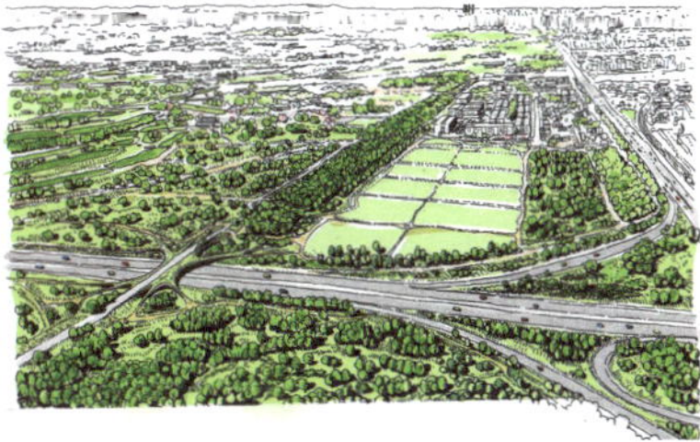

FIG 18-19. Vistas aéreas de la propuesta.
Aerial views of the proposal.

Chris Reed y Pablo Pérez-Ramos, en conversación con Javier García-Germán y Alejandro Valdivieso

Chris Reed and Pablo Pérez-Ramos, in conversation with Javier García-Germán and Alejandro Valdivieso

Arquitectura publica una versión reducida de la conversación que sus directores mantuvieron con los editores invitados el pasado mes de enero de 2024. La conversación completa será publicada, en su momento, en otros formatos y en la plataforma de ACTAR Publishers UrbanNEXT.

¿Qué fue del urbanismo?

Javier García-Germán (JGG): En los años setenta, como reacción a los errores del urbanismo moderno —desde los proyectos de renovación urbana, la preponderancia de la infraestructura, las llamadas 'new towns' hasta las ciudades dormitorio— las disciplinas del planeamiento urbano y del urbanismo fueron prácticamente desmanteladas, relegándose al estudio de la ciudad histórica, generando —como dijo Koolhaas en su momento— "un mundo sin urbanismo, sólo arquitectura, cada vez más arquitectura".[1]

En paralelo, y como consecuencia de lo anterior, aparecieron nuevos entendimientos de la ciudad —como, por ejemplo, los llamados 'New Urbanism' y 'Urbanismo Cotidiano' ['Everyday Urbanism'] o el Post-urbanism propuesto por Colin Rowe y Fred Koetter en *Collage City* (1978)—[2] cuyo fin era buscar islas dónde todavía se pudiera desplegar un orden y un control urbano y arquitectónico.

Nuestro interés en figuras como Rem Koolhaas tiene que ver con su crítica del urbanismo, hace ya décadas, y con su insistencia en la necesidad de resucitar la disciplina, así como por apoyar de modo claro una actitud en favor de lo urbano. Ahora bien, en el contexto actual de *Laissez faire* urbano, ¿sigue siendo necesario el urbanismo? En su caso, ¿qué tipo de urbanismo y planificación debemos desplegar en el siglo XXI?

Chris Reed (CR): Provengo del contexto del Landscape Urbanism iniciado en los años noventa en los Estados Unidos. En ese momento, colegas como Charles Waldheim y James Corner estaban comenzando a articular un entendimiento del paisaje que iba mucho más allá de la tradición artística de la jardinería y el paisajismo del siglo XIX. Este nuevo discurso consideró el paisaje como una entidad multidimensional e integrada. Entonces se comenzaron a abordar cuestiones como el control de inundaciones, el tránsito y la movilidad, así como otros asuntos urbanos que iban mucho más allá de la creación de parques y otras tareas típicas del paisajismo como son la selección de plantas y similares. De este modo se comenzó a reflexionar sobre sistemas ecológicos y paisajísticos de mayor escala, y cómo éstos se podrían integrar con sistemas de infraestructura regionales. Es así como el landscape urbanism comenzó a reformular la forma en que se generaba la construcción de las ciudades.

Unos años más tarde, la joven disciplina del Landscape Urbanism se amplió y revisó. Esto ocurrió en 2009, cuando la Graduate School of Design de la Universidad de Harvard organizó una conferencia llamada *Ecological Urbanism*,[3] dónde se introdujo un conjunto aún más amplio de informantes ecológicos que eran relevantes para el proyecto arquitectónico y urbano. Al mismo tiempo, a medida que la ciudad se expandía, la globalización comenzaba a vincular los asentamientos urbanos a las redes económicas y comerciales globales, reconociendo el hecho de que las fuerzas del urbanismo se extendían mucho más allá de los límites físicos de cualquier ciudad. Neil Brenner y otros empezaron a hablar de las redes planetarias globales, y la comprensión de la ciudad se extendió a territorios cada vez más amplios, saltando de la escala urbana y metropolitana, a la territorial e incluso a la planetaria.

Alejandro Valdivieso (AV): En este sentido, ¿de qué manera piensas que los nuevos desafíos —desde el cambio climático y la pérdida de biodiversidad, hasta la extinción de especies individuales— afectan a la forma en que pensamos y organizamos el territorio? ¿Qué otros desafíos deberíamos considerar?

CR: Hoy en día nos enfrentamos a toda una serie de nuevos desafíos. Pero no sólo se trata de aquellos que acabas de mencionar. También, nos encontramos en una era de agitación social y de ajuste de cuentas racial y étnico dónde las cuestiones de empoderamiento o toma de decisiones han pasado a primer plano. En este momento, parece que —tanto en términos de la escala de trabajo como del conjunto de cuestiones que están en juego— necesitamos mirar más

1. Koolhaas, Rem, "What Ever Happened to Urbanism", *S M L XL*, The Monicelli Press, New York, 1995, pág. 958. Versión en castellano: "¿Qué fue del urbanismo?", *Revista de Occidente* n. 185, 1996, pág. 5, traducción de Carlos Verdaguer.
2. Rowe, Colin y Koetter, Fred, *Ciudad Collage*, Gustavo Gili, Barcelona, 1981 (1978).
3. "La conferencia de 2009 convocó a diseñadores en ejercicio (arquitectos, arquitectos del paisaje, urbanistas), teóricos, economistas, ingenieros, científicos, medioambientalistas, políticos y expertos en salud pública, con el objetivo de alcanzar un entendimiento más sólido del urbanismo ecológico y lo que podrá llegar a ser en el futuro"

allá del urbanismo. Necesitamos comenzar a pensar en la forma en que habitamos el planeta y, además, en la manera en que las disciplinas del diseño abordan las cuestiones de la habitabilidad a escala colectiva. Entonces entiendo que la pregunta es cómo poder avanzar y reformular las preguntas centrales de lo que hacemos. ¿Cómo incorporar a nuestro trabajo un conjunto mucho más amplio de cuestiones? ¿Cómo pueden abordarse e interrelacionarse, a una escala territorial, el amplio espectro de seres que trabajan dentro de ella?

Pablo Pérez-Ramos (PPR): En realidad la cuestión de si el urbanismo es necesario hoy en día es una cuestión ideológica. Algunos pueden argumentar que es inútil resistirse a las fuerzas del capitalismo avanzado que explican, en gran medida, los modelos contemporáneos de urbanización en gran parte del mundo.

Al igual que en otros lugares, el urbanismo en España es una disciplina complicada. Un plan urbano tarda años, si no décadas, en redactarse y aprobarse, confronta la complejidad de la administración pública a diversos niveles, involucra numerosas instituciones, etc. Además, la polarización política actual hace que será casi imposible pensar en algún tipo de continuidad a largo plazo en el desarrollo de nuestras ciudades.

Madrid es un claro ejemplo de los efectos que tiene sobre el territorio un modelo de urbanización con unos marcos regulatorios débiles. Estos modelos llevan a una situación que ponen en riesgo cualquier escenario de convivencia sostenible con el medio ambiente. Y como ya he mencionado, esta situación es aún más complicada en un contexto de polarización como el que vemos actualmente en la política. Pero no creo que haya alternativa: pienso que el urbanismo es totalmente necesario. Es absolutamente obligatorio desplegar algún tipo de coordinación en la toma de decisiones sobre el crecimiento y el desarrollo de nuestras ciudades.

AV: ¿Cómo pueden la arquitectura y el urbanismo involucrarse en este complejo entorno? ¿Qué actitud y qué prácticas de planificación urbana son relevantes para afrontar esta difícil situación? ¿Podéis señalar alguna experiencia paradigmática en la manera de abordar esta nueva condición urbana contemporánea?

PPR: Yo volvería a la cuestión de la voluntad política. Los proyectos a escala metropolitana o territorial son siempre el resultado de una agenda política. La implementación de cualquier visión a largo plazo requiere algún tipo de consenso político y acuerdo entre diferentes partidos, lo cual es difícil en estos días. Hay buenos ejemplos, como las intervenciones de Michel Desvigne en Burdeos, que sólo han sido posibles gracias a un cierto nivel de acuerdo político y al compromiso del alcalde de la ciudad, que entendió que era necesario un plan integral a largo plazo para la ciudad. Desvigne concibió un sistema que actúa en el conjunto de la escala metropolitana, creando una red interconectada de espacios abiertos a múltiples escalas y con diferentes funciones. En este caso, el enfoque multiescalar propuesto ensaya respuestas prototípicas en situaciones específicas y a pequeña escala, que luego se extrapolan a diferentes áreas de la ciudad. Se trata de un proyecto que crea una cultura experiencial en lugares concretos, que luego expande sus valores más allá de los mismos, haciendo más sólida y factible la perspectiva a largo plazo.

Ecología y urbanismo

JGG: El surgimiento del Landscape Urbanism en la conferencia de Chicago de 1997 estuvo relacionado con la necesidad de entender la ciudad como una entidad compleja.[4] Esta actitud requirió que se pusieran en primer plano las cuestiones ecológicas. ¿Cuál es el papel de la ecología en el urbanismo hoy en día? ¿Hasta qué punto el paradigma urbano de la ecología puede abordar la complejidad de la ciudad? ¿Puede la ecología proporcionar un marco que permita superponer las cuestiones puramente ecológicas con las sociales y económicas?

PPR: En la formulación del Landscape Urbanism, el paisaje reemplazó a la arquitectura como herramienta de análisis e intervención en la ciudad contemporánea. Sin embargo, el advenimiento del llamado 'Urbanismo Ecológico' eliminó la ambivalencia entre paisaje y arquitectura. En cierto modo, la ecología se convirtió en el nuevo paraguas bajo el cual se podía dar una conversación interdisciplinar entre los diferentes campos del diseño. Permitió idear una nueva agenda de diseño que respondiera de modo eficaz a los imperativos morales de la crisis ambiental. Además, el término urbanismo ecológico abrió un nuevo debate que permitió superar las fórmulas "sostenibles" que se dieron en el comienzo del siglo XXI, y que estaban dando lugar, en muchos casos, al denominado '*green-washing*'.

CR: Hoy en día, el papel de la ecología ha sido en gran medida informado por académicos como Nina-Marie Lister o Richard Forman, entre otros. Éstos, frente a conceptualizaciones más antiguas que entendían que los sistemas ecológicos alcanzaban un estado estable, han introducido ideas sobre el medio ambiente continuo estado de cambio. La idea pretérita de equilibrio ha dado lugar a un entendimiento de los sistemas ambientales en continuo cambio, siempre adaptándose, en un estado dinámico y de flujo. Bajo presión externa, los mecanismos y la forma de esos entornos cambian y, a veces incluso se reinventan radicalmente. La capacidad de adaptarse al cambio a lo largo del tiempo es lo que se conoce como resiliencia. Este tipo de pensamiento se puede aplicar a propuestas y proyectos a todas las escalas, y ha informado desde el principio todo el trabajo que hemos realizado.

(traducción de *Arquitectura*). En línea: http://ecologicalurbanism.gsd.harvard.edu/conference.php. Véase (edición en castellano): Mostafavi, Moshen con Doherty, Gareth, *Urbanismo ecológico* (vol. 1), *¿Por qué urbanismo ecológico? ¿Por qué ahora?*, *y Urbanismo ecológico* (vol. 2), *Anticipar*, Harvard University Graduate School of Design y Gustavo Gili, Cambridge (MA.) y Barcelona, 2014.

4. Patrocinada por la Graham Foundation y celebrada en abril de 1999 en Chicago, participaron, entre otros ponentes, Charles Waldheim, Mohsen Mostafavi, James Corner de James Corner/Field Operations, Alex Wall y Adriaan Geuze de la firma West 8.

Hoy en día, al pensar la adaptación al cambio climático y la reorganización del funcionamiento de nuestras ciudades, tanto para las personas como para el medio ambiente, estos temas son increíblemente relevantes. Desde esta perspectiva, parafraseando lo que dijo Stan Allen hace un par de décadas, nos interesan más el funcionamiento de las cosas que su apariencia. En ese momento, el propio Allen estaba mirando el trabajo del ecólogo del paisaje Richard Forman, pensando no tanto en cómo se ven las cosas, sino en cómo pueden funcionar.

PPR: El significado de la palabra 'ecología' se ha expandido en las últimas décadas hasta el punto de convertirse en una palabra vacía de contenido, que puede significar cualquier cosa, o simplemente nada en absoluto. Percibo que durante la última década el uso del término ecología ha disminuido debido a todos los modificadores que han ampliado, pero que también han complicado su significado. Pienso que la ecología es, en esencia, una cosmovisión que enfatiza las ideas de interrelación y evolución. Muestra cómo las cosas son interdependientes en el espacio y en el tiempo. Presenta una visión del mundo que es muy importante para los campos de la arquitectura y el urbanismo porque genera conciencia sobre la interdependencia entre las cosas. Los objetos arquitectónicos no son independientes del entorno. Para construir es necesario extraer materiales en algún lugar de la faz de la tierra. Si construyes algo aquí con acero, dejas un agujero en algún otro lugar. Asimismo, si lo construyes en madera, necesitas talar una parcela en algún bosque. Esto está relacionado con el concepto de metabolismo y la idea de que cada intervención tiene efectos secundarios, lo que refuerza la comprensión de que, en última instancia, todo está interconectado tanto en el espacio como en el tiempo.

Nuevas direcciones para una emergente condición urbana

JGG: ¿De qué manera el urbanismo ecológico complementó y/o reemplazó al Landscape Urbanism (urbanismo paisajístico)?

CR: Algunas de las herramientas de proyecto que introdujo el Landscape Urbanism estaban conectadas con las ideas de dinamismo y de progresión de escalas que venían de la disciplina de la ecología del paisaje. Y son cuestiones que también pueden aplicarse a asuntos como el cambio climático —adaptación climática, mitigación o retroceso climáticos— o al interés por la escala planetaria. Creo que el cambio del Landscape Urbanism al urbanismo ecológico implica una cuestión de expansividad e inclusión.

Hoy en día es necesario abordar las crisis sociales y cuestiones que es necesario contrarrestar, como es el caso de las desigualdades raciales y étnicas. También, hay grandes cambios cuando se piensa para quién y con quién diseñamos. Además, debemos tener en cuenta un espectro —cada vez mayor— de cuestiones globales, y que van más allá de las ciudades para traer al primer plano los territorios rurales, las cuestiones regionales y los lugares remotos. Y este tipo de ampliación de la disciplina nos ayudará una vez más a cambiar la perspectiva, y agregar capas de complejidad. Pero además permitirá proyectar de modo que se aborden de manera integral tanto la parte humana como la no humana, cuestión que en gran medida constituye el centro de la crisis medioambiental a la que nos enfrentamos.

JGG: En este sentido, entendiendo que hay un nuevo conjunto de condiciones que deben abordarse. ¿Qué nuevas actitudes y estrategias de diseño se necesitan hoy en día para abordar esta nueva situación y la condición urbana emergente?

CR: Pensando más allá de todos los nuevos urbanismos acuñados en los últimos años —desde el 'urbanismo verde', el 'urbanismo biofílico' o el 'biourbanismo', hasta el 'urbanismo biosférico'—, si volvemos al corazón de este número de la revista *Arquitectura*, creo que necesitamos una nueva terminología.

Es necesario acuñar una nueva etiqueta que supere los conceptos de ciudad, de urbanismo y de lo humano, para crear un nuevo marco que permita pensar la ciudad de manera más expansiva, incluyendo nuevos territorios, como lo rural o lo remoto, como ya he comentado, así como nuevas entidades tanto humanas como no humanas, hasta alcanzar la escala del clima que existe o ha existido durante siglos.

Con este fin he impartido varias conferencias bajo la rúbrica *Design Publics* que plantea la pregunta de para quién y para qué diseñamos. Planteamientos expansivos como este nos permiten hablar, por un lado, de lo social, lo cultural, lo racial, lo étnico e incluso cuestiones de equidad, racismo y xenofobia, etc., y por otro lado de medio ambiente, clima, vida silvestre o las especies no humanas, todo ello como una parte integral de lo que diseñamos. Y esto debería hacerse no sólo en relación con los humanos, sino también, claramente, en ausencia de lo humano, e incluso más allá de ello. Creo que necesitamos un nuevo conjunto de términos que permitan comenzar a abordar estas cuestiones más amplias.

AV: En comparación con otros países europeos y americanos, en España no tenemos una tradición consolidada en relación con la Arquitectura del Paisaje. Se trata de una disciplina que es ejercida por profesionales que se han formado como arquitectos. Las universidades —y dentro de ellas, las escuelas de arquitectura— no tienen, en su mayoría, nada parecido a un departamento de Arquitectura del Paisaje capaz de armar un corpus académico y de investigación así que, en cierta medida, siempre estamos mirando qué ocurre fuera; no sólo en busca de referencias, sino de un sólido programa ideológico. En cierto modo la ecología ofrece el potencial de conciliar el trabajo del arquitecto y el trabajo del paisajista. ¿Qué opináis sobre esta idea, y acerca de la insuficiencia de las categorías de diseño tradicionales, y de cómo se pueden reconciliar las diferencias y contradicciones entre arquitectos y paisajistas?

PPR: Bueno, yo soy un arquitecto madrileño que estudió arquitectura en la ETSAM (Universidad Politécnica de

Madrid), y que luego se formó como paisajista en el GSD de la Universidad de Harvard.

La arquitectura del paisaje es, por supuesto, una profesión establecida en los EE. UU. y en otras partes del mundo. Pero también es una disciplina académica y una forma de proyectar que se ocupar del diseño, el planeamiento y la conservación de los espacios que existen en la intersección del entorno construido y del entorno natural. Si bien por un lado esta fórmula binaria podría considerarse obsoleta, también por otro lado vale la pena considerar esta distinción, ya que nos recuerda que no siempre son las fuerzas humanas las que dan forma al mundo.

Desde mi graduación, y después de una década trabajando en el campo de la arquitectura del paisaje, me veo como un arquitecto interesado en las 'arquitecturas' producidas por fuerzas y procesos naturales. Y aquí por 'arquitectura' me refiero a las formas y estructuras coherentes. Pero, además, me interesa la arquitectura que surge de la intersección de los procesos tecnológicos impulsados por los humanos y por estas fuerzas no humanas. Cuando estos dos sistemas de fuerzas chocan surgen nuevas arquitecturas, y creo que estos son los constructos que interesan a los arquitectos de paisaje, y que deben ser objeto de atención hoy en día en la generación de la ciudad.

In this issue of *Arquitectura* is only published a part of the conversation held back in January 2024 between the chief-editors with the guest-editors. The complete conversation will be published, in due course, in other formats and on ACTAR-UrbanNEXT platform.

Whatever happened to urbanism?

Javier García-Germán (JGG): As a reaction to the mistakes of modern urbanism —urban renewal, infrastructure dominance, new towns, and satellite cities, etc.— the discredited professions of urbanism and planning were quasi-dismantled in the 1970s, and its remnants withdrew into the study of the historical city, leaving —as stated by Rem Koolhaas at the time— "a world without urbanism, only architecture, ever more architecture." [1]

This understanding is concomitant with the appearance of the fields of the so-called 'New Urbanism', 'everyday urbanism' and Colin Rowe's and Fred Koetter's *Collage City* (1978) Post-Urbanism,[2] in search of isolated islands where urban and architectural order was still possible.

Our interest in figures like Rem Koolhaas is that he asserted the need to resuscitate the discipline of urbanism, supporting an urban attitude. In this context of urban Laissez faire —which also is the current situation of Madrid— is urbanism necessary nowadays and, if necessary, what kind of urbanism and planning are needed in the 21st century?

Chris Reed (CR): I come from a discourse called Landscape Urbanism that was initiated in the 1990s. At that time, colleagues like Charles Waldheim and James Corner were starting to articulate an understanding of landscape that reached far beyond the traditional horticultural or even artistic 19th-century roots. This discourse considered landscapes as multi-dimensional and integrated entities. This understanding of landscape began addressing issues like flood control, transit and mobility, and other urban agendas —that went far beyond park making and the typical tasks of plant selection and the like—, reflecting about larger scale landscape and ecological systems, and how these could be integrated with large scale infrastructural systems. They started to reformulate the way city making was being done.

A few years later, landscape urbanism was extended and reconsidered. In 2009 Harvard GSD hosted a conference called *Ecological Urbanism*, [3] which introduced an even broader set of ecological informants to what the design project or the urbanism project could be. At the same time, as the city sprawled, urban environments were becoming linked in a series of global economic and trade networks, acknowledging the fact that the forces of urbanism extended far beyond the limits of any city. Neil Brenner and others started to talk about these large-scale global planetary networks, and the understanding of the city extended across larger territories, shifting from the urban to the metropolitan, the territorial, or even the planetary scale.

Alejandro Valdivieso (AV): In this respect, how do you think the new different challenges we are facing nowadays —from climate change, and biodiversity loss to individual species extinction— have affected the way in which we think the territory? What other challenges we should take into account?

CR: Today we are facing a whole series of different challenges, but not only those ones you just mentioned. We are also in an age of social upheaval and racial and ethnic reckoning, where questions of empowerment or decision-making have come to the fore. At this point in time, it seems as if —both in terms of the scale of operation and the set of issues that are in play— we need to look beyond urbanism. We need to begin to think about the way we dwell on the planet and on the manner in which the design disciplines address the questions of inhabitation at a collective scale. So, the question for me is how we go forward, how can we reformulate the questions at the heart of what we do. How can the work we unfold take

1. Koolhaas, Rem, "What Ever Happened to Urbanism", *S M L XL*, The Monicelli Press, New York, 1995, pág. 958.
2. Rowe, Colin y Koetter, Fred, *Collage City*, The MIT Press, Cambridge (MA.) and London, 1978.
3. "The 2009 conference brought together design practitioners and theorists, economists, engineers, environmental scientists, politicians and public health specialists, with the goal of reaching a more robust understanding of ecological urbanism and what it might be in the future". Online: http://ecologicalurbanism.gsd.harvard.edu/conference.php. See: Mostafavi, Moshen with Doherty, Gareth, *Ecological Urbanism*, Harvard University Graduate School of Design, Lars Müller Publishers, Cambridge (MA.) and Zürich, 2010. Revised edition 2016.

on board a much broader set of issues? How can these be addressed and interrelated at the territorial scale and the wider range of beings at work within it.

Pablo Pérez-Ramos (PPR): Actually, the question of whether urbanism is necessary today is an ideological question. Some may argue that it's futile to resist the abstract forces of advanced capitalism that explain, to a high degree, the contemporary models of urbanization in most areas of the world.

The practice of urban planning in Spain —and almost anywhere— is very complicated. An urban plan takes years, if not decades, to be drafted and approved; it confronts the complexity of the public administration at multiple levels; an array of agencies is involved; and the current political polarization makes it almost unrealistic to think of any sort of continuity in any long-term vision for the development of our cities.

Madrid is a very clear example of the effects of a model of urbanization where weak regulatory frameworks induce situations that jeopardize any scenario of sustainable coexistence with the environment. And as I already mentioned, this is even more complicated in the context of polarization that we see in politics. But I don't think there *is* no alternative: urbanism is necessary. Some sort of coordination in the decisions that anticipate the development of our cities is absolutely necessary.

AV: How can design practices engage this complex milieu? What attitude and what planning and urbanism design techniques are relevant to grapple this complex situation? Can you point out any relevant design practices which are unfolding a paradigmatic to the contemporary urban condition?

PPR: I would go back to the question of political will. Projects at the metropolitan or territorial scales are always the result of a political agenda. The implementation of any long-term vision requires some sort of political consensus and agreement between different parties, which is difficult to see these days. There are good examples, such as Michel Desvigne's interventions in Bordeaux, which have only been possible due to some level of political agreement and to the commitment of the major of the city, who understood that a long-term integral plan was necessary for the city. It constitutes a system that acts on the metropolitan scale, creating an interconnected network of open spaces at multiple scales and with different functionalities. In this case, the multi-scalar approach goes all the way down to producing very small prototypical responses to specific situations, which are later extrapolated to different areas of the city. It is a project that creates an experiential culture than can later expand their values beyond the specific sites for intervention, making the long-term perspective more solid and feasible.

Ecology and urbanism

JGG: The emergence of Landscape Urbanism in the Chicago 1997 conference was connected to the need to understand the city as a complex entity succeeding to drive ecological questions to the fore.[4] What is the role of ecology in urbanism nowadays? To what extent this new urban paradigm can grapple the complexity of the city? Can ecology provide an urban rationale to overlay the purely ecological questions with the social and economic ones?

PPR: In the formulation of Landscape Urbanism, *landscape* came to replace *architecture* as the lens by which the contemporary city could be described and intervened upon more coherently. The advent of 'ecological urbanism' eliminated the ambivalence between landscape and architecture. In a way an ecology became the umbrella which allowed the interdisciplinary conversation across the different design fields. It enabled the production of a new design agenda to respond to the moral imperatives of the environmental crisis. The term 'ecological urbanism' opened a debate that allowed to overcome the 'sustainable' design formulas of the first years of the 21st century, which were yielding, in many cases, green washed architecture.

CR: The role of ecology today has been largely informed by scholars like Nina-Marie Lister, Richard Forman, and others. They (and others) have introduced and emphasized ideas about the environment as always in a state of flux, which older conceptualizations about ecological environments wanting to achieve a steady-state condition. This idea of equilibrium has been debunked in favour of environmental systems that are always changing, always adapting themselves, always in a state of dynamics and flux. Under external pressure those mechanisms and the form of those environments shift and sometimes radically reinvent themselves. The ability to adapt to change over time is what is known as resilience and is normal and healthy. This kind of thinking can be applied to projects and speculations at all scales and has absolutely informed the work that we have done from the start.

I think these issues are incredibly relevant today as we begin to think how we adapt to climate change and we retool our cities to function better, both for people and for the environment. In this sense we are thinking as much about *how things work*, not so much about what they look like—and I am now paraphrasing Stan Allen from a couple decades ago. At that time Allen was himself looking at the work of Richard Forman, thinking not so much what things look like but rather how they can perform.

PPR: 'Ecology' has expanded over the past few decades to the point of becoming almost an empty word that can signify anything, or nothing at all. I perceive that during the past

4. The Landscape Urbanism conference sponsored by the Graham Foundation in Chicago in April 1999 included speakers such as Charles Waldheim, Mohsen Mostafavi, James Corner of James Corner/Field Operations, Alex Wall, and Adriaan Geuze of the firm West 8, among others.

decade the use of the term 'ecology' has actually declined due to all the modifiers that have convoluted and expanded its meaning. I would say that ecology is, in essence, a worldview that emphasizes ideas of interrelation and evolution. It shows how things are interdependent in space and in time. It presents an important worldview for the design field because it raises awareness about the interdependence between things. Architectural objects are not independent from the environment. In order to build you need to extract materials somewhere on the face of the earth. If you build something here made out of steel, you leave a hole somewhere else. Likewise, if you build it in wood, you need to cut down a parcel in a forest. This is linked to the concept of metabolism, and the idea that every single intervention has side effects, bolstering the understanding that everything is in the end interconnected both in space and in time.

New directions for the new emerging urban condition

JGG: In what ways did the ecological urbanism initiative complement and/or supersede landscape urbanism?

CR: Some of the new design tools *landscape urbanism* introduced were connected to ideas of dynamism and the progression in scales from landscape ecology, and from there can be applied to questions such as climate change —climate adaptation, climate mitigation or climate retreat— and the interest in the planetary scale. I think the shift from landscape urbanism to ecological urbanism entails a question of expansiveness and inclusivity.

Today we also must deal with social crises with issues like racial and ethnic inequities which need to be countered. There is also a sea of change about who are we designing for and with. In addition, we continue to think more broadly at an even larger range of global constituents, that need to be taken into account that move beyond cities, and that bring to the fore rural territories and regional issues and remote places. And this kind of broadening of the discipline will help us yet again shift perspective and add layers of complexity but might also allow us to produce projects that better address both the human and non-human stakeholders around the world today, something that is very much are at the heart of the environmental crisis that we are all facing.

JGG: In this sense, understanding that there is a new set of conditions which need to be addressed, what new attitude and design strategies are needed nowadays to tackle the emerging urban condition?

CR: Thinking beyond the number of new urbanisms which have been coined since then —from green urbanism, biophilic urbanism, bio-urbanism to biospheric urbanism—, if we come back to the heart of this issue of *Arquitectura*, I believe we need a new terminology.

A new label needs to be coined which supersedes the city, urbanism, and humans to engage new frames that enable to think the city more expansively, to include territories, the rural, the remote—and the many entities—human and non-human, all the way up to the scale of the climate—that exist there or have existed over centuries.

To this end, I am formulating several lectures under the rubric of *Design Publics*, which opens up the question of who and what we design for. Expansive frameworks like this allow us to talk on the one hand about the social, the cultural, the racial, the ethnic—including issues of equity, racism, and xenophobia etc. On the other hand, it also allows us to think about the environment, climate, wildlife, non-human species as constituent parts of what we design for. And this should be done not only in relationship to humans, but also, clearly, in the absence of or beyond humans. I think we need a new set of terms which enable to begin to address these more expansive issues.

AV: In Spain we don't have the landscape architecture tradition other countries (both in Europe and America) have. This discipline is addressed by architects who have been trained in architecture. Universities —and within them, architecture schools— are not anywhere near a Department of Landscape Architecture or similar that can build an research and academic corpus, and, in such a way, we are always looking outside to find not only references, but a well-grounded ideological program). Hence, ecology offers the potential to reconcile the work of the architect and the work of a landscape architect. What do you think about this idea and, also, what's your opinion about the inadequacy of traditional design categories? How the differences and contradictions between architects and landscape architects can be reconciled.

PPR: Well, I am an architect from Madrid, who studied architecture at ETSAM (Universidad Politécnica de Madrid), and that was later trained as a landscape architect in the GSD.

Landscape architecture is of course an established profession in the US and in other parts of the world, but also an academic discipline and a medium of design concerned with the planning, design and curation of spaces that exist at the intersection of the built environment and the natural environment. Whilst on the one hand this binarism might be considered obsolete, on the other hand this distinction is sometimes worth being considered, for it comes to remind us that not all forces that give shape to the world emanate from the human.

Since my graduation, and after decade working in the field of landscape architecture, I see myself as an architect that is interested in the architectures produced by natural forces or processes. And by architecture here I refer to the unifying forms and structures that are produced by natural processes. I am interested in the architectures that emerge from the intersection human-driven technological processes and these other-than-human forces. Where these two different systems of forces collide, new architectures emerge, and I think those are the architectures that landscape architects are really interested in.

FIG 01. Axonometría explotada.
Exploded axonometry.

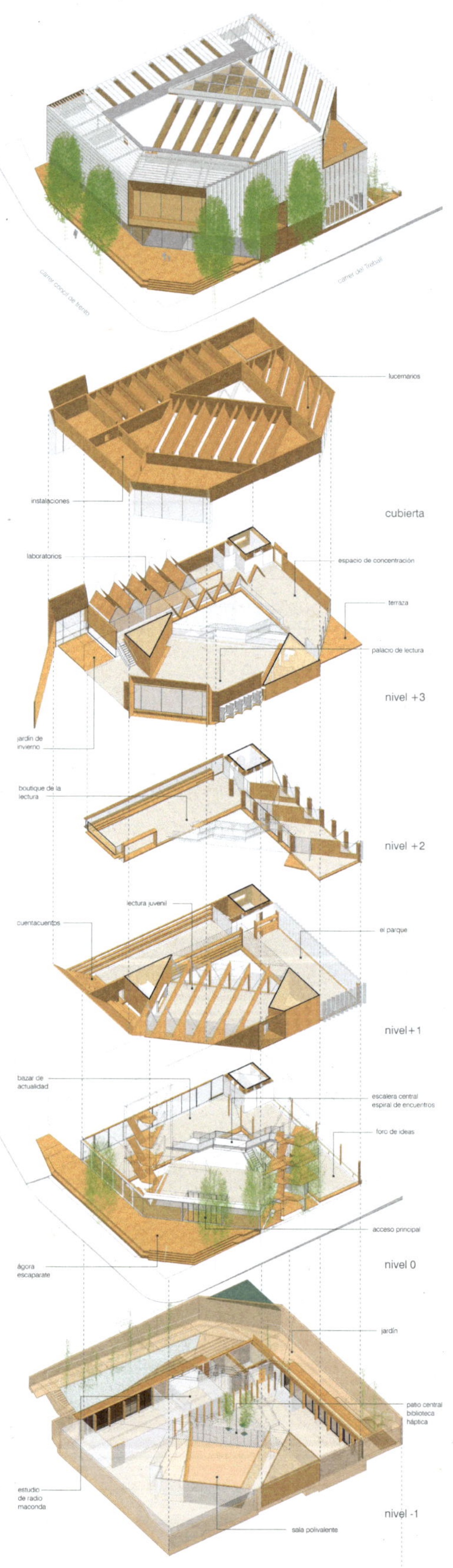

ESP Se trata de una singular biblioteca de distrito, ubicada en un denso nodo urbano de la ciudad de Barcelona, se presenta como un volumen escultórico inspirado en bloques de libros apilados y asentado sobre una plaza elevada ligeramente sobre la calle y cuyos grandes huecos y vacíos dialogan con el entorno.

La arcada de acceso prolonga el eje peatonal y cultural del barrio y conecta con el interior. El equipamiento cuenta con 4.294 m2 distribuidos en 5 plantas, un patio central que las conecta y lleva la luz natural hasta el corazón del edificio. Este gran vacío actúa también como chimenea solar.

El programa arquitectónico es intensificado y dinámico, actúa como auténtico condensador social, que ha capturado e intensificando situaciones que fomentan la experiencia de la información, el intercambio y la producción de conocimiento, a través de la acumulación de los diversos ecosistemas.

La estructura es híbrida de madera y acero, maximizando la eficacia estructural y las prestaciones arquitectónicas. Tres núcleos conectados con vigas en celosía, con un inusual volumen de madera expuesta y uniones ocultas. La estructura define y cualifica el espacio sin esfuerzos tectónicos aparentes y se integra con el programa, la envolvente y el mobiliario de cada ecosistema. El resultado es una gran obra de ebanistería, cálida y liviana, permeable y luminosa.

(DESCRIPCIÓN DE LOS AUTORES)

PROYECTO

BIBLIOTECA GABRIEL GARCÍA MÁRQUEZ

BARCELONA

Suma Arquitectura

FIG 02. Imagen exterior de fachada [Jesús Granada].
Exterior façade image.

ENG This is a remarkable district library located in a dense urban node of Barcelona. It presents itself as a sculptural volume inspired by stacked blocks of books, sitting in a slightly elevated plaza above the street level with large openings and voids that engage the surroundings.

The entrance arcade extends the neighborhood's pedestrian and cultural axis into the building. The facility spans 4,294 square meters distributed across five floors, including a central courtyard that connects them and channels natural light to the heart of the building. This immense void also functions as a solar chimney.

The intense and dynamic architectural program acts as a true social condenser. It has captured and intensified situations that foster the experience of information exchange and knowledge production by accumulating various ecosystems.

The structure combines wood and steel, maximizing structural efficiency and architectural performance. It comprises three cores connected with lattice beams, featuring an unusual volume of exposed timber and concealed joints. The structure defines and qualifies the space without apparent tectonic efforts, and integrates with each ecosystem's program, envelope and furniture. The results is a remarkable carpentry work that is warm, light, permeable, and luminous.

(DESCRIPTION BY THE AUTHORS, TRANSLATION BY *ARQUITECTURA*)

FIG 03-06. Imágenes interiores del ensamblaje de la estructura de madera [Jesús Granada].
Interior images of the wooden structure assembly.

FIG 07. Imagen exterior de la estructura en madera [Jesús Granada].
Exterior image of the wooden structure.

FIG 08. Planta +03 / Biblioteca general.
Level +03 floor plan / General library.

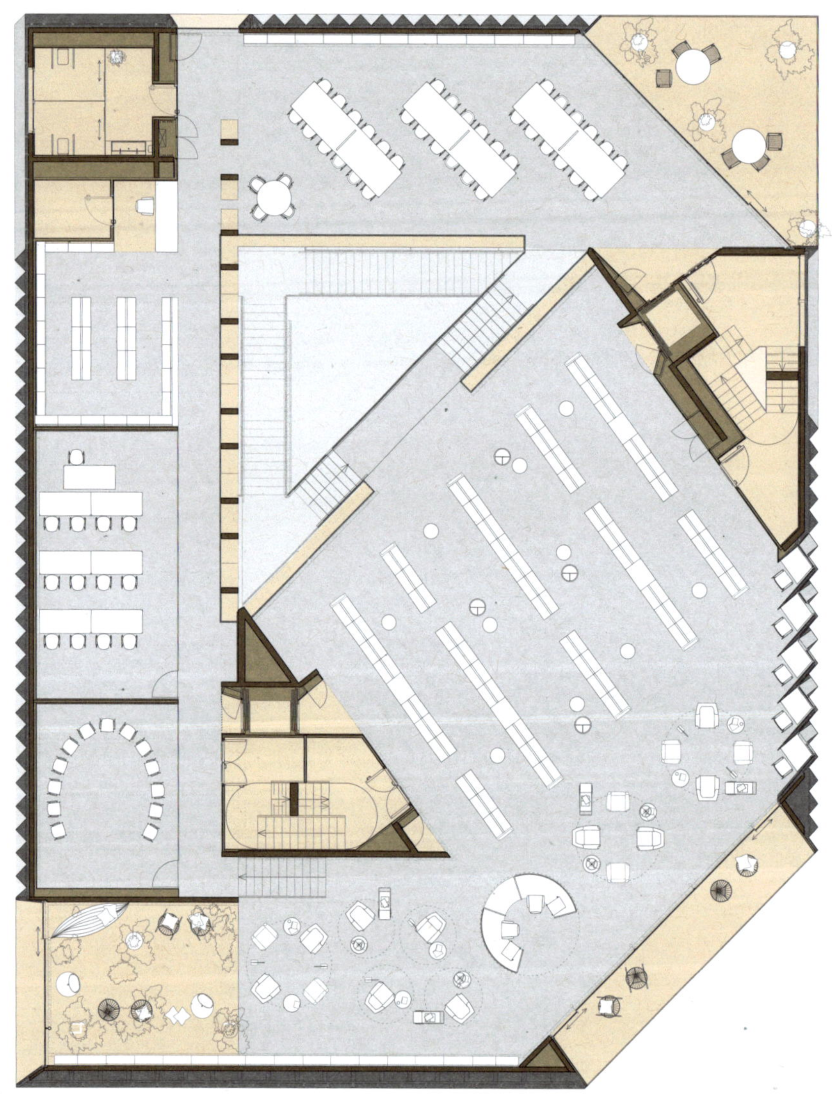

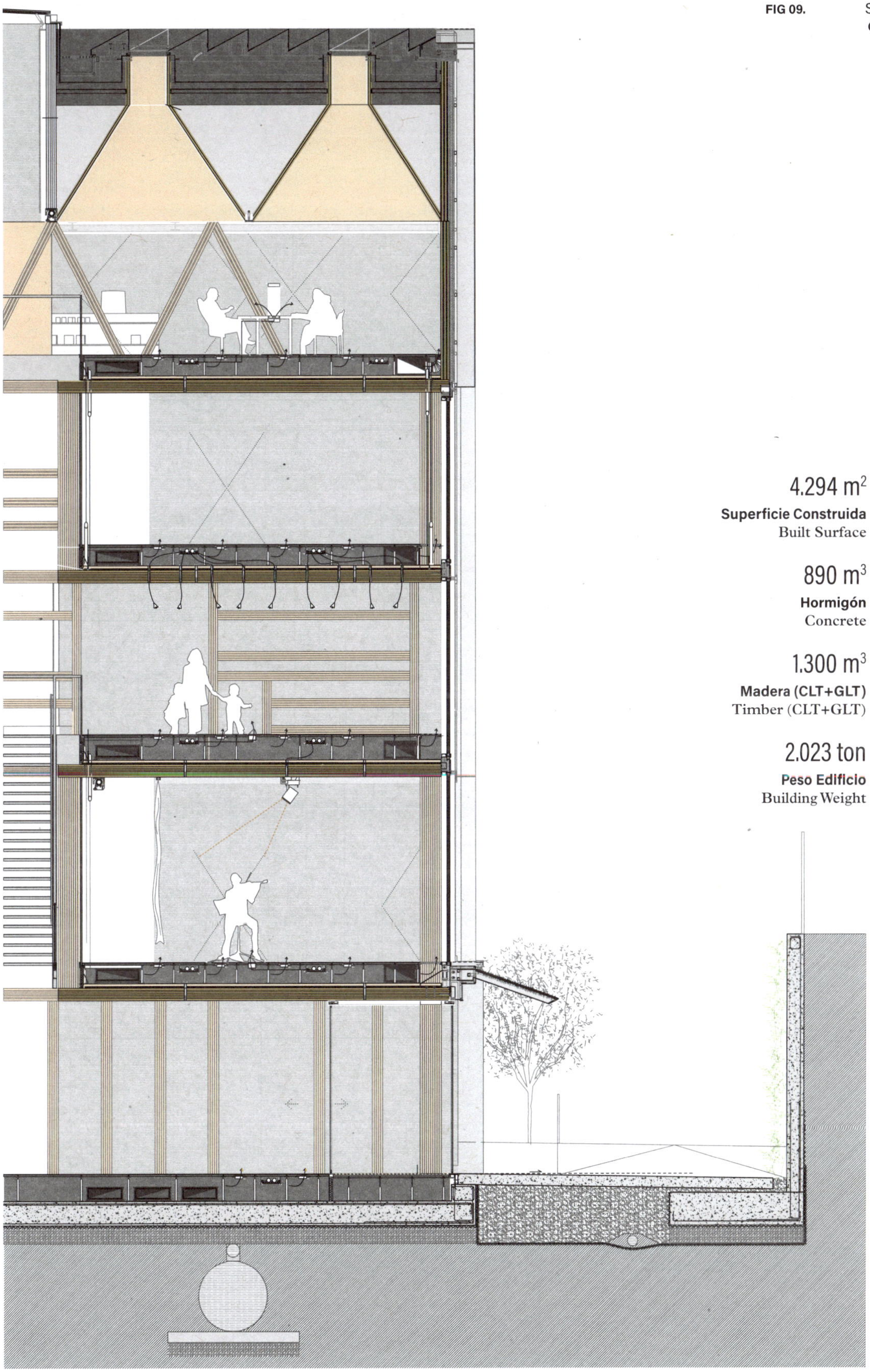

FIG 09. Sección constructiva.
Constructive section.

4.294 m²
Superficie Construida
Built Surface

890 m³
Hormigón
Concrete

1.300 m³
Madera (CLT+GLT)
Timber (CLT+GLT)

2.023 ton
Peso Edificio
Building Weight

Metabolismo: consideraciones esenciales

Grounding Metabolism

Daniel Ibáñez y Nikos Katsikis

Durante más de dos siglos múltiples procesos de urbanización han ido transformando de manera radical la faz de la tierra. Y esto ha ocurrido no sólo a través del crecimiento de las ciudades, sus áreas metropolitanas y otras formas de urbanización densa, sino que también lo ha hecho a través del desarrollo por un lado de la extensa red que constituyen los paisajes de producción primaria y de circulación, y por otro lado de los lugares dónde se eliminan los desechos que genera la vida urbana.

ESP Dentro de este proceso cada vez más complejo de transformación socioambiental de escala planetaria, el concepto de metabolismo urbano se ha consolidado entre arquitectos, urbanistas y académicos. Y esto ha desvelado la necesidad de una base analítica capaz de medir los continuos flujos de intercambio de energía, materiales y población, dentro y entre las ciudades, así como con sus extensos territorios productivos. Estos enfoques metabólicos prometen entrelazar todos estos lugares, permitiendo la comprensión de las interacciones que existen entre los procesos sociales y los ecológicos, en los procesos de construcción de los entornos urbanos. Esto a su vez permitiría a los urbanistas abordar la amplia gama de procesos que son relevantes en el crecimiento de las ciudades, y que operan en una diversidad de escalas espaciales. Sin embargo, la mayoría de los debates contemporáneos sobre el metabolismo urbano todavía no ha logrado integrar los atributos formales, espaciales y materiales que son característicos. Por un lado, los enfoques tecnocientíficos se han limitado a una interpretación performativa de los flujos. Por otro, los intentos más teóricos que investigan la dimensión sociopolítica de los procesos metabólicos han ignorado en gran medida su registro espacial. En por ello por lo que existe una necesidad explícita de explorar de modo más directo y sistemático la huella geográfica de los procesos metabólicos.

De una parte, y bajo el reciente paradigma del desarrollo sostenible, se ha generado una ingente cantidad de investigación en el campo de las ciencias medioambientales, principalmente de carácter cuantitativo, para modelar el metabolismo urbano. La estandarización de modelos e indicadores —como por ejemplo el análisis del flujo de materiales o la huella urbana— ha generado un entendimiento estadístico del metabolismo de las ciudades y regiones, exponiendo de una manera cruda las escalas, dimensiones y dinámicas de los sistemas de asentamiento urbano contemporáneos. Aunque estos enfoques han seguido siendo en gran medida descriptivos, sin embargo, han obviado las tensiones socioeconómicas subyacentes asociadas a su arraigo geográfico. Estas interdependencias metabólicas rara vez se han investigado como construcciones socioespaciales, sino que simplemente se han presentan como elementos naturalizados de los ecosistemas orgánicos.

De otra parte, sin embargo, durante las últimas dos décadas un conjunto de nuevos (e influyentes) enfoques críticos han abordado precisamente esta problemática. Procedentes principalmente de la geografía urbana y la economía política neomarxista, se han reapropiado del concepto de metabolismo de una manera dialéctica, con el objetivo de analizar la complejidad espacial de los procesos metabólicos. Además, esto se ha hecho de modo que capturen sus derivadas sociales, naturales, políticas y tecnológicas. Estos enfoques han contribuido a difundir una renovada comprensión de los procesos metabólicos, ahora considerándolos como el resultado del típico desarrollo social y ecológico desigual característico del capitalismo. Aunque han sido fundamentales para reintroducir la geografía en el estudio de los procesos metabólicos y para superar la división sociedad-naturaleza, también han sido reacios a sustituir categorías territoriales obsoletas como la de 'ciudad.' En síntesis, se puede argumentar que estos nuevos enfoques sólo han contribuido débilmente a un renovado entendimiento de los patrones de urbanización. Aunque tanto los enfoques metabólicos tecnocientíficos como los críticos han influido en las disciplinas del urbanismo y

1. Véase, por ejemplo: Baccini, Peter y Brunner, Paul H., *Metabolism of the Anthroposphere: Analysis, Evaluation, Design*, The MIT Press, Cambridge (MA.), 2012; Rees, William y Wackernagel, Mathis, "Urban Ecological Footprints: Why Cities Cannot Be Sustainable—and Why They Are Key to Sustainability", *Environmental Impact Assessment Review* n. 16 (1996), págs. 223–248.
2. Véase, por ejemplo: Heynen, Nik, Kaika, Maria y Erik Swyngedouw (eds.), *In the Nature of Cities: Urban Political Ecology and the Politics of Urban Metabolism*, Routledge, Londres, 2006; Gandy, Matthew, "Rethinking Urban Metabolism: Water, Space, and the Modern City", *City* 8, no. 3 (2004), págs. 363–379.
3. Angelo, Hillary y Wachsmuth, David, "Urbanizing Urban Political Ecology: A Critique of Methodological Cityism", *International Journal of Urban and Regional Research* (2014).

FIG 01. Dibujos del artículo "Building along Carbon Transec" por Alan Organschi, Gray Organschi Architects en *Wood Urbanism* [Actar Publishers, 2019].
Drawing from the article "Building along Carbon Transec" por Alan Organschi, Gray Organschi Architects in *Wood Urbanism*.

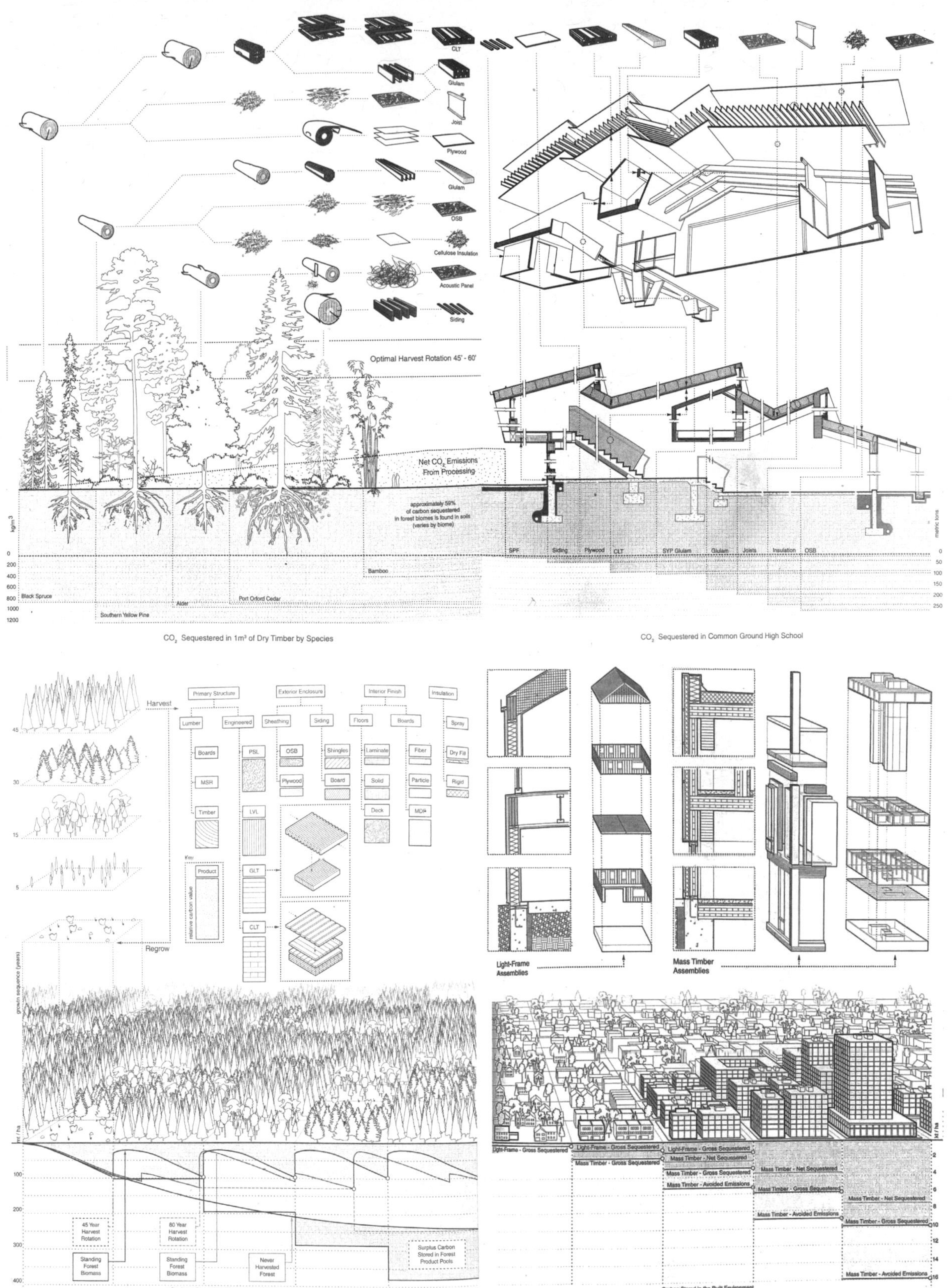

de la arquitectura, todavía tienen que conectarse de una manera más explicita con la dimensión formal de la ciudad y, paralelamente, con la construcción de unos modelos más sociales, políticos y ecológicos de hacer urbanismo.

Un entendimiento metabólico *arraigado* de los procesos de urbanización entendería el urbanismo como un agente geográfico que, además de considerar aquellos sistemas de flujos y procesos que son espacialmente relevantes, también se centraría en la configuración física de los asentamientos humanos sobre el terreno. Desde esta perspectiva, cualquier consideración acerca del contexto, debe estar conectada a estas cuestiones más específicas. No importa cuán expandido pueda ser, a medida que los procesos de urbanización avanzan sobre el planeta tierra, el urbanismo debe estar conectado con las consideraciones formales de la geografía específica de cada lugar. Por esta razón, dicho entendimiento *arraigado* del metabolismo urbano da prioridad a la dimensión geográfica de los procesos metabólicos. En lugar de entenderlo como un espacio abstracto donde se dan flujos continuos, etéreos y maleables, el objetivo es revelar un proceso denso, pesado y prolongado de reorganización metabólica de la superficie terrestre, operando a varios ritmos y a distintas escalas.

Sostenemos que cuanto más liso y continuo se vuelve el sistema metabólico global, más discontinua se torna la organización espacial de la superficie terrestre que éste provoca. De igual modo, cuanto más se expanden y densifican las ciudades extendiendo su alcance metabólico más allá de sus confines físicos, más interdependientes son de otras regiones que les dan servicios y suministros — regiones agrícolas, zonas de extracción de recursos, etc.—, así como de la malla cada vez más densa de infraestructuras que los interconectan permitiendo un volumen creciente de intercambio. En el desarrollo de este proceso, a medida que las diferencias entre la especificidad de un lugar y los patrones de desarrollo desigual característicos del capitalismo se acentúan, se generan una serie de tejidos urbanos escleróticos cuya articulación resulta cada vez más compleja. En paralelo, los elementos de este nuevo tejido urbano provienen de una multiplicidad de ciclos metabólicos que operan a diversas escalas, tanto espaciales como temporales, que van desde lo constructivo hasta lo planetario, desde lo cotidiano hasta lo geológico. En cada instante, los asentamientos y los sistemas de infraestructura, los edificios y las ciudades, los puertos y las carreteras, las presas y los oleoductos, las minas y las plataformas petrolíferas, las tierras agrícolas y las redes de riego, los vertederos y las plantas de tratamiento de residuos forman parte de un metabolismo urbano dinámico compuesto por personas, energía, agua, nutrientes, etc. en continua interacción. Y a largo plazo constituyen artefactos que resultan de un proceso, no sólo de inversión de capital, sino también de reorganización de materiales y recursos que a menudo proceden de tierras distantes y que, como tales, conforman un proceso de alteración geo-metabólica de la tierra.

Estas reflexiones sobre el metabolismo urbano tienen como objetivo construir un nuevo entendimiento del contexto para el urbanismo contemporáneo, que no solo incluye mayores escalas de trabajo, sino que además está en constante mutación por el entretejido de nuevas y múltiples geografías.

[Una versión más extensa de este texto fue publicada por sus autores en forma de editorial del número 6 (noviembre de 2014) de la revista *New Geographies*, publicada por el New Geographies Lab de la Graduate School of Design de la Universidad de Harvard con el apoyo de la Graham Foundation for Advanced Studies in the Fine Arts y por el Aga Khan Program. *Arquitectura* agradece a sus autores la revisión del texto].

ENG For more than two centuries, multivariate processes of planetary urbanization have been extensively transforming the planetary terrain. Not just though the growth of cities, metropolitan areas and other forms of concentrated urbanization, but also through the development of extended webs of landscapes of primary production, circulation and waste disposal that support urban life. Within this increasingly complex condition of planetary socio-environmental transformation, the concept of urban metabolism has gained influence among scholars and designers, suggesting an analytical basis for gauging the continuous flows of energy, material, and population exchange within and between cities and their extensive operational landscapes. Metabolic approaches to urbanization promise to interweave these diverse locational contexts, allowing the investigation of the interactions among social and ecological processes in the production of urban environments, and potentially enabling designers to address a broad array of processes operating at multiple spatial scales. Most contemporary discussions on urban metabolism, however, have failed to integrate formal, spatial, and material attributes. Technoscientific approaches have been limited to a performative interpretation of flows, while more theoretical attempts to interrogate the sociopolitical embeddedness of metabolic processes have largely ignored their spatial registration. Within this context, there is an explicit need for more direct and systematic explorations of the geographical imprint of metabolic processes.

4. Graham, Steve y Marvin, Simon, *Splintering Urbanism: Networked Infrastructures, Technological Mobilities, and the Urban Condition*, Routledge, Londres, 2001.

On the one hand, and under the recent paradigm of sustainable development, a tremendous amount of quantitative research has been generated in the environmental sciences to model urban metabolism. The standardization of models and indicators, such as material flow analysis or the urban footprint, has contributed to an unprecedented statistical profiling of the metabolism of cities and regions exposing the scales, dimensions, and dynamics of contemporary systems of inhabitation.[1] These approaches have remained largely descriptive, however, and blind to the underlying socioeconomic tensions associated with their geographical embeddedness. Metabolic interdependencies are rarely investigated as sociospatial constructs but are simply presented as naturalized elements of organic ecosystems.

On the other hand, over the last two decades, a set of influential critical approaches has addressed exactly this problematique. Stemming mainly from neo-Marxian urban geography and political economy, the concept of metabolism has been reappropriated in a dialectical manner that attempts to analyze the spatial complexities of metabolic processes in ways that also capture their social, natural, political, and technological hybridities.[2] These approaches have contributed to an understanding of metabolic processes as historically contested elements of a socially and ecologically unequal exchange within successive waves of capitalist development. Although they have been instrumental in reintroducing geography into the study of metabolic processes and in overcoming the society-nature divide, they have been rather reluctant to supersede inherited territorial categories such as that of the "city." Consequently, such approaches have contributed only weakly to a novel understanding of extended patterns of urbanization.[3] Although both technoscientific and critical approaches to urban metabolism have been influential in design discourse, they have yet to be meaningfully connected to an appreciation of the formal organization of the expanding urban fabric, and concomitantly, to the construction of more socially, politically, and ecologically viable models of urbanism.

A "grounded" metabolic understanding of urbanization interprets design as a geographic agent that, although reflexive to the spatially transcendent systems of flows and processes, is still focused on the physical configuration of human occupation "on the ground." As a result, any valuable interpretation of context needs to be connected to this specific operation. No matter how expanded it can be, as urbanization continuously reshapes the planetary terrain, design has eventually to be connected to a site-specific formal appreciation of geography. For this reason, a "grounded" conceptualization of urban metabolism foregrounds the geographical imprints of metabolic processes. Instead of a seamless, ethereal, and malleable space of flows, we aim to reveal a different, thick, heavy, and lengthy process of metabolic reorganization of the earth's surface operating at various paces and scales.

We argue that the more seamless and continuous the global metabolic system of exchange becomes, the more it is engraved in a geographically discontinuous organization of the earth's surface. As urbanized regions expand and thicken, extending their metabolic reach, they become increasingly interdependent with the development of specialized regions of service and supply (agricultural regions, resource extraction zones) and a densifying mesh of connectivity infrastructures that enables the increasing volumes of exchange. As this process unfolds, it results in the production of a series of distinctive and rather sclerotic fabrics of urbanization. The articulation of these fabrics, however, is becoming increasingly splintered as the differences inherent in the specificities of natural geography are coupled with the uneven patterns of capitalist development.[4] At the same time, almost all elements of this fabric are revealed as parts of a multiplicity of metabolic cycles operating at a series of both spatial and temporal scales, from the building to the planetary, from the daily to the geologic. On an hourly and daily basis, settlements and infrastructure systems, buildings and cities, ports and highways, dams and pipelines, mines and oil rigs, agricultural lands and irrigation networks, landfills and waste treatment plants are all are parts of a dynamic metabolism of people, energy, water, nutrients, etc. At longer time frames, they are themselves artifacts of a process of not only capital investment but also the reorganization of materials and resources that have often been relocated from distant lands, and as such of a longer-term geo-metabolic alteration of the earth.

These preliminary positions on urban metabolism aim to build toward an understanding of a contemporary design context that is not merely being upscaled but is in constant circulation through the weaving together of a multiplicity of variegated geographies.

(TRANSLATION BY *ARQUITECTURA*)

[An extended version of this text was originally written by its authors as the Editorial for issue n. 6 of *New Geographies* magazine ('Grounding Metabolism'), published by the New Geographies Lab at Harvard University Graduate School of Design (GSD) Supported by the Graham Foundation for Advanced Studies in the Fine Arts and the Aga Khan Program at the GSD. *Arquitectura* truly appreciated the edits made by its authors.]

1. See, for example: Baccini, Peter and Brunner Paul H., *Metabolism of the Anthroposphere: Analysis, Evaluation, Design*, The MIT Press, Cambridge (MA), 2012; Rees, William and Wackernagel, Mathis, "Urban Ecological Footprints: Why Cities Cannot Be Sustainable—and Why They Are Key to Sustainability," *Environmental Impact Assessment Review* n. 16 (1996), pp. 223–248.

2. See, for example: Heynen, Nik; Kaika, María and Swyngedouw, Erik (eds.), *In the Nature of Cities: Urban Political Ecology and the Politics of Urban Metabolism*, Routledge, London, 2006; Gandy Matthew, "Rethinking Urban Metabolism: Water, Space, and the Modern City," *City* 8, n. 3 (2004), pp. 363–379.

3. Angelo, Hillary, Wachsmuth, David, "Urbanizing Urban Political Ecology: A Critique of Methodological Cityism," *International Journal of Urban and Regional Research* (2014).

4. Graham Steve and Marvin, Simon, *Splintering Urbanism: Networked Infrastructures, Technological Mobilities, and the Urban Condition*, Routledge, London, 2001.

FIG 01. El dormitorio se eleva sobre patas de mesa blancas recicladas [José Hevia].
The bedroom is raised on recycled white table legs.

FIG 02. Los tabiques se realizaron con paneles de MDF [José Hevia].
The partitions were made with MDF panels.

10K HOUSE
BARCELONA

Takk

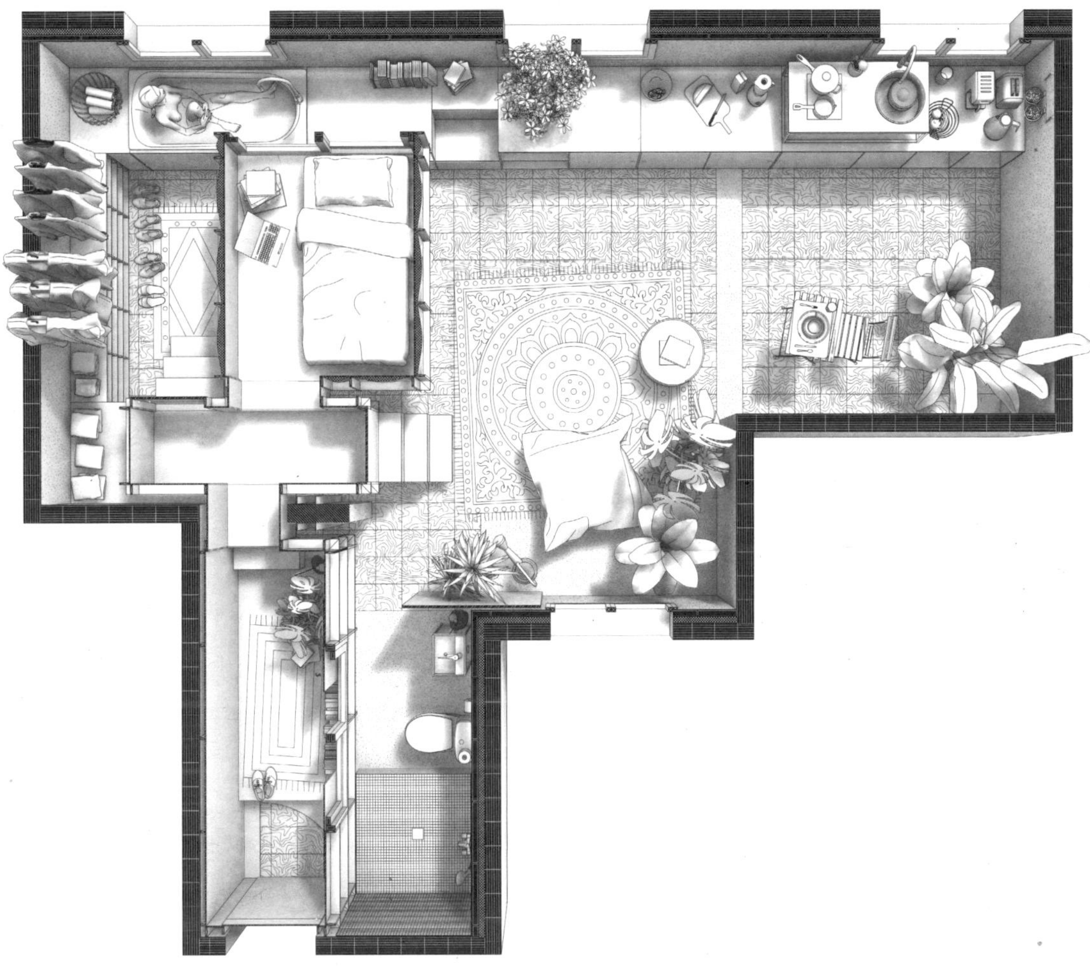

FIG 03. Planta fugada de la vivienda.
House perspective floor plan.

ESP "10k House" es la reforma integral de un piso situado en Barcelona con un presupuesto de ejecución material de tan sólo 10.000 euros, pero con el ánimo de actualizar la vivienda hacia nuevos modelos de uso y conciencia medioambiental en el marco de la actual crisis energética y cambio climático.

De esta aparente dicotomía entre el bajo presupuesto disponible y la ambición de transformar completamente la vivienda surgen las principales decisiones que articulan el proyecto:

1-Trabajar con gradientes térmicos para la configuración funcional y programática de la casa.

2-Elevación de los elementos construidos de la vivienda permitiendo el paso libre de instalaciones de agua y electricidad.

3-Reducción de la paleta material al máximo: paneles estándar de MDF y lana de oveja natural.

4-Eliminación de la partida destinada a nuevos revestimientos.

5-Visión hedonista y lúdica de los espacios de baño y cocina junto a las fachadas.

6-Autoconstrucción.

(DESCRIPCIÓN DE LOS AUTORES)

FIG 04. Diagrama de flujos de aire y temperatura.
Air flow and temperature diagram.

ENG "10k House" is the refurbishment of a 50m2 flat located in Barcelona with a material execution budget of only 10,000 euros, but with the aim of updating the home towards new models of use and environmental awareness within the framework of the current energy crisis and climate change.

From this apparent dichotomy between the low budget available and the ambition to completely transform the home, the main decisions that articulate the project arise:

1-Work with thermal gradients for the functional and programmatic configuration of the house .

2-Elevation of the built elements of the house allowing the free passage of water and electricity installations.

3-Reduction of the material palette to the maximum: standard MDF panels and natural sheep wool.

4-Elimination of the item for new coatings (paint, plaster, tiles, etc.).

5-Hedonistic and playful vision of the bathroom and kitchen spaces next to the facades.

6-Self-construction.

(DESCRIPTION AND TRANSLATION BY THE AUTHORS)

FIG 05. La construcción se realizó mediante el fresado por CNC [José Hevia].
The construction was carried out using CNC milling.

FIG 06. El baño y la cocina pasan a ocupar las mejores zonas de la casa junto a las fachadas [José Hevia].
The bathroom and kitchen come to occupy the best parts of the house next to the facades.

Ideologías y territorios

Ideologies and Territories

'CAFÉ HOUELLEBECQ', II

Iñaki Ábalos, Albert Cuchí y Eduardo Prieto

En la segunda entrega de la serie 'Café Houellebecq', dedicada a explorar las paradojas de la arquitectura contemporánea, Iñaki Ábalos y Eduardo Prieto conversan con el arquitecto y profesor Albert Cuchí sobre los riesgos de convertir la sensibilidad por el territorio en un modo reduccionista de entregarse a un nuevo romanticismo del medioambiente.

Iñaki Ábalos (IA): Que los arquitectos tengan conciencia de que su trabajo se inserta en una red de intercambios energéticos y materiales, en una red territorial, es sin duda algo muy necesario que podría devolverle a la arquitectura parte de su relevancia. Pero me pregunto si, con esta atención al territorio cercano, no corremos el riesgo de caer en los regionalismos del material, de lo vernáculo, pasados ahora por una pátina medioambiental que hace que los miremos con buenos ojos. Nos referimos, por ejemplo, a los arquitectos que, sobre todo en el Levante español, están trabajando con la piedra y la madera de una manera, a mi juicio, conservadora...

Albert Cuchí (AC): En el fondo, el conocimiento tradicional, cómo se codifica, cómo se utiliza, cómo se transmite, es algo que se presenta a la escala de lo local, pero tiene universales que se reconocen y son homogéneos en muchos lugares. Los arquitectos que mencionas tienen para mí interés en la medida en que, trabajando con técnicas vernáculas, plantean un manifiesto que dice: "Se puede hacer arquitectura más allá del Movimiento Moderno, de la industria. Una arquitectura tradicional que, sin embargo, es radical, y que trabaja con lo cercano". Puede haber muchas exageraciones en ella, propio de un manifiesto, como esa voluntad de dejarlo todo visto; pero, como mínimo, esta arquitectura nos sugiere que se están discutiendo nuevos modelos, que hay todavía mucho camino por recorrer.

IA: Me intriga que esta arquitectura, de muros de piedra y forjados de madera, pueda encajar en los precios de protección oficial.

AC: El problema, en realidad, está en los costes reales, no en los precios. Pongo el ejemplo de las emisiones de CO2 y su consideración como un precio no pagado, como una 'externacionalización'. Cuando construimos un edificio, no incluimos en el presupuesto el coste que suponen las emisiones debidas a su construcción y las que supondrá a lo largo de su vida útil. Un precio que, desde el principio, pagamos todos. La arquitectura, como todo nuestro entramado industrial, es también una tecnología de exportación de impactos ambientales, energéticos y sociales. Por eso es tan importante buscar alternativas en las que el precio asuma los costes ambientales. Solo así podremos saber dónde estamos.

Eduardo Prieto (EP): ¿Pero, se puede resolver el problema, simplemente, creando un catálogo ambiental, y yo diría que ético, de materiales 'buenos' y materiales 'malos'?

IA: Trabajes con el material que trabajes, tendrá sus problemas. Lo difícil es saber cuándo uno es más problemático que otro, porque el asunto depende de aspectos complejos y mezclados entre sí: la extracción, el rendimiento energético, el impacto en la salud, la transformación y puesta en obra, su posible reciclaje. Reducir el catálogo a materiales como la piedra y la madera implica una visión nostálgica y localista. No digo que esto esté bien o mal: digo que esta visión se da y que hay que tenerla en cuenta críticamente, como cualquier otra. Uno de los grandes expertos en energía, Matthias Schuler (Transsolar), afirma que los tres materiales que, en verdad, merece la pena reciclar son el hormigón, el acero y el aluminio. Si pudiéramos reciclarlos dentro de una escala territorial acotada, especialmente en el entorno de las ciudades, el problema medioambiental de la construcción quedaría, en lo fundamental, resuelto. No es una opinión de aficionados, como sabéis, y su aplicación es global.

EP: Centrarse en los materiales más empleados no deja de ser una variante de la idea del 'óptimo de Pareto', el economista. Para responder de manera eficiente a un problema complejo, multifactorial, Pareto creía que bastaba con actuar sobre los elementos fundamentales, aquellos que, por ejemplo, se llevaban el ochenta por ciento del problema, y afirmaba que intervenir sobre el veinte por ciento restante no merecería la pena, pues no mejoraría la eficiencia de manera proporcional. Se trata de una manera inteligente de abordar la cuestión, pero, como la arquitectura no es solo economía, ni siquiera técnica, no puedo dejar de preguntarme si, cuando hoy optamos por materiales como la madera o la piedra, no nos estamos dejando llevar por cierta superstición ética: más que un material real parece que buscamos una fórmula mágica que lo resolverá todo. Sin embargo, los problemas, sobre todo los complejos, no pueden encararse con magia. Los materiales forman parte de una intrincada red de recursos dentro de un entramado que es económico y tecnológico, pero también social y cultural. Cuando construimos un edificio construimos un territorio, una historia, una cultura. Por eso nuestras decisiones deben estar razonadas y pensadas a medio plazo. No valen las recetas.

IA: La receta de la madera se ha convertido en emblema de la nueva sensibilidad por el territorio. Lo cierto, sin embargo, es que hoy apenas hay empresas en España que lo suministren en formato industrial y con garantías de explotación: la mayor parte proviene de Austria y Finlandia. A esto se suma que la industrialización de la madera depende de pegamentos que se comportan mal en climas cálidos, y el cambio climático está haciendo que el material esté más expuesto a las plagas. Cuando convertimos la madera en el material noble por antonomasia —y lo dice alguien que es sensible a su belleza— podemos estamos cayendo, en buena medida, en la superstición.

EP: La relación supersticiosa con los materiales 'especiales' puede suponer un doble riesgo: por un lado, el de convertir la técnica en argumento único de la arquitectura, y en este caso hablaríamos de un funcionalismo ambiental donde todo se supedita a un discurso sostenible que ignora la estética y la cultura, aunque en realidad cualquier elección material o energética es siempre una elección simbólica y cultural; y, por otro lado, el riesgo de buscar un "material mágico" que, de un modo algorítmico, en cualquier situación y escala, y diríamos que casi sin pensar, permitiría dar una respuesta formal coherente atendiendo solo al buen rendimiento del material en cuestiones como los GEIs o el ciclo de vida.

AC: El ejemplo de la madera nos sirve, en efecto, para hablar del ciclo de vida. Más allá de los peligros que mencionas, los materiales deben considerarse a largo plazo y de una manera transversal, pero la noción de 'ciclo de vida', siendo tan amplia, está lejos de tener el mismo sentido para todos. Para un ingeniero químico, se resolverá a nivel de la composición interna y de tablas de impacto, pero un arquitecto lo tendrá que considerar también desde la escala territorial. La cuestión de la escala es clave y pueda abordarse de una manera complementaria. Pongamos el ejemplo de la dieta: día a día comemos ciertas cosas que constituyen la base de nuestra alimentación, aunque en ocasiones, los días de fiesta, nos damos el lujo de comer algo especial. La cosa vale también para la arquitectura: una cosa es la arquitectura común, la que se hace todos los días en la mayor parte de los sitios, y otra cosa son las arquitecturas singulares, las que socialmente pueden contar con estrategias y materiales distintos. Yo pienso que la arquitectura de cada día no puede construirse con materiales que no sabemos de dónde vienen y qué impacto tienen. El reto hoy es identificar esta 'dieta' arquitectónica.

EP: Sobre esto podemos pensar en la dialéctica entre la arquitectura culta y la arquitectura popular. La diferencia entre ambas no solo estaba en las formas y los estilos, sino en la posibilidad de ir más allá del contexto para importar tecnologías distintas y materiales nuevos. Ahora estamos en un paradigma global, de entrecruzamiento de posibilidades técnicas y materiales, pero al mismo tiempo estamos volviendo a mirar con ojos renovados las tradiciones vernáculas que trabajaban con los materiales cercanos, la masa, la inercia térmica y a partir de esto sabían crear cultura...

AC: Yo tengo la hipótesis de que los grandes problemas de la arquitectura se solucionan 'abajo', en lo cotidiano, en la tecnología aplicada. En buena medida, es la agregación de demandas, de miles de productos, la escala industrial, de la que dependen hoy nuestras sociedades. Y del metabolismo que la mantiene. El metabolismo es la capacidad de la sociedad para extraer recursos y excretar residuos del medio. Desde esta perspectiva, en las ciudades industriales no hay ecosistemas, porque no existen fronteras acotadas. Ni siquiera lo eran cuando las ciudades tenían murallas, ya eran realidades cerradas pues dependían de la red de cultivos que las rodeaban. Hoy el alcance es mucho mayor, así que entender lo que sucede desde un punto ecosistémico local resulta insuficiente.

EP: La visión ecosistémica es probable que valga para un edificio completamente acotado o ligado a un entorno pequeño, pero ¿qué ocurre cuando, como está pasando hoy, el ecosistema no es un único ecosistema sino un conglomerado casi infinito de ellos que intercambian información, energía y materiales a escalas globales? ¿Es posible cerrar las fronteras, reconducir el problema a lo local?

IA: Nos guste o no, la realidad que está produciendo el mundo y en la que hay que ponderar los problemas y soluciones en verdad eficaces es la de la pujanza económica de las ciudades de veinte o treinta millones de habitantes que emergen en todos los continentes. A esta nueva escala global, las técnicas y problemas ambientales adquieren perspectivas diferentes. No estoy seguro de que sea bueno salirse de los entramados industriales, ni siquiera que sea posible. La tecnología puede, de hecho, ser un antídoto contra la idea ingenua de que los materiales en sí mismos pueden resolverlo todo y convertirse en emblemas de lo local, emblemas de un nuevo romanticismo.

AC: Hasta ahora hemos vivido en un régimen industrial que se sostiene en el transporte a gran escala y lo favorece ocultando sus impactos ambientales, no pagando sus costes reales. Cuando reduzcamos los impactos que produce —porque son insostenibles— veremos hasta qué punto ese modelo industrial se apoya sobre ellos. Poner de manifiesto que se puede construir de otra manera, localmente, es mostrar que hay alternativas a ese modelo, que hay otros paradigmas que pueden ayudar a equilibrar el sistema, a mejorarlo. Vivimos tiempos de cambio y debemos aprender a pensar de otra manera.

FIG 01. Ábalos, Prieto y Cuchí en el estudio del primero (Madrid, diciembre de 2023).
Ábalos, Prieto y Cuchí in Ábalos Office (Madrid, december 2023).

In the second instalment of the 'Café Houellebecq' series, dedicated to exploring the paradoxes of contemporary architecture, Iñaki Ábalos and Eduardo Prieto discuss with the architect and professor Albert Cuchí the risks of turning sensitivity for territory into a reductionist manner of espousing a new environmental romanticism.

Iñaki Ábalos (IA): For architects to be aware that their work will form a part of a network of energy and material exchanges in a territorial network, it is undeniably very necessary that they should be able to give architecture back part of its significance. But I wonder whether, with this attention to the immediate territory, we aren't running the risk of resorting to regionalism in terms of material, of the vernacular, which is now being given an environmental patina that obliges us to approve it. I refer, for instance, to architects, particularly in Spain's Levante region, who are working with stone and wood in a way, I believe, is conservative...

Albert Cuchí (AC): In essence, traditional knowledge, how it is coded, how it is used, how it is conveyed, is something that is presented at a local scale, but it has common features that are recognised as homogeneous in many places. The architects you mention are of interest to me to the extent that, while working with vernacular techniques, they propose a manifesto that states: "You can create architecture that goes beyond the Modern Movement, that of industry. A traditional architecture that, nevertheless, is radical and works with what is locally available." It may contain many exaggerations, typical of a manifesto, such as the desire to leave everything exposed, but this architecture at least suggests that new models are being discussed, that there is still a long way to go.

IA: I'm intrigued that this architecture, with stone walls and timber floor plates, can be done at prices marked for affordable housing.

AC: The problem is actually one of real costs, not prices. I'll give you the example of CO2 emissions and their consideration as an unpaid price, as a form of 'outsourcing'. When we construct a building, we don't factor into the estimate the cost posed by the emissions produced by its construction and those that will be incurred over its useful life. It's a price that we all pay right from the very start. Architecture, like our entire industrial structure, is also a technology for exporting environmental, energy and social impacts. That's why it's so important to seek alternatives in which the price covers the environmental costs. That's the only way we will be able to know where we are.

Eduardo Prieto (EP): But can a problem be solved simply by creating an environmental catalogue, and I'd also say an ethical one, of 'good' and 'bad' materials?

IA: Whatever material you work with, it will have its problems. The difficult thing is to know when one is more problematic than another, because the matter depends on complex and interrelated aspects: extraction, energy performance, impact on health, transformation and installation, its potential recycling. Reducing the catalogue to materials such as stone and wood implies a nostalgic and localist vision. I'm not saying that this is good or bad; I'm saying that this vision is a reality and it should be taken into critical consideration, like any other. One of the leading energy experts, Matthias Schuler (Transsolar), asserts that the three materials that are actually worthwhile recycling are concrete, steel and aluminium. If we could recycle them on a limited territorial scale, particularly in urban settings, the environmental problem of construction would essentially be solved. This isn't an amateur opinion, as you know, and it's globally applicable.

EP: Focusing on the most widely used materials is still a variant of Pareto efficiency, with regard to the economist. In order to respond efficiently to a complex, multifactorial problem, Pareto believed that it was enough to act on the basic elements, those which, for instance, accounted for eighty per cent of the problem, and he asserted that intervening on the remaining twenty per cent wasn't worth the effort as it wouldn't proportionally improve efficiency. It's an intelligent way to approach the question, but, as architecture isn't only economics, not even technique, I can't help wondering, at a time when we choose materials such as wood and stone, whether we're being convinced by a certain ethical superstition: rather than a real material, it seems that we're looking for a magical formula that will sort everything out. However, problems, especially the complex ones, can't be tackled with magic. Materials are a part of an intricate network of resources within a structure that is economic and technological, as well as social and cultural. When we put up a building, we build a territory, a history, a culture. That's why our decision must be reasoned and look to the medium term. Prescriptive thinking doesn't work.

IA: The prescription for wood has become an emblem of the new sensitivity for territory. The truth, however, is that there are practically no industries in Spain that supply it in an industrial format and with certification; most comes from Austria and Finland. Added to this is the fact that the industrialisation of wood depends on glues that behave badly in warm climates, and climate change is making this material more exposed to pests. When we turn wood into a quintessentially noble material —and this is form someone who is sensitive to its beauty— we could be largely giving in to superstition,

EP: The superstitious relationship between 'special' materials can pose a double risk: on the one hand, that of turning technique into the sole argument of architecture, in which case we'd be speaking about environmental functionalism where everything is contingent on a sustainable discourse that ignores aesthetics and culture, although any choice of material or energy is actually always a symbolic and cultural choice. And on the other hand, there's the risk of seeking a 'magical material' that algorithmically, in any situation and on any scale, and we could say almost without thinking, would allow us to provide a formal and coherent response taking into account only its good performance where matters such as greenhouse gases and life cycle are concerned.

AC: The example of wood actually comes in handy to allow us to speak of life cycle. Aside from the dangers you mentioned, materials should be considered in the long term and transversally, but the notion of 'life cycle', being so broad, has very different meanings for everybody. For a chemical engineer, it will be calculated in terms of internal composition and impact tables, but an architect will also have to consider it on the territorial scale. The question of scale is key and can be approached in a complementary manner. We can take the example of diet: we eat certain things every day that we consider to be dietary staples, although on occasion, on special occasions, we indulge ourselves by eating something special. This also applies to architecture: it's one thing to refer to common architecture, the one that's done every day in most places; and it's quite another to refer to singular architecture, which socially can make use of different strategies and materials. I don't think that everyday architecture can be built out of materials that we don't know where they come from or what impact they have. The challenge today is identifying this architectural 'diet'.

EP: In this respect, we can think about the argument between cultured architecture and vernacular architecture. The difference between both isn't just their forms and styles, but the possibility to going beyond the context in order to import different technologies and new materials. Now we face a global paradigm, of hybridisation of possible techniques and materials, but at the same time, we're revisiting vernacular traditions that would work with locally sourced materials, mass, thermal inertia, and would they would know how to use this to create culture...

AC: I espouse the hypothesis that the major problems in architecture are solved from 'below', in everyday life, with applied technology. To a large extent, it's the sum of demands, of thousands of products, the industrial scale, on which our societies depend today. And the metabolism that keeps it going. Metabolism is the ability society has to extract resources and excrete environmental waste. From this viewpoint, there are no ecosystems in industrial cities because there are no demarcated boundaries. They weren't even like that when cities had walls; they were no longer really enclosed because they depended on the network of crops that surrounded them. Today, the scope is much greater, so understanding what happens from the perspective of local ecosystem is no longer enough.

EP: The ecosystemic viewpoint probably works for a completely enclosed building or one linked to a small setting; but what happens when, as is happening today, the ecosystem isn't the only ecosystem but an almost infinite conglomerate of them that exchange information, energy and materials on a global scale? Is it possible to close borders, redirect the problem to the local scale?

IA: Whether we like it or not, the reality that is forming in the world an on which the problems and truly effective solutions will have to take into account is the economic strength of the cities with twenty or thirty million inhabitants that are emerging on every continent. Given this new global scale, environmental techniques and problems take on different perspectives. I'm not sure if it's a good thing to break away from industrial structures, or whether it's even possible. Technology can, in fact, be an antidote to the ingenuous idea that materials in themselves are able to resolve everything and become emblems of the local, emblems of a new romanticism.

AC: Until now, we've lived in an industrial regime that is sustained by large-scale transport and is favoured by concealing its environmental impacts, by not paying the real costs. When we reduce the impacts it causes —because they're unsustainable— we'll see how far this industrial model is held up by them. Highlighting that there is another way to build, locally, is showing that there are alternatives to that model, that there are other paradigms that can help to balance the system, to improve it. We're living in times of change, and we must learn to think in a different way.

FIG 01. Fotografías de las maquetas del concurso.
Photographs of the competition models.

AS+

FOA

MVRDV

OMA

WEST8

ESP La oportunidad de crear un gran parque central y adaptado a las necesidades del Plan Especial Estación Intermodal de Logroño surge cuando, estudiando su topografía, comprobamos que se trata de una de las poquísimas ciudades españolas con abundancia de agua. Esto es algo descubrimos en un plano de 1962, dónde conocimos los regatos subterráneos que se originaron en las periódicas inundaciones de la ciudad.

El contraste entre esta idea vinculada a la hidrografía de la ciudad, y el apilamiento de edificios de las demás propuestas del Concurso Internacional convocado, hizo posible ganar el concurso. La presencia de agua permitió llevar a cabo la idea planteada prácticamente en el primer esbozo: crear un generoso parque sobre el trazado ferroviario, que se manifiesta verticalmente en un conjunto de torres. Agua, parque y torre generan una nueva centralidad urbana, aprovechando una infraestructura pública cuya sostenibilidad medioambiental ha obtenido el segundo BREEAM.ES Urbanismo conseguido en España, citando literalmente:

> "La integración y reurbanización de un suelo infraestructural a través de la creación de un gran parque de más de 72.000m2 ha contribuido a mejorar la movilidad urbana y la biodiversidad del entorno, al tiempo que su conexión con diversas zonas verdes periféricas a modo de corredor ecológico ha permitido la mitigación del efecto "isla de calor" y una gestión adecuada del agua de lluvia a través de sistemas urbanos de drenaje sostenible (SUDs.)" Javier Torralba, director de BREEAM España.

(DESCRIPCIÓN DE LOS AUTORES)

PROYECTO

ESTACIÓN INTERMODAL Y PARQUE URBANO

LOGROÑO

Abalos+Sentkiewicz AS+

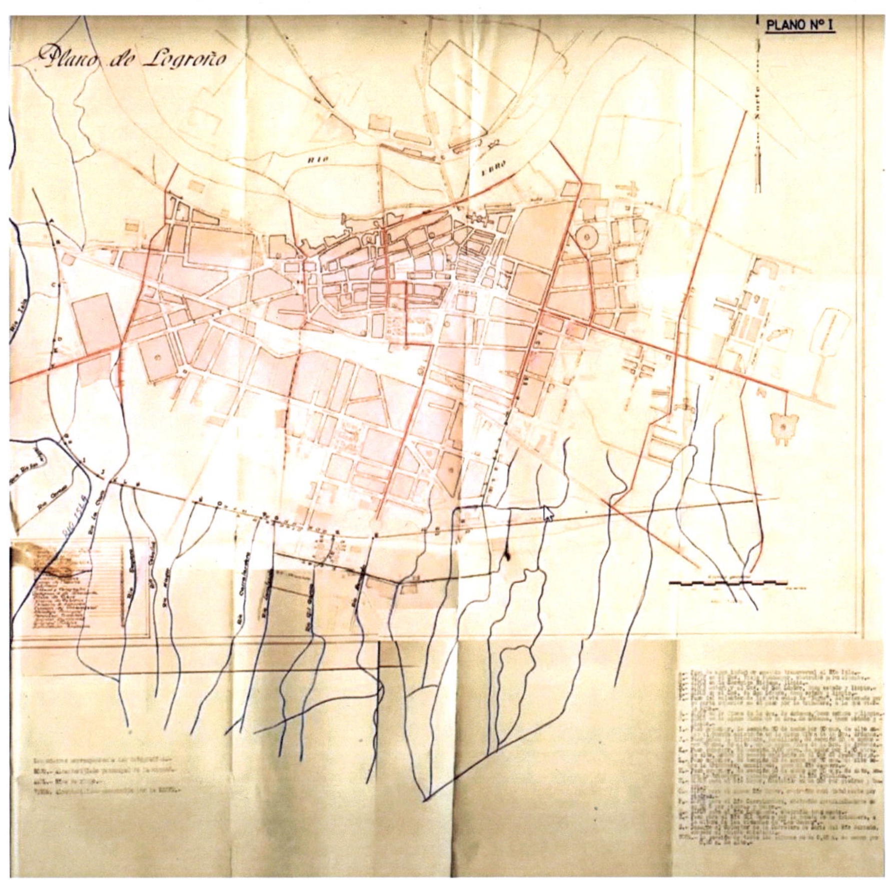

FIG 02. Plano de Logroño de 1962.
Map of Logroño from 1962.

ENG The opportunity to create a large central park tailored to the needs of the Special Plan for the Logroño Intermodal Station arises when, upon studying its topography, we ascertain that it is one of the very few Spanish cities abundant in water. This was discovered on a 1962 map, where we learned of the underground streams that originated from the city's periodic floods.

The contrast between this idea linked to the city's hydrography and the stack of buildings in the other proposals of the International Competition made it possible to win the competition. The presence of water allowed the implementation of the idea proposed practically in the initial sketch: to create a generous park on the railway layout, vertically manifested in a cluster of towers. Water, parks, and towers generate a new urban centrality, leveraging a public infrastructure whose environmental sustainability has earned the second BREEAM.ES Urbanism achieved in Spain, quoting literally:

> "The integration and re-urbanization of infrastructural land through the creation of a large park of over 72,000m2 have contributed to improving urban mobility and the biodiversity of the environment, while its connection with various peripheral green areas as an ecological corridor has allowed the mitigation of the "heat island" effect and appropriate management of rainwater through sustainable urban drainage systems (SUDs)." Javier Torralba, director of BREEAM Spain.

(DESCRIPTION BY THE AUTHORS, TRANSLATION BY *ARQUITECTURA*)

FIG 03. Vista general de la propuesta [José Hevia].
General view of the proposal.

FIG 04. Fotografía del parque con fuentes de agua [José Hevia].
Photograph of the park with water fountains.

FIG 05. Fotografía del proceso de construcción [José Hevia].
Photography of the construction process.

FIG 06. Diagrama del esquema de riego y vegetación.
Irrigation and vegetation scheme diagram.

SISTEMAS HIDRÁULICOS

Madrid: hacia un territorio sin exterior

Madrid: Towards a Territory Without an Exterior

Pablo Pérez-Ramos

La idea convencional de territorio es la de un proyecto y recurso espacial dominado y vigilado por grandes instituciones y corporaciones. La arquitectura y demás disciplinas que participan en el diseño y la producción del entorno construido —el urbanismo, incluso la arquitectura de paisaje— han contribuido a menudo a fijar esa idea del territorio como un espacio neutro y estático —'una mera superficie técnica', como diría Bernardo Secchi—[1] sobre el que disponer sus figuras y operaciones. Hoy en día, la configuración espacial de las regiones metropolitanas como la Comunidad de Madrid son el resultado de la interacción de una red compleja de procesos económicos y sociales cuya explicación tiene lugar a escalas que transcienden los límites políticos y administrativos de la región; una circunstancia que no hace sino profundizar en una interpretación del territorio simplemente como objeto de apropiación y expansión económica. Sin embargo, por muy líquidas y abstractas que sean las causas que subyacen al ensanchamiento de la huella antrópica sobre el planeta, sus efectos tienen una dimensión física y consecuencias específicas, tanto políticas como estéticas, en la escala local y en la cotidianeidad del hecho urbano. En un contexto marcado por el imperativo climático del siglo XXI, este texto reflexiona sobre algunas de las lecciones que ofrece la arquitectura de paisaje en la reevaluación del proyecto arquitectónico en su dimensión territorial, y en la reconsideración del modo en que la arquitectura da forma a la relación entre el hábitat humano y el medio ambiente.

1. Secchi, Bernardo, "Progetto di Suolo", *Casabella* n. 520-521 (1986), pág. 22.

FIG 01. El nuevo PAU de El Cañaveral y su territorio de expansión, flanqueados por la R3, la M45, y la Cañada Real Galiana [Google Earth (Landsat / Copernicus]. The new PAU of El Cañaveral and its expansion territory, flanked by the R3, the M45, and the Cañada Real Galiana.

ESP Medioambiente, paisaje, territorio

Medioambiente, paisaje, territorio. Tres significantes para un mismo significado, al que podríamos referirnos como la manifestación espacial de la compleja red de interacciones que tienen lugar entre las sociedades humanas y aquellas condiciones físicas y biológicas que las preceden, y que constituyen su marco de desarrollo. Cada uno de los tres términos enfatiza, sin embargo, diferentes aspectos materiales, temporales y sociales implicados en esta relación.

De entre todos ellos, 'medioambiente' es quizá el que se despliega en un plano más abstracto. Por 'medioambiente' nos referimos normalmente a las condiciones —de índole biótica o abiótica— que envuelven a e influyen en el comportamiento y desarrollo de los organismos vivos. Al utilizar 'medioambiente' sobre cualquiera de los otros dos términos, nos estamos fijando sobre todo en las interacciones entre los organismos vivos —en este caso los humanos— y su entorno; abordando cuestiones relacionadas con la ecología, la sostenibilidad y las consecuencias que la actividad de diferentes formas de vida —incluida la humana— tienen sobre el mundo que las rodea.

El término 'paisaje', por su parte, se utiliza a menudo para referirse a las características visuales y perceptuales de los espacios que resultan de las interacciones del ser humano con su entorno. Suele ponerse el énfasis en la disposición y apariencia de los diferentes elementos físicos —como accidentes geográficos o estructuras construidas— que participan en esta relación, y por tanto el término viene casi siempre cargado no sólo de connotaciones estéticas, sino también culturales y simbólicas, de modo que cuando pensamos en paisaje a menudo pensamos en entidades físicas como portadoras de significado, representaciones culturales, e incluso narrativas históricas. En una aceptación menos común, pero tal vez más relevante para la arquitectura, 'paisaje' se utiliza también para invocar un concepto que el geógrafo cultural norteamericano John Brinckerhoff Jackson dejó espléndidamente plasmado en el análisis etimólogo del término '*landscape*' con el que construye su corto ensayo "The Word Itself". En una de las múltiples definiciones que nos brinda el texto, leemos que "paisaje es una composición de espacios creados o modificados por el ser humano para servir de infraestructura o marco de nuestra existencia colectiva";[2] una idea de paisaje en la que las connotaciones simbólicas se relajan para dar mayor protagonismo a la dimensión estrictamente materialista.

2. En su version original en inglés, esta definición de 'paisaje' se lee: "a composition of man-made or man-modified spaces to serve as infrastructure or background for our collective existence". Véase: Jackson, John Brinckerhoff, "The Word Itself," *Discovering the Vernacular Landscape*, Yale University Press, New Haven, 1984, pág. 8.

FIG 02. Charles Eliot y Sylvester Baxter, Mapa del Distrito Metropolitano de Boston, 1893. Informe de la Junta de Comisarios de Parques Metropolitanos. Massachusetts. Metropolitan Park Commission [Boston: Wright & Potter Printing Co., State Printers, 1893].
Charles Eliot and Sylvester Baxter, Map of the Metropolitan District of Boston, 1893. Report of the Board of Metropolitan Park Commissioners. Massachusetts. Metropolitan Park Commission.

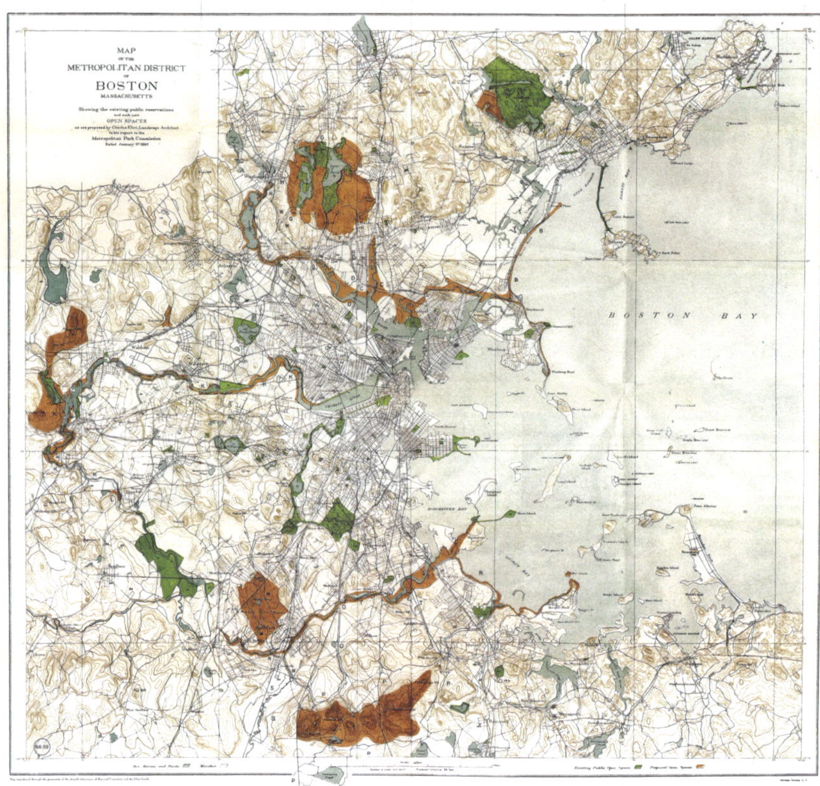

Por último, 'territorio' —término que da título a este número de *Arquitectura*— es, de los tres, aquel que tiene connotaciones más políticas e institucionales. Por 'territorio' nos referimos a un espacio a menudo bien demarcado que es, en virtud de tal demarcación, reclamado, controlado u organizado por un grupo concreto, ya sea éste una nación, una comunidad, o una institución. Implica por tanto un sentido de propiedad y control que enfatiza las interacciones sociales, políticas y económicas que tienen lugar dentro de los límites del espacio en cuestión, o entre dicho espacio y aquellos que lo circundan. Introduce matices, por tanto, que sugieren que el espacio en el que se desarrolla la existencia de las sociedades humanas puede ser en efecto compartimentado, planificado, y explotado.

"Territorio' es un término con connotaciones extractivistas y, sin embargo, pocas veces entendido, —tal y como nos recuerda Álvaro Sevilla-Buitrago en este número de *Arquitectura* **[→ págs. 81-89]**—, como un recurso frágil, limitado, y con un valor de uso fundamental. En un contexto político regional de ya consolidada pero aún creciente liberalización económica, el territorio apenas se piensa como un soporte físico que sirve de marco para nuestra existencia colectiva: el territorio se concibe en cambio como un objeto en sí mismo de acumulación de capital, un espacio susceptible de ser ocupado, en tanto en cuanto tal ocupación constituye en sí misma un motor de crecimiento económico.[3] **[Fig. 1]** Semejantes tasas de depredación de suelo son, en su dimensión política, un fenómeno altamente problemático, en la medida en que agotan el espacio disponible para el desarrollo de muchos otros procesos y fenómenos cruciales para la sostenibilidad de la vida en el planeta. En el plano estético, el resultado es de una cacofonía —admitámoslo— a menudo simplemente insoportable.

A lo largo de los siglos XIX y XX, la tesis fundamental del urbanismo —los procesos de urbanización se pueden coordinar siempre que existan voluntad y acción

3. Véase: Mitchell, Don, "New Axioms for Reading the Landscape: Paying Attention to Political Economy and Social Justice," Wescoat, James y Johnston, Douglas M. (eds.), *Political Economies of Landscape Change: Places of Integrative Power* Springer, Dordrecht, 2008, págs. 29-50.

4. En el contexto académico a nivel nacional, existen programas de paisaje con larga trayectoria y notable reputación internacional, como el Master de Arquitectura de Paisaje de la Universitat Politècnica de Catalunya. Los últimos años han sido testigos del surgimiento de varios programas de grado y de master que anticipan la posibilidad de una consolidación definitiva de la cultura paisajística en el contexto de la arquitectura española.

5. El término 'ecología' fue inicialmente propuesto por el Ernst Haeckel en 1866, pero permaneció prácticamente olvidado hasta que algunos botánicos como Fredric Clemens comenzaron a trabajar con él a principios del siglo XX.

políticas— tuvo históricamente mucho mejor acogida en Europa que en Estados Unidos. Para un modelo de economía de mercado altamente liberalizado como el estadounidense, poner trabas al principio regulador del urbanismo parecía una acción consecuente. Sin embargo, fue precisamente en este contexto en el que a lo largo de la segunda mitad del XIX prosperaron ideas y proyectos que conformaron una disciplina que es aún hoy desconocida o desdeñada por buena parte de los arquitectos en España: la arquitectura de paisaje.[4] Una disciplina que, en contradicción con las imágenes de jardines privados y de gran presupuesto que su nombre a menudo invoca, nació con una gran vocación de servicio público y como una respuesta crítica a la depredación del territorio por parte de los procesos de urbanización.

Se suelen situar en Frederick Law Olmsted y su proyecto para el Central Park de Nueva York (1859) las coordenadas del surgimiento de la arquitectura de paisaje en los Estados Unidos. Es menos conocido, y más relevante, sin embargo, para el tema que aquí nos ocupa, el trabajo de su joven discípulo Charles Eliot para el Sistema Metropolitano de Parques de Boston, que constituye un ejemplo pionero y aún hoy una lección extraordinariamente válida en torno a la capacidad, la responsabilidad y la posibilidad real de las disciplinas del diseño de ofrecer resistencia a los actuales modelos de desarrollo territorial que el capitalismo más rampante trae consigo.

Sistemas

Durante los últimos años del siglo XIX, Eliot conceptualizó, junto con el redactor de prensa y entusiasta del planeamiento Sylvester Baxter, un gran proyecto de paisaje para la región de Boston. Si una de las intenciones fundamentales de Olmsted con Central Park fue el de recrear, en el centro de la ciudad de Nueva York, un fragmento del paisaje del valle del río Hudson, y de este modo inducir efectos positivos —tanto físicos como psicológicos— en la ciudadanía a través del contacto directo con la naturaleza, en el Sistema Metropolitano de Parques de Boston la dirección de este vector entre el núcleo urbano y el territorio circundante era la opuesta. Se trataba no tanto de la introducción de un fragmento de paisaje regional en el interior de la ciudad como de la de la articulación de un proceso de urbanización con criterios espaciales independientes del valor del suelo.

En un contexto histórico de expansión y densificación urbanas sin precedentes, la segunda mitad del siglo XIX fue testigo del surgimiento de una conciencia en torno a la necesidad de introducir ciertos mecanismos de control para evitar que las ciudades tapizaran por completo los territorios a su alrededor. Una voracidad que no dista mucho de la de los modelos de planeamiento que tanto han proliferado en España en las últimas décadas y que, a menudo, aspiran simplemente a proveer de marcos legislativos que faciliten la inversión del capital que sustancia el crecimiento urbano.

En semejante contexto, la experiencia del Sistema Metropolitano de Parques de Boston se construyó sobre una lógica de retención y ordenamiento de las dinámicas expansivas. Eliot entendió que cualquier modelo de gestión de crecimiento a escala territorial sostenible a largo plazo debía articularse de acuerdo con parámetros y condiciones del entorno que hoy llamaríamos 'ecológicas'. Sin embargo, en un momento histórico en que la ecología carecía de relevancia científica o cultural,[5] lla sensibilidad protoecológica de Eliot se desplegó sobre su interés en la geología y la fisiografía.[6] Visto a través de estas lentes, el paisaje de la región metropolitana de Boston presentaba lógicas estructurales que sugerían la posibilidad de introducir una red de espacios abiertos que articularan y conectaran el territorio de la metrópolis.[7] El Sistema Metropolitano de Parques proponía la necesidad trascender la arbitrariedad de los límites existentes entre diferentes entidades municipales en favor de un modelo de urbanización que redujera la distancia entre el desarrollo humano y las zonas consideradas naturales por medio de la interpenetración entre ambas condiciones físicas: un experimento que vino a reforzar drásticamente el carácter cívico del entonces aún incipiente campo de la arquitectura de paisaje, ampliando su rango de escalas de intervención y dotándola de una identidad inherentemente ecológica. **[Fig. 2]**

A lo largo de 1892, Eliot y Baxter realizaron numerosas excursiones por la región metropolitana de Boston para documentar terrenos dentro de un radio de diez millas desde el centro de la ciudad, cuya gestión debía pasar a manos de una nueva entidad institucional (la Metropolitan Park Commission) creada exprofeso para la implementación de una estrategia coordinada de ordenación. En el transcurso de estos viajes, Eliot escribió que un "sistema de parques" debía incluir (1) espacios frente al océano; (2) tanta extensión de la línea de costa hacia la bahía y de sus islas como fuera posible; (3) los cursos de los estuarios más grandes, debido a su valor como rutas que conectan la región con el corazón de la ciudad y con el mar; (4) dos o tres grandes zonas de bosque en el límite exterior de la zona habitada; y (5) numerosas plazas pequeñas, zonas de recreo, y parques en las zonas densamente pobladas.[8]

6. La profesora de arquitectura de paisaje de la Graduate School of Design de la Universidad de Harvard Anita Berrizbeitia ha trabajado extensamente sobre la figura de Eliot y su proyecto para el Sistema de Parques Metropolitanos. Veánse, por ejemplo: Berrizbeitia, Anita, "Between Deep and Ephemeral Time: Representations of Geology and Temporality in Charles Eliot's Metropolitan Park System, Boston (1892–1893)", *Studies in the History of Gardens & Designed Landscapes* vol. 34, issue 1 (2014), págs. 38-51; Berrizbeitia, Anita y M'Closkey, Karen, "Criticality in Landscape Architecture: Origins in 19th Century American Practices", en Therese O'Malley y Joachim Wolschke-Bulmahn (eds.) *Modernism in Landscape Architecture* 1890-1940, CASVA, Washington D.C., 2015, págs. 1-25.

7. Berrizbeitia y M'Closkey, *Ibidem*.

8. Eliot, Charles William, *Charles Eliot, Landscape Architect*, Houghton Mifflin and Co, Boston, 1902, pág. 381.

Un sistema de espacios de diferentes tamaños y formas que anticipó, con extraordinaria audacia e intuición, algunas de las premisas que la ecología del paisaje —una de las múltiples ramificaciones disciplinares que la ecología alumbró en la segunda mitad del siglo XX—[9] desarrollaría como parte de su establecimiento como herramienta de análisis y planificación del paisaje a escala regional. En uno de los volúmenes más ambiciosos y, a la vez, más sintéticos que se han publicado en este ámbito, el ya clásico *Land Mosaics: The Ecology of Landscapes and Regions* (1995), Richard Forman, profesor emérito en la Universidad de Harvard, ofrecía un sencillo esquema gráfico de lo que él llamaba "indispensables" ecológicos de máxima prioridad en el planeamiento de paisaje a escala territorial. En una clara correspondencia con los lineamientos sugeridos por Eliot, Forman habla de la necesidad de grandes áreas de vegetación natural, amplios corredores verdes a lo largo de los principales cursos de agua, espacios menores que ayuden a conectar entre sí estos elementos de mayor alcance, y una red heterogénea de áreas naturales esparcidas por las zonas densamente urbanizadas.[10] **[Fig. 3]**

Escalas

Estas visiones están construidas sobre la identificación de elementos espaciales de diferentes escalas, características morfológicas y capacidades funcionales, así como la coordinación de éstos en torno a una estrategia de articulación territorial informada por criterios de sostenibilidad ecológica en el medio y largo plazo.

Si bien podemos decir que, en términos generales, la lógica del desarrollo urbanístico reciente en la región de Madrid poco o nada tiene que ver con estos parámetros, es ciertamente reconfortante ver cómo en los últimos años han tenido lugar algunos ejercicios ambiciosos —como el ya consolidado Madrid RIO (2015) o el aún en proyecto Bosque Metropolitano **[→ págs. 24-31]**— que no sólo apuntan en la dirección adecuada sino que, además, invitan a pensar en un horizonte en el que el potencial de cada una de estas experiencias se ve amplificado gracias a la mera acumulación de las mismas. [11] Así también, arquitectas formadas en Madrid como Miriam García García han desarrollado en otros puntos de la península estrategias de gran escala espacial y temporal en las que se combinan el urbanismo, el paisaje y la ecología. Tal es el caso, por ejemplo, del proyecto Santander Hábitat Futuro (2022), elaborado junto a Paisaje Transversal **[→ págs. 90-97]**.

PPor otro lado, reconforta también contemplar cómo, en medio del extraordinario feísmo derivado de la explosión inmobiliaria e infraestructural de las últimas décadas, algunos de los espacios residuales en los márgenes de las grandes zonas residenciales y ejes de comunicación han ido poco a poco consolidándose —con mayor o menor acierto— en espacios públicos que invitan al esparcimiento. Las llamadas 'cuñas' de O'Donnell **[véase el reportaje del fotógrafo Luis Asín realizado para este mismo número de la revista → págs. 9-16 / 73-80]** o de La Latina, por ejemplo, facilitan —en virtud de su condición lineal y a la manera de los corredores descritos por Forman— una gran accesibilidad en las áreas urbanas colindantes; constituyendo vectores radiales que permiten introducir en la densidad del centro deseables condiciones de espacio abierto más propias de la periferia (semejantes a las que, a otra escala, implica la Casa de Campo, por ejemplo). **[Fig. 4]**

La accesibilidad de los grandes parques urbanos, por muy amplios que sean y muy bien diseñados que estén, queda siempre limitada a las áreas que les son cercanas.[12] De ahí que tanto Eliot como Forman reivindiquen como elementos fundamentales las llamadas 'redes de pequeños espacios abiertos' repartidos por la trama urbana. Cada uno de ellos ofrece oportunidades de recreo al aire libre en condiciones de proximidad para la ciudadanía y constituye, en términos estrictamente disciplinares, una oportunidad de reconsiderar de manera prototípica las condiciones en que el diseño concibe y construye espacio público: cuál es el grado de cobertura vegetal necesaria, el índice de sombra, las condiciones materiales de la superficie del suelo, la morfología o el grado de especificidad programática de cada espacio, el régimen de mantenimiento de los mismos, el tipo de trabajo que requieren, para quién están destinados, cuál es su agenda ecológica, social, económica, educativa, productiva, etcétera.

En un contexto de crisis medioambiental, con proyecciones que anticipan que el clima de Madrid en 2050 será como el de Marrakech en el año 2020, cualquier oportunidad para introducir vegetación en el espacio público debe ser tenida en cuenta.[13] ¿Hasta qué punto están nuestras administraciones públicas preparando el terreno para dar respuesta a retos como este? Ciudades como Monterrey (México), Santiago (Chile) y Atenas (Grecia), por ejemplo, han nombrado en años recientes sus primeras "directoras de calor",[14] cuyas oficinas trabajan en gran medida con la capacidad de las calles y las plazas genéricas y cotidianas de contribuir de manera fundamental a mitigar el calor en las ciudades con el objetivo de aumentar la calidad de vida de la ciudadanía. Pensemos, por ejemplo, cómo esta dimensión climática se ha hibridado con las agendas

9. Utilizo 'ecología de paisaje' aquí para traducir el término 'landscape ecology', que en inglés se refiere específicamente a un campo interdisciplinar que se enfoca en la comprensión de las implicaciones ecológicas subyacentes a diferentes patrones de heterogeneidad espacial a múltiples escalas.

10. Forman, Richard, *Land Mosaics: The Ecology of Landscapes and Regions*, Cambridge University Press, Cambridge, 1995, pág. 452. Cabe destacar que el propio Forman trabajó durante años en el desarrollo de un marco para la introducción de principios de ecología de paisaje en el contexto del Área Metropolitana de Barcelona, una experiencia que culminó en 2004 con la publicación del *Mosaico Territorial para la Región Metropolitana de Barcelona* (Gustavo Gili, Barcelona).

11. La condición lineal de Madrid RIO a lo largo de un corredor hidrológico y el esquema de anillo perimetral del Bosque Metropolitano constituyen, en los términos propuestos por Eliot y Forman, vectores de conexión que permiten comunicar entre sí algunos de los espacios abiertos de mayor escala y gran valor medioambiental como el Monte de El Pardo o el Parque Regional del Sureste.

12. Esto es algo que ya en 1873, tan solo unos años después de la

FIG 03. Los "indispensables" ecológicos prioritarios en la planificación de un paisaje: nnas pocas manchas grandes de vegetación, un corredor fluvial importante, conectividad con corredores entre las manchas grandes, y trozos heterogéneos de naturaleza en toda la matriz, en Richard T. T. Forman, *Land Mosaics*, 1995.
Top-priority ecological "indispensables" in planning a landscape: A few large patches of vegetation, major stream or river corridor, connectivity with corridors and stepping stones between large patches, and heterogeneous bits of nature across the matrix.

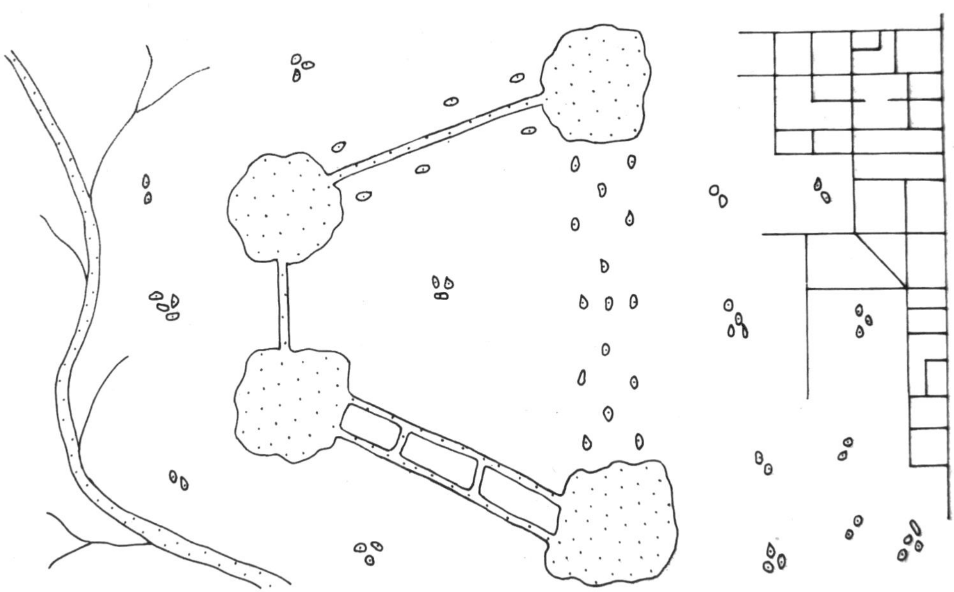

más tradicionales en torno a cuestiones de cohesión social y seguridad alimentaria en los llamados *community gardens* (huertos comunitarios) de lugares como el Bronx en Nueva York. Ejemplos sencillos, en definitiva, de la asequibilidad de estos espacios ordinarios y comunes a la hora de reconsiderar el modo en que la arquitectura da forma política y estética a la esfera pública. **[véase el reportaje del fotógrafo Luis Asín realizado para este mismo número de la revista → págs. 9-16 / 73-80]**

Procesos

La tasa y la dirección —casi siempre horizontal y no tanto vertical— en la expansión del fenómeno urbano durante las últimas décadas fue uno de los argumentos que el llamado *Landscape Urbanism* utilizó con la llegada del siglo XXI para reivindicar la mayor adecuación del paisaje con respecto a la arquitectura a la hora de explicar e intervenir en los procesos de formación de la ciudad contemporánea.[15] El paisaje ofrecía una hermenéutica más apta que la de la arquitectura a la hora de interiorizar en una comprensión holística del entorno urbano no sólo los espacios abiertos como parques y jardines sino, también, aquellos elementos de mayor alcance territorial como los centros logísticos, las áreas postindustriales, las grandes infraestructuras de comunicación —como la Estación Intermodal de Logroño, de Ábalos & Sentkiewicz (2020) **[→ págs. 56-59]**— e, incluso, fenómenos que son consustanciales con el hecho urbano y que, sin embargo, tienen lugar en áreas remotamente apartadas de los centros poblacionales, lo que algunos han venido a denominar el "*Global Hinterland.*"[16]

inauguración de Central Park en Nueva York, denunció el arquitecto paisajista Horace W. S. Cleveland en su breve guía *Landscape Architecture as Applied to the Wants of the West*. Véase: Horace W. S. Cleveland, Horace W. S., *Landscape Architecture as Applied to the Wants of the West; with an essay on Forest Planting on the Great Plains*, Jansen, McClurg & Co., Chicago, 1873.

13. J.F. Bastin, J.F., Clark, E., Elliot, T., Hart, S., et al "Understanding climate change from a global analysis of city analogues," PLoS ONE n. 14 (7) (2019), págs. 1-13.

14. Véase, por ejemplo: "In a warming world, chief heat officers help adapt, prepare, and protect". En línea: https://penntoday.upenn.edu/news/warming-world-chief-heat-officers-help-adapt-prepare-and-protect. Consultado el 3 de enero de 2024.

15. Waldheim, Charles, *The Landscape Urbanism Reader*, Princeton Architectural Press, Nueva York, 2006.

16. Véase, por ejemplo: Neil Brenner, Neil y Katsikis, Nikos, "Operational Landscapes: Hinterlands of the Capitalocene", *Architectural Design* n. 90 (1) (2020), págs. 22-31.

En este sentido, Madrid constituye un ejemplo claro de cómo las ciudades se expanden independientemente de los recursos materiales provistos por las condiciones geográficas del entorno inmediato. Ginés Garrido escribe en este número de *Arquitectura* [→ págs. 98-103] acerca de la asimetría centrípeta que existe entre la Comunidad de Madrid y la llamada "España vaciada", en una imagen similar a la del "atolón ibérico" que Iñaki Ábalos y Juan Herreros esbozaron en su libro *Reciclando Madrid*, publicado hace casi veinticinco años.[17] [Fig. 5] La región consume por ejemplo veinte veces más energía que la que produce, un hecho que ha puesto en marcha un incipiente boom fotovoltaico en la región, pero que también obliga a reflexiones —como la de Estudio SIC con su propuesta *Urban Battery* [→ págs. 126-129]— sobre las escalas intermedias de producción de energía a las que la arquitectura puede ayudar a dar forma y contenido programático. Un desequilibrio semejante al que existe en la balanza alimentaria, y en torno al cual giró la exposición *Foodscapes* [→ págs. 130-135] para el Pabellón de España en la última edición de la Bienal de Venecia.

En el contexto actual de capitalismo avanzado y global, la asimetría en estas relaciones de dependencia material y energética no ha hecho más que aumentar; un fenómeno al que numerosos autores, fundamentalmente desde el campo de la geografía crítica, se refieren como el de la "brecha metabólica".[18] El término 'metabolismo' se ha visto en efecto movilizado de manera general en estudios urbanos desde el cambio de siglo para invocar una imagen de la ciudad semejante a la de un organismo vivo. La metáfora se sostiene sobre la idea de que el orden que encontramos en las ciudades es similar al de los seres autoorganizados; es decir, aquellos que son capaces de mantener su estructura interna a base de importar orden de su entorno y de exportar desorden al mismo. Es la línea discursiva que subyace, entre otros, a los fenómenos crecientes de la construcción en madera —del que el proyecto firmado por el estudio madrileño SUMMA para la Biblioteca García Márquez en Barcelona es un extraordinario ejemplo [→ págs. 38-43]— o, de otra parte, la reconsideración de las cadenas de suministro y el uso de materiales reciclados en la construcción, con la vivienda mínima 10K House de estudio Takk [→ págs. 48-51] como experiencia particularmente radical.

Inversión topológica

En el epílogo del libro *Forests: The Shadow of Civilization* (1992), su autor, Robert Pogue Harrison recurre a los *Principios de Ciencia Nueva* de Giambattista Vico para dibujar una breve historia de la humanidad que arranca con la apertura de un pequeño claro en el bosque.[19] La civilización, nos dice Harrison, es esencialmente el proceso por el cual los humanos pasamos de habitar el bosque a habitar la cabaña, y de ahí el poblado, la ciudad y, en última instancia, la academia, la más elevada de las instituciones. Para cada una de estas formas de habitar, el claro en el bosque se va ensanchando, de modo que el bosque está cada vez más lejos del centro del claro; hasta el día en que el centro del claro se convierte en una utopía, y uno olvida que en realidad vive en el bosque.

A pesar de la extraordinarias tasas de consumo de suelo de las últimas décadas, y de contar con una densidad de población de casi 850 habitantes por kilómetro cuadrado,[20] la superficie de la Comunidad de Madrid ofrece aún hoy una gran diversidad medioambiental y áreas sorprendentemente vírgenes: desde los densos y extensos bosques de pino silvestre y roble en la Sierra de Guadarrama [Fig. 6] y el Hayedo de Montejo en la Sierra del Rincón —este último anecdótico en lo relativo a superficie pero muy significativo por su singularidad en estas latitudes— hasta el relieve tabular de páramos, campiñas y vegas en el entorno del valle del Tajo en el extremo sureste de la Comunidad —objeto de la declaración en los años XX del Parque Regional del Sureste— pasando por las dehesas y los montes de bosque mediterráneo que aún hoy cubren buena parte del piedemonte que discurre paralelo a la sierra en dirección noreste-suroeste. [Fig. 7]

La de la diversidad es una condición que, en el contexto del territorio metropolitano de Madrid, se explica por las variables climáticas y biofísicas que resultan del significativo gradiente altitudinal (algo más de 2.000 metros) que existe en la región. En términos generales, la diversidad es, junto a la singularidad, una condición necesariamente valiosa en cualquier ejercicio de evaluación ecológica. Es, por tanto, también una condición cuya conservación o restauración debe ser contemplada como criterio básico de racionalidad en todo proyecto de alcance territorial. Cualquier proyecto de arquitectura con un mínimo de sensibilidad e interés por ofrecer una respuesta coherente a los extraordinarios retos medioambientales del presente tendrá necesariamente que pensar más allá de la demarcación de un territorio como espacio de maniobras. Deberá trabajar, por el contrario, con la premisa de que ya no existe un exterior constitutivo, de que ya no es posible externalizar las soluciones a los problemas derivados de nuestras actividades, y de que la humanidad vive en una suerte de inversión topológica en la que ya no existe un claro en el bosque, sino, si acaso, fragmentos de un bosque en el claro.

17. Ábalos, Iñaki y Herreros, Juan, *Reciclando Madrid*, Actar, Barcelona, 2000, pág. 21.

18. El sociólogo John Bellamy Foster ha definido la fractura o 'brecha metabólica' —'metabolic rift', por su denominación en inglés— como "el distanciamiento material de los seres humanos dentro de la sociedad capitalista de las condiciones naturales que constituían la base de su existencia". Véase: Bellamy Foster, John, *Marx's Ecology: Materialism and Nature*, Monthly Review Press, Nueva York, 2000, pág. 163.

19. Harrison, Robert Pogue, Forests: *The Shadow of Civilization*, University of Chicago Press, Chicago, 1992, pág. 245.

20. "Población inscrita en el Padrón Continuo por comunidades y ciudades autónomas", Instituto Nacional de Estadística (INE). Consultado el 3 de enero de 2024.

FIG 04. Foto aérea de la superficie urbana consolidada de Madrid [Google Earth (Maxar Technologies)].
Aerial photo of the consolidated urban area of Madrid.

The conventional idea of territory is that of a spatial project and resource dominated and policed by large institutions and corporations. Architecture and the other disciplines that participate in the design and construction of the built environment - such as urbanism and even landscape architecture - have often contributed to fixing this idea of territory as a neutral, static surface —"a pure technical space," as Bernardo Secchi put it— [1] to be taken over with their figures and operations. Nowadays, metropolitan regions like the Community of Madrid have a spatial layout that is the result of the interplay between a complex web of economic and social processes that play out on a scale that transcends the region's political and administrative limits. Given this, it is understandably hard not to interpret territory as a mere object of economic appropriation and expansion. Nevertheless, however fluid and abstract the causes that underlie humans' ever-growing footprint on planet Earth, its effects also have a physical dimension and specific consequences, both political and aesthetic, on the local scale and on everyday urban life. In the broader context of the climate issue affecting 21st-century society, this text reflects on some of the lessons that can be learned from landscape architecture when it comes to re-evaluating the territorial aspects of architecture projects and reconsidering the way in which architecture steers the way the human habitat interacts with the environment.

1. Secchi, Bernardo, "Progetto di Suolo," *Casabella* n. 520-521 (1986), p. 22

ENG Environment, landscape, territory

Environment, landscape, territory. Three signifiers with a shared signified, the spatial manifestation of this complex web of interactions that occur between human societies and the physical and biological conditions that precede them; the very setting where they take place. However, each of the three terms stresses a different material, temporal and social aspect that is inherent to this relationship.

Of the three, "environment" is perhaps the one that takes on the most abstract form. We usually use this word to refer to the biotic and abiotic conditions that surround and influence the behaviour and development of living organisms. When we use "environment" over the other two terms, we focus mainly on the interactions between living organisms – in this case humans – and their surroundings, tackling questions related to ecology, sustainability and the consequences that the activity of different life forms – including humans – have on the world around them.

"Landscape", on the other hand, is often used to speak about the visual and perceptual characteristics of the spaces resulting from the interactions between humans and their surroundings. This normally calls attention to the layout and appearance of the different physical elements – whether geographical features or built structures – that play a part in this relationship, and as a result not just is the term almost always loaded with aesthetic connotations, but also with cultural and symbolic ones, so much so that when we think about landscape we often picture physical entities that are brimming with significance, cultural representations and even historic narratives. A less common way in which "landscape" is used, albeit one that is perhaps more relevant to the field of architecture, is to invoke a concept so splendidly captured by American cultural geographer John Brinckerhoff Jackson in his etymological analysis of the term "landscape", which formed the basis of his short essay entitled "The Word Itself". One of the various definitions put forth in the text states that "landscape is a composition of man-made or man-modified spaces to serve as infrastructure or background for our collective existence",[2] an idea of landscape in which the symbolic connotations are reflected to give greater prominence to the strictly materialistic dimension.

Last but not least we have "territory", the term that lends its name to this edition of Arquitectura and the one most laden with political and institutional connotations. We use it to allude to a space that usually has well-defined borders which, as such, has been claimed or is controlled or organised by a specific group, whether a nation, community or institution.

FIG 05. Diagrama del "Atolón España" de Iñaki Ábalos y Juan Herreros, en Ábalos & Herreros, *Reciclando Madrid*, 2000.
Diagram of "Atolón España" by Iñaki Ábalos and Juan Herreros.

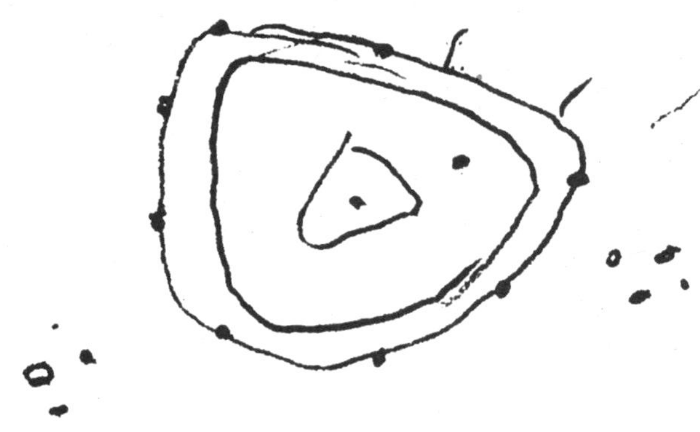

Therefore, this implies a sense of ownership and control that underlines the social, political and economic interactions that take place within the limits of the space itself, or between the space and those that surround it. It introduces notions that suggest that the space in which human societies exist may be divided, planned and exploited.

"Territory" is a term full of extractivist connotations although it is rarely understood – as Álvaro Sevilla-Buitrago points out in this issue of *Arquitectura* **[→ págs. 81-89]** – as a fragile and limited resource with a fundamental value in use. In a regional political context with deeply rooted yet continuously growing economic liberalisation, territory is seldom thought of as a physical medium that acts as the setting of our collective existence; on the contrary, territory is regarded as an object of capital accumulation, a space that can be subject to occupation, as long as this occupation is a driver of economic growth.[3] **[Fig. 1]** Such rates of soil depredation are, in their political dimension, a highly problematic phenomenon, insofar as they deplete the space available for the development of many other processes and phenomena crucial to the sustainability of life on the planet. On the aesthetic level, the result is —admittedly— an often simply unbearable cacophony.

Throughout the 19th and 20th centuries, the fundamental theory of urbanism – that urbanisation processes can be coordinated as long there is a will and political action – was historically more well received in Europe than it was in the United States. For a highly liberalised market economy like the US's, it seemed logical to put restraints on the regulatory principle of urbanism. However, it was in this precise context

2. IIn its original English version, this definition of landscape reads: "a composition of man-made or man-modified spaces to serve as infrastructure or background for our collective existence. See: Jackson, John Brinckerhoff, "The Word Itself," *Discovering the Vernacular Landscape*, Yale University Press, New Haven, 1984, p. 8.

3. See: Mitchell, Don, "New Axioms for Reading the Landscape: Paying Attention to Political Economy and Social Justice," Wescoat, James and Johnston, Douglas M. (Eds.), *Political Economies of Landscape Change: Places of Integrative Power* Springer, Dordrecht, 2008, pp. 29-50.

4. In the academic context at the national level, there are long-established landscape programs with notable international reputation, such as the Master of Landscape Architecture at the Universitat Politècnica de Catalunya. Recent years have witnessed the emergence of several undergraduate and master's degree programs that anticipate the possibility of a definitive consolidation of a greater landscape culture in the context of Spanish architecture.

5. The term 'ecology' was initially proposed by Ernst Haeckel in 1866, but remained practically forgotten until botanists such as Fredric Clemens began to work with it in the early twentieth century.

that ideas and projects began to prosper during the second half of the 19th century that would give shape to a discipline that is nowadays unknown to or spurned by most architects in Spain: landscape architecture.[4] This discipline contradicts our first thought of private gardens and large budgets; it was created with the noble vocation of public service, designed as a critical response to the plundering of territory by urbanisation processes.

The rise of landscape architecture in the United States is usually traced back to Frederick Law Olmsted and his plan for New York's Central Park in 1859. Less known, and more pertinent to the matter at hand, is the work of his young disciple, Charles Eliot, in developing the Boston Metropolitan Park System, a pioneering example and to this day an extraordinarily valid lesson on the design disciplines' capacity, responsibility and real possibility of offering resistance to contemporary models of territorial development that come with the more rampant forms of capitalism.

Systems

At the end of the 19th century, Eliot, together with newspaper writer and planning enthusiast Sylvester Baxter, conceptualised a large landscape project for the Boston region. If one of Olmsted's main intentions with Central Park was to recreate a fragment of the Hudson River valley landscape in central New York City in an attempt to provide residents with a series of benefits – both physical and psychological – by giving them direct contact with nature, in the Boston Metropolitan Park System the direction of the vector between the urban hub and the surrounding territory was quite the opposite. The goal wasn't so much to inject a little piece of regional landscape into the inner city as it was to embark on an urbanisation process that sought to implement spatial criteria that were completely independent from land value.

Set against a backdrop of unprecedented urban expansion and densification, the second half of the 20th century witnessed growing concern about the need to introduce certain control mechanisms that would prevent cities from engulfing the adjoining territories. This voracity is not so dissimilar to that shown by the planning models used so frequently in Spain in the past few decades, whose principal aim is to merely construct a legal framework that facilitates the kind of capital investment that nurtures urban growth.

In a similar context, the Boston Metropolitan Park System experience was based on extensive retention and planning. Eliot understood that any territory-wide growth management model with the intention of being sustainable in the long term would have to be developed in line with environmental parameters and conditions that would today be labelled "ecological". However, at a juncture when ecology lacked scientific and cultural relevance,[5] Eliot's proto-ecological sensibilities prevailed over his interest in geology and physiography.[6] If we consider it from this perspective, the landscape of the Greater Boston region presented structural logics that were conducive to establishing a network of open spaces that would form a green artery and join together the different parts of the territory that comprised the metropolis.[7] The Metropolitan Park System highlighted the need to transcend the arbitrary borders between the different municipalities that existed at the time in favour of an urbanisation model that would reduce the distance between human development and natural spaces by merging the two extremes. It would end up being an experiment that would dramatically strengthen the civic ethos of the then-nascent field of landscape architecture, increasing its scope of intervention and equipping it with an inherently ecological identity. **[Fig. 2]**

During 1892, Eliot and Baxter took various field trips throughout the Greater Boston region to document the land that fell within a radius of ten miles of the city centre, the area that they believed should be managed by a new institutional entity, the Metropolitan Park Commission, which would be set up with the express mission to implement a coordinated planning strategy. During these trips, Eliot wrote that such a park system "would include (1) Space upon the ocean front. (2) As much as possible of the shores and islands of the Bay. (3) The courses of the larger tidal estuaries because of the value of these courses as pleasant routes to the heart of the city and to the sea. (4) Two or three large areas of wild forest on the outer rim of the inhabited area. (5) Numerous small squares in the midst of dense populations."[8]

The result was a system of spaces of different shapes and sizes that audaciously and intuitively anticipated some of the premises developed by landscape ecology – one of the numerous branches of ecology that would pop up in the second half of the 20th century[9] – as it consolidated itself as a tool for analysing and planning landscape on a regional scale. In one of the more ambitious yet synthetic works published in this regard, the seminal Land Mosaics: The Ecology of Landscapes and Regions (1995) by Richard Forman, the emeritus professor at Harvard University offered a simple graph of what he called the maximum priority ecological "essentials" in landscape planning on a territorial scale. In a way that clearly aligns with the

6. Professor of Landscape Architecture at Harvard University's Graduate School of Design Anita Berrizbeitia has worked extensively on the figure of Eliot and his project for the Metropolitan Park System. See: for example, Berrizbeitia, Anita, "Between Deep and Ephemeral Time: Representations of Geology and Temporality in Charles Eliot's Metropolitan Park System, Boston (1892–1893)," *Studies in the History of Gardens & Designed Landscapes* vol. 34, issue 1 (2014), pp. 38-51; Berrizbeitia, Anita and M'Closkey, Karen, "Criticality in Landscape Architecture: Origins in 19th Century American Practices", in O'Malley, Therese and Wolschke-Bulmahn, Joachim (eds.), *Modernism in Landscape Architecture 1890-1940*, CASVA, Washington D.C., 2015, pp. 1-25.

7. Berrizbeitia y M'Closkey, *Ibidem*.

8. Eliot, Charles William, *Charles Eliot, Landscape Architect*, Houghton Mifflin and Co, Boston, 1902, p. 381.

9. I use 'ecologia de paisaje' here to translate the term 'landscape ecology,' which in English refers specifically to an interdisciplinary field that focuses on understanding the ecological implications underlying different patterns of spatial heterogeneity at multiple scales.

guidelines laid out by Eliot, Forman speaks of the need for large areas of natural vegetation, wide green corridors along the main waterways, smaller spaces that help connect elements that are further away, and a heterogeneous network of natural areas scattered throughout densely urbanised areas.[10] **[Fig. 3]**

Scales

These visions are based on the identification of spatial elements of different scales, morphological characteristics and functional capacities, as well as their coordination around a strategy for territorial articulation that considers medium- and long-term ecological sustainability criteria.

Even though we can generally say that the recent urban development logic employed in the Madrid region has little to nothing in common with these parameters, it is surely somewhat comforting to see that a number of ambitious projects have come to fruition – like the Madrid Río park (2015) or the Metropolitan Forest **[→ págs. 24-31]** – which, more than being just a step in the right direction, give us a glimpse of a not-too-distant future in which the potential of each of these experiences will grow exponentially simply due to the proliferation of such projects.[11] In addition, architects who trained in Madrid, such as Miriam García García, have undertaken important projects in other parts of the country, implementing strategies on a large scale – both in terms of space and time – that successfully combine urbanism, landscape and ecology. One such example is the Santander Hábitat Futuro project (2022), which she has developed in collaboration with Paisaje Transversal **[→ págs. 90-97]**.

What's more, it is reassuring to see how, amongst the garish effects of the real estate and infrastructure boom experienced in the last few decades, some areas laid to waste at the side of important residential areas and communication corridors have been gradually turned into public spaces – with admittedly varying results – that are perfect for recreation. These cuñas, or "wedges", in the case of O'Donnell **[See photographic portfolio by Luis Asín published in this issue → págs. 9-16 / 73-80]** and Latina parks in the city, use the lines and corridors described by Forman to increase accessibility to neighbouring urban areas, serving as radial vectors that are home to open spaces in the city centre, which it is in dire need of, that are more befitting of the suburbs, akin to the extensive Casa de Campo park, on the western edge of the city. **[Fig.4]**

Access to large urban parks, no matter how big and well-designed they are, is always restricted to the areas closest to them.[12] This gave rise to Eliot's and Forman's championing of "systems of small open spaces" distributed throughout the urban area. Each of these spaces offers city-dwellers a nearby opportunity for open-air recreation, while from a disciplinary point of view they provide a blank canvas on which to try out new, prototypical public space designs and constructions, allowing designers to tweak things such as the percentage of vegetation cover, the amount of shade, the material used on the floor, the shape or specific layout of the space, the maintenance needed, the work required, the end users, and its ecological, social, economic, educational and productive agenda.

Amidst the ongoing environmental crisis, which projects Madrid's climate in 2050 to be like that of Marrakesh in 2020, we must snatch at every opportunity to add vegetation in public spaces.[13] How much are our government bodies actually doing to prepare the land for challenges such as this? Cities including Monterrey (Mexico), Santiago (Chile) and Athens (Greece), to name just a few, have appointed their first chief heat officers in recent years,[14] with one of their offices' main duties being to modify the capacity of generic streets and squares to contribute to mitigating heat in cities in order to improve the quality of life of their citizens. Let's think for a moment about how the climate issue has combined with more traditional matters regarding social cohesion and food safety in community gardens in places like the Bronx in New York. These are clear examples of how architecture can continue to shape the public sphere in years to come. **[See photographic portfolio by Luis Asín published in this issue → págs. 9-16 / 73-80]**

Processes

The rate and direction – almost always horizontal instead of vertical – of urban expansion in recent decades was one of the arguments employed by landscape urbanism at the turn of the 21st century to push for greater landscape suitability than offered by the field of architecture when explaining and participating in the formation of the contemporary city.[15] Landscape urbanism offered a more apt approach than architecture did when it came to embracing a holistic understanding of the urban environment as consisting not only of open spaces like parks and gardens, but also of broader territorial elements like logistics centres, post-industrial areas and large-scale communications infrastructures – such as Logroño's Intermodal Station, designed by Ábalos & Sentkiewicz (2020) **[→ págs. 56-59]** – and even phenomena that are intrinsic to urbanisation

10. Forman, Richard, *Land Mosaics: The Ecology of Landscapes and Regions*, Cambridge University Press, Cambridge, 1995, p. 452. It should be noted that Forman himself worked for years on the development of a framework for the introduction of the principles of landscape ecology in the context of the Barcelona Metropolitan Area, an experience that culminated in 2004 with the publication of *Mosaico Territorial para la Región Metropolitana de Barcelona* (Gustavo Gili, Barcelona).

11. The linear condition of Madrid RIO along a hydrological corridor and the perimeter ring scheme of the Metropolitan Forest constitute, in the terms proposed by Eliot and Forman, connecting vectors that allow some of the largest scale open spaces of great environmental value, such as Monte de El Pardo or the Southeast Regional Park, to communicate with each other.

12. This is something that as early as 1873, only a few years after the inauguration of Central Park in New York, the landscape architect Horace W. S. Cleveland denounced in his brief guide *Landscape Architecture as Applied to the Wants of the West*... See: Horace W. S. Cleveland, Horace W. S., *Landscape Architecture as Applied to the Wants of the West; with an essay on Forest Planting on the Great Plains*, Jansen, McClurg & Co., Chicago, 1873.

FIG 06. Cumbre de Peñalara y bosques de pino y Roble en el Parque Nacional de la Sierra de Guadarrama [Google Earth (Maxar Technologies)].
Summit of Peñalara and pine and oak forests in the Sierra de Guadarrama National Park.

and yet occur in areas far removed from city centres, which some have called the "global hinterland".[16]

In this regard, Madrid is a clear example of how cities grow regardless of the material resources it boasts thanks to the geographic conditions of their immediate surroundings. In this issue of *Arquitectura* **[→ págs. 98-103]** Ginés Garrido writes about the centripetal asymmetry that exists between the Community of Madrid and the so-called "empty Spain", in a similar vein to the "Iberian atoll" that Iñaki Ábalos and Juan Herreros referred to in their book Recycling Madrid, published almost a quarter of a century ago.[17] **[Fig. 5]** For example, the region consumes 25 times more energy than it produces, something that has provoked a boom in the use of solar energy in the area, although this is accompanied by further food for thought – Estudio SIC's proposed Urban Battery is just one reflection on this topic **[→ págs. 126-129]** – regarding energy production on an intermediate scale, to which architecture may help give shape and provide pragmatic content. A similar imbalance exists with food, an issue that took centre stage at the Foodscapes **[→ págs. 130-135]** exhibition displayed at the Spanish Pavilion at the most recent Venice Biennale.

In this age of advanced global capitalism, the asymmetry observed in these material and energy dependence relationships has only become more entrenched, a phenomenon that several authors, particularly those in the field of critical geography, have called the "metabolic rift".[18] The term "metabolism" has been mobilised since the start of the century as a way to conjure an image of the city as a living being. This metaphor is underpinned by the idea that the order we find in cities is similar to that seen in self-organising beings, those that are able to maintain their internal structure by importing order from their surroundings while exporting disorder. This discourse underlies the growing fascination with wood construction – Madrid-based studio's SUMMA project for García Márquez Library in Barcelona is a prime example of this **[→ págs. 38-43]** – or perhaps the rethinking of supply chains and the use of recycled materials in construction, such as Takk's 10K House **[→ págs. 48-51]** on the more radical end.

13. JBastin, J.F., Clark, E., Elliot, T., Hart, S., *et al*, "Understanding climate change from a global analysis of city analogues," *PLOS ONE* n. 14 (7) (2019), pp. 1-13 [e0217592]. Online: https://doi.org/10.1371/journal.pone.021759.

14. See, for example: "In a warming world, chief heat officers help adapt, prepare, and protect." Online: https://penntoday.upenn.edu/news/warming-world-chief-heat-officers-help-adapt-prepare-and-protect. Accessed January 3, 2024.

15. Waldheim, Charles, *The Landscape Urbanism Reader*, Princeton Architectural Press, New York, 2006.

16. See, for example: Brenner, Neil and Katsikis, Nikos, "Operational Landscapes: Hinterlands of the Capitalocene," *Architectural Design* n. 90 (1) (2020), pp. 22-31.

17. Ábalos, Iñaki and Herreros, Juan, *Reciclando Madrid*, Actar, Barcelona, 2000, p. 21.

18. Sociologist John Bellamy Foster has defined the fracture or 'metabolic rift' as "the material estrangement of human beings within capitalist society from the natural conditions that were the basis of their existence." See: Bellamy Foster, John, *Marx's Ecology: Materialism and Nature*, Monthly Review Press, New York, 2000, p. 163.

FIG 07. Pastizales y dehesas de piedemonte en el entorno de Guadalix de la Sierra [Google Earth (Landsat / Copernicus)].
Pastizales y dehesas de piedemonte en el entorno de Guadalix de la Sierra.

Topological inversion

In the epilogue to the book Forests: The Shadow of Civilization (1992), its author, Robert Pogue Harrison, leans on Giambattista Vico's The New Science to paint a short history of humanity, starting with the appearance of a clearing in the forest.[19] Civilisation, Harrison tells us, is essentially the process undertaken by humans as we have transitioned from dwelling in forests to dwelling in huts, before moving onto villages and cities and, finally, the academies, the highest of all institutions. The forest clearing gets wider and wider as we advance through these ways of living, so much so that the forest gets further away from the centre of the clearing, until one day the centre of the clearing turns into a utopia, and we begin to forget what actually lives in the forest.

Despite the eye-watering land consumption rate seen in the past few decades, and given that it has a population density of almost 850 inhabitants per square kilometre,[20] the Community of Madrid is still home to incredible environmental diversity and an astounding virgin area, from the large, dense Scots pine and oak forests of the Sierra de Guadarrama mountains **[Fig. 6]** and the Hayedo de Montejo beech forest in the Sierra del Rincón – the latter being more of a footnote in terms of size but it is quite unique at this latitude – to the tundra, countryside and plains of the tabular relief found in the Tagus valley in the southeasternmost part of the Community, protected and named South East Regional Park in the 20th century, and the meadows and Mediterranean forests that still cover a large part of the foothills that run north-east to south-west, parallel to the mountain range. **[Fig. 7]**

When talking of the metropolitan territory of Madrid, its diversity can be explained by the climatic and biophysical variables that come into play as a result of the region's impressive altitudinal gradient (over 2,000 metres). Generally speaking, diversity is, along with singularity, a necessary and valuable condition in any ecological evaluation. Therefore, its conservation or restoration must form the basis of any project planned on a territorial scale. Any architecture project with even the slightest sensibility and interest in offering a coherent response to the extraordinary environmental challenges currently facing us must think far beyond the delineation of some territorial boundaries as a space for the development of its operations. In fact, it must work on the premise that there is no longer a constitutive outside, that it is not possible to seek external solutions to the problems deriving from our activities, and that humanity lives in some sort of topological inversion in which there is no longer a clearing in the forest, but, at most, fragments of forest in the clearing.

19. Harrison, Robert Pogue, *Forests: The Shadow of Civilization*, University of Chicago Press, Chicago, 1992, p. 245.

20. "Población inscrita en el Padrón Continuo por comunidades y ciudades autónomas", Instituto Nacional de Estadística (INE). Accessed January 3, 2024

Madrid en el siglo XXI: una región en busca de plan

Madrid in the 21st Century: A Region in Search of a Plan

Álvaro Sevilla-Buitrago

Entre el año 2000 y 2019, antes de la crisis por la pandemia, la Comunidad de Madrid experimentó un crecimiento del PIB real del 36%[1]. La región pasó de ser la undécima a la quinta economía regional —en cifras absolutas—[2] de la Unión Europea, según datos de Eurostat. Significativamente, su territorio experimentó una transformación similar en términos espaciales: entre 2000 y 2020 la superficie antropizada de la región aumentó un tercio. Tomando como referencia el año 1990 este indicador se eleva al 95%. Es decir, en las últimas tres décadas la región ha duplicado su superficie antropizada[3]. Buena parte de este crecimiento se ha concentrado en las periferias del área metropolitana, alimentado por la expansión de las infraestructuras de transporte, tanto público como privado.

ESP Entre finales de la década de 1990 y finales de la década de 2010, por ejemplo, Metro aumentó más de un 60% la longitud de su red por el despliegue fuera del municipio de Madrid y se construyeron cerca de 600 km. de carreteras de alta capacidad, un despliegue que colocó el área metropolitana a la cabeza de Europa en ratio de kilómetros de autovía por millón de habitantes[4]. Los patrones de movilidad se vieron profundamente alterados. Entre 1996 y 2018 el número total de viajes diarios a nivel regional aumentó un 51%, mientras que el número de trayectos en vehículo privado lo hizo un 108%[5]. Entre 1997 y 2021 —período en que el crecimiento de población rondó el 30%—, el parque de vehículos de la región se incrementó un 85%[6]. Esta explosión del sistema urbano madrileño se produce en un período en el que el sector primario y la manufactura —esferas de actividad que, a priori, presentan mayor demanda de suelo— se han contraído. En otras palabras, bajo el modelo actual expandir la economía regional en torno a un tercio de su tamaño ha requerido una extensión como mínimo equivalente de su soporte material y un incremento muy superior de la movilidad ligada al mismo, incluso en un contexto que ve reducirse las actividades económicas con mayor consumo potencial de suelo. La región madrileña parece abonada a una lógica que persigue la producción de territorio como fin en sí mismo: una dinámica que lee el territorio como mercancía o soporte para la expansión económica, no como un recurso con un valor de uso crucial pero frágil y limitado.

El impacto de estos procesos en términos ambientales es difícil de ponderar. Recordemos, en este sentido, que ya en el año 2000 la Comunidad de Madrid era uno de los territorios con mayor huella ecológica de España, la región con menor biocapacidad por habitante y mayor déficit

1. Banco de España, "Base de datos macroeconómicos, 1954-2019", Ministerio de Hacienda, Madrid, 2020.
2. Si consideramos el PIB per cápita, la región se situaba en el puesto 61 en 2021. Fuente: Eurostat, Regional gross domestic product (PPS per inhabitant) by NUTS 2 regions.
3. Córdoba, Rafael y Morcillo, Daniel, "Marco territorial de la producción de espacio en la región funcional de Madrid", *Ciudades* n. 23 (2020), págs. 71-93.
4. Ecologistas en Acción, "Saturación de autovías en la Comunidad de Madrid", 2007, en línea: https://www.ecologistasenaccion.org/9698/saturacion-de-autovias-en-la-comunidad-de-madrid/; Valenzuela Rubio, Manuel, "Madrid, 1997-2017: una metrópoli real sin planeamiento territorial ni cultura metropolitana", *Boletín de la Real Sociedad Geográfica* n. 153 (2018), págs. 263-336.
5. Consorcio de Transportes de Madrid, "Encuesta de movilidad", Consorcio de Transportes de Madrid, Madrid, 2018.
6. Dirección General de Tráfico, *Parque nacional de vehículos por comunidad autónoma*, Ministerio del Interior, Madrid, 2023.

FIG 01. Cañada Real Galiana a su paso por nuevos desarrollos de vivienda en Rivas-Vaciamadrid y la Autovía M-50 [Google Earth (Maxar Technologies)].
Cañada Real Galiana as it passes through new housing developments in Rivas-Vaciamadrid and the M-50 Highway.

ecológico, variables que sin duda han empeorado en las últimas décadas[7]. Nuestro metabolismo es profundamente dependiente de otros territorios. Sólo un 4% de los alimentos comercializados en Mercamadrid se producen en la comunidad y nuestra condición de sumidero energético —el balance negativo entre generación y consumo— sigue empeorando[8]. La trayectoria no es más satisfactoria en términos de justicia social. Lejos de contribuir a fomentar una mayor equidad y cohesión, el crecimiento de estas décadas ha hecho de Madrid la región más desigual de España: el 20% más pobre de la población posee el 7% de la renta, mientras que el 20% más rico concentra más del 50% de la renta y el 1% más rico concentra el 15,4%; la media española de estos dos últimos indicadores es del 44,7% y el 10,9% respectivamente[9]. En resumen, parece fundado concluir que el modelo de desarrollo territorial de la región se ha alejado en este período de cualquier criterio de equilibrio, eficiencia o sostenibilidad, incluso desde una racionalidad que priorice el crecimiento económico por encima de aspectos sociales o ambientales. Esto se debe, entre otros motivos, a que Madrid carece de un plan capaz de armonizar los beneficios y externalidades negativas de su estrategia expansiva.

Como hemos comentado, buena parte del crecimiento de la región en las últimas décadas se ha apoyado en una explotación intensiva del territorio como activo económico. La mayor parte del incremento del PIB antes mencionado se concentró en la etapa de la burbuja inmobiliaria; entre la crisis de 2008 y 2019, antes de la pandemia, el PIB real creció poco más de un 6%. El fenómeno no es específico a la región, pero ésta constituye un ejemplo claro de la consolidación de una nueva imaginación espacial durante la primera década de siglo en buena parte de España: un consenso amplio que concebía la urbanización no como oportunidad para construir entornos más habitables sino como motor de crecimiento económico. Puede que la "exuberancia irracional" de la burbuja inmobiliaria esté ya lejos en términos de volumen de viviendas construidas y kilómetros asfaltados, pero esta concepción del territorio sigue en buena medida vigente. No se trata de algo nuevo o exclusivo a nuestro contexto. Entre las décadas de 1970 y 1980 los sociólogos Harvey Molotch y John Logan describieron el auge de las grandes áreas metropolitanas y sus políticas urbanísticas como "máquinas de crecimiento", un emergente campo de maniobras para coaliciones desarrollistas que priorizaban la promoción de la actividad económica sobre parámetros como la cohesión social, la protección del medio ambiente o la implementación de

7. Gullón, Natalia (coord.), *Análisis de la huella ecológica de España*, Ministerio de Medio Ambiente, Madrid, 2007.
8. Morán, Nerea y Simón, Marian (coord.), *Estrategia de alimentación saludable y sostenible, 2018-2020*, Ayuntamiento de Madrid, Madrid, 2018.
9. Melis, Francisco, "Madrid, la Comunidad con mayor desigualdad", *elDiario.es*, 16 de julio de 2022. En línea: https://www.eldiario.es/economia/madrid-comunidad-mayor-desigualdad_129_9174325.html
10. Logan, John R. y Molotch, Harvey L., *Urban Fortunes: The Political Economy of Place*, University of California Press, Berkeley, 1987.

agendas más democráticas[10]. Durante la década de 1990, numerosos estudios examinaron los orígenes y lógica de esta nueva economía política urbana. Enfrentadas a un contexto de reestructuración económica, austeridad presupuestaria y reorganización del Estado y las estrategias de gobernanza tras la crisis de la década de 1970, las principales ciudades-región de Occidente se lanzaron a competir entre sí para captar inversiones y generar empleo. Esta reorientación de las estrategias tuvo un impacto muy importante en las políticas espaciales. En un contexto de creciente volatilidad y movilidad de capitales a nivel global, se hizo imperativo transformar los marcos regulatorios y reimaginar el territorio como activo para promover un entorno *business-friendly*. Los partidarios de este nuevo enfoque hablaban de "flexibilidad" y "resiliencia"; sus detractores, de "oportunismo" e "improvisación". Los marcos de planificación espacial heredados de la etapa fordista —con su visión comprehensiva, su énfasis en medidas redistributivas, su compleja articulación normativa y el protagonismo de la iniciativa estatal— fueron puestos en tela de juicio. En los campos del urbanismo y la arquitectura este dilema se vivió a través del conocido debate "plan vs. Proyecto". Esta "falsa alternativa" —en palabras de Giuseppe Campos Venuti[11]— fue resuelta en algunos contextos a través del paradigma emergente de la "planificación estratégica", un enfoque lábil que ha sido empleado para referirse tanto a conjuntos de proyectos dispares y escasamente coordinados, como a programas más robustos pero orientados a absorber cambios de coyuntura inesperados. Pero incluso en el mejor de los casos esta nueva agenda ha venido acompañada de un abandono y desmantelamiento paulatino de los marcos de planificación habituales en etapas previas y su énfasis en la construcción de territorios más equilibrados e integrados[12].

En la región madrileña esta agenda de "desregulación" urbanística ha avanzado en diversos frentes. En primer lugar, como se ha indicado en incontables ocasiones, la comunidad autónoma sigue careciendo de un marco de planeamiento territorial capaz de armonizar el desarrollo de la región en sus distintas dimensiones. Intentos previos de implantar este tipo de marco holístico como el Plan del Área Metropolitana de 1963, las Directrices de Ordenación Territorial de 1985 o el Plan Regional de Estrategia Territorial de 1996 se implementaron muy parcialmente o no llegaron a aprobarse. El planeamiento a escala municipal se ha desplegado durante estas décadas al albur de coyunturas económicas y agendas políticas cortoplacistas, bajo el liderazgo del sector privado, sin una visión de conjunto más allá de proyectos supramunicipales específicos o las diversas estrategias y medidas sectoriales, dando pie a desequilibrios importantes en la distribución de recursos y servicios en distintas áreas de la región. Esta carencia ha propiciado que

En resumen, parece fundado concluir que el modelo de desarrollo territorial de la región se ha alejado en este período de cualquier criterio de equilibrio, eficiencia o sostenibilidad, incluso desde una racionalidad que priorice el crecimiento económico por encima de aspectos sociales o ambientales. Esto se debe, entre otros motivos, a que Madrid carece de un plan capaz de armonizar los beneficios y externalidades negativas de su estrategia expansiva.

los municipios se lancen a competir entre sí para captar iniciativas de desarrollo urbanístico, haciendo concesiones especialmente generosas para los inversores cuando se trataba de intentar atraer capital internacional para megaproyectos singulares. La estrategia parece haber dado frutos: según datos de la propia CAM, la región absorbe la mitad de la inversión extranjera que llega a España[13]. Pero como hemos visto el precio a pagar en términos de equilibrio territorial por la cesión de la iniciativa urbanizadora al sector privado puede ser demasiado alto.

En segundo lugar, durante este período se ha implementado un marco normativo extremadamente laxo con las estrategias a nivel municipal. El siglo XXI se inauguró en la región con la aprobación de la Ley de Suelo de 2001, norma que, trasladando la filosofía de la ley estatal de 1998, asignaba al suelo urbanizable una condición residual: todo el suelo que no tuviera ya la condición de urbano o no estuviera sometido a un régimen de especial protección por sus valores singulares se incorporaba a las previsiones de expansión de los nuevos planes. Este marco inicial se ha visto modificado en numerosas ocasiones por leyes de acompañamiento de los presupuestos anuales, leyes de medidas urgentes para el impulso de la actividad económica, la denominada "ley ómnibus", etc., que han

11. Campos Venuti, Giuseppe, "Plan o proyecto: una falsa alternativa", *Ciudad y Territorio* n. 59-60 (1984), págs. 55-60.

12. Para el caso español, ver González-García, Isabel y Ezquiaga-Domínguez, José María (coord.), monográfico "El planeamiento urbano en España: crisis y desafíos de futuro", Ciudad y Territorio n. 55, 2023.

desmantelado paulatinamente aspectos cruciales de lo que era un marco de por sí permisivo, facilitando, entre otros, los cambios de ordenación del suelo, el uso de suelo dotacional para fines lucrativos o la eliminación del proceso de evaluación ambiental en ciertos instrumentos. Por si esto fuera insuficiente, hay que tener en cuenta que más de dos décadas después de su aprobación la mayoría de los municipios no ha adaptado aún su planeamiento a la Ley 9/2001, lo que impide limitar la proliferación de actividades económicas en suelos no urbanizables, contribuyendo al deterioro del medio no construido. En los últimos años se han sucedido diversos intentos de poner en marcha una nueva ley del suelo, en principio orientada a profundizar esta tendencia con un marco aún más liberalizador que el actual.

Más allá del marco normativo, debemos valorar también la *forma* que ha adoptado el modelo territorial durante estas décadas. Como hemos indicado, el crecimiento ha sido especialmente notable en espacios periféricos —sobre todo durante la burbuja inmobiliaria— alimentando un modelo disperso con altos consumos de suelo por la proliferación de desarrollos urbanísticos de baja densidad y el despliegue de una red infraestructuras hipertrofiada. Durante el período 1997-2007 la primera corona metropolitana absorbió más de un tercio de las licencias de vivienda concedidas en la CAM, mientras que la segunda corona concentró cerca de una cuarta parte (el propio municipio de Madrid absorbió poco más del 30% de las licencias)[14]. En términos de población, esto supuso que, entre 1996 y 2011, la primera corona metropolitana experimentó un incremento de habitantes de más de un 30%, aumento que se elevó a un 87% en la segunda corona y a más de un 100% en el sistema de enclaves suburbanos más alejados de la capital. Buena parte de esa expansión metropolitana y suburbana se ha producido con patrones de uso monofuncionales, con importantes déficits en el tejido de actividades económicas. Los empleos han seguido concentrándose en el núcleo interior del área metropolitana, favoreciendo un régimen de movilidad profundamente ineficiente y apoyado en el vehículo privado.

Este patrón de desarrollo presenta numerosas externalidades negativas, pero la estrategia futura para la región parece irremediablemente ligada a un modelo elemental de crecimiento puramente cuantitativo, apoyado en una ampliación incesante de su soporte urbanizado. Las últimas noticias sobre una futura reforma o nueva ley de suelo anuncian una profundización de la senda de desregulación urbanística ya mencionada para reactivar un ciclo inmobiliario expansivo, con especial énfasis en la producción de vivienda. Esta agenda conecta con las previsiones de crecimiento demográfico manejadas por diversas agencias, no sólo regionales. De acuerdo con Eurostat, la comunidad autónoma superará los 8 millones de habitantes en algún momento entre 2040 y 2045; la última proyección de población del INE apunta a que esa cifra podría alcanzarse ya en el año 2040; en declaraciones recientes los responsables autonómicos adelantan ese momento al año 2037. Pero estas proyecciones, elaboradas con mecanismos tradicionales basados en indicadores económicos y prolongando patrones de crecimiento recientes, ignoran las limitaciones del modelo que arrastramos y su probable agotamiento, como mínimo, por factores biofísicos y ambientales.

Pensemos, por ejemplo, que el IPCC (Grupo Intergubernamental de Expertos sobre el Cambio Climático) ha previsto incrementos de temperatura *media* de hasta 2°C en nuestra región para el año 2040, o hasta casi 6°C en el horizonte más lejano de 2080-2100[15]. En París, por ejemplo, las autoridades han puesto ya en marcha planes de emergencia y simulacros preparando la infraestructura urbana para funcionar bajo olas de calor de 50°C a principios de la próxima década[16]. ¿Estamos preparados para este tipo de retos? ¿Pueden nuestras previsiones de crecimiento ignorar dichos conflictos y su inevitable impacto en la habitabilidad y atractivo de nuestras ciudades como lugares de residencia o destinos turísticos? Consideremos también la dependencia energética de nuestro modelo territorial. Numerosos estudios —incluyendo estimaciones de empresas energéticas— advierten que ya hemos superado el pico de los petróleos convencionales y que en las próximas dos o tres décadas se alcanzará el pico del conjunto de energías fósiles. La complejidad de la transición a fuentes renovables es cada vez más obvia. No se trata sólo de la dimensión formidable de las transformaciones necesarias o la lentitud para activarlas desde instituciones y mercados. Los límites en las reservas de materiales imprescindibles para el despliegue de esta infraestructura a escala global podrían comprometer esa agenda mucho antes de 2050[17]. A esto debemos añadir la fuerte demanda espacial asociada a la implantación masiva de dicha infraestructura, aspecto que empieza ya a plantearse como un nuevo eje de conflicto y competencia por el territorio con otros usos productivos o la salvaguarda del medio. ¿Qué impacto tendrán estos obstáculos en la evolución de nuestra economía o nuestros patrones de movilidad? ¿Cómo afectarán a distintos grupos de población y espacios de la comunidad? ¿Podemos seguir manejando estrategias de crecimiento basadas en un modelo espacial expansivo a la luz de estas señales de alerta?

Un proyecto orientado a garantizar un futuro próspero para nuestra región debe considerar seriamente este tipo de indicadores, introducir criterios de prudencia que nos permitan anticipar y corregir la vulnerabilidad de nuestro actual modelo territorial. La planificación regional es el

13. Comunidad de Madrid, "Presentación de inversores", 2023, en línea: https://www.comunidad.madrid/sites/default/files/img/profesiones/30.06.23_presentacion_inversores.pdf

14. De Santiago, Enrique, "Explosión urbana, infraestructuras, urbanismo neodesarrollista", en AA.VV., *Madrid, materia de debate. Vol. 3, Espacio o mercancía,* Club de Debates Urbanos, Madrid, 2023, págs. 31-88.

15. IPCC, "Summary for Policymakers", *Climate Change 2021: The Physical Science Basis*, Cambridge University Press, Cambridge, 2021.

16. *France24* (2023) "París bajo 50°C", 20 de octubre, en línea: https://www.france24.com/es/video/20231020-par%C3%ADs-bajo-50%C2%B0c-la-ciudad-simula-

FIG 02. Vista desde lo alto del polígono Cobo Calleja (Fuenlabrada) [Luis Asín].
View from the top of Cobo Calleja industrial park (Fuenlabrada).

marco natural para articular una estrategia de este tipo. Aunque la actividad en esta escala de regulación ha perdido protagonismo en las últimas décadas a nivel internacional, numerosos países —en particular en la UE— siguen presentando marcos robustos de políticas en esta esfera. En Dinamarca, por ejemplo, los gobiernos regionales están obligados a mantener y revisar sus planes territoriales cada cuatro años; la estrategia para el Gran Copenhague ha reconsiderado sus previsiones de crecimiento de forma creíble para asegurar una descarbonización efectiva para finales de la presente década. En Italia podríamos mencionar las iniciativas de planificación paisajística en torno a los principios de la Società dei Territorialisti y el trabajo de Alberto Magnaghi, como las desarrolladas por las regiones de Puglia y Toscana. En los Estados Unidos, estados como Maine, Massachusetts, Oregón o Washington manejan esquemas similares —aunque menos ambiciosos— de vinculación de retos ambientales y herramientas de planificación. A escala local existen múltiples casos de iniciativas ambiciosas para acelerar la respuesta a la crisis climática o paliar las desigualdades sociales. El programa para la creación de distritos libres de combustibles fósiles de Gotemburgo, el proyecto Vilawatt en Viladecans, o el plan de adaptación al cambio climático de Bolonia son buenos ejemplos. Los esfuerzos de Lisboa o Turín por avanzar esquemas de cogobierno, gestión de base e innovación social en barrios de rentas bajas, los programas del ayuntamiento de Nueva York para la renovación de parques en áreas vulnerables con criterios de equidad social, o las medidas para integrar y revitalizar áreas segregadas por motivos raciales en Tulsa (Oklahoma), son ejemplos recientes de planes con una fuerte componente de justicia social. Con todo, a pesar de su potencial, estas experiencias siguen operando en su mayoría dentro de una lógica que identifica la urbanización con un proceso de crecimiento y expansión del medio construido. Para adaptar nuestros patrones de asentamiento, trabajo y movilidad a los desafíos del mañana será inevitable cuestionar los principios que han regido la producción del espacio durante décadas. Esto nos obligará también a reimaginar las herramientas que la gobiernan. Como disciplinas orientadas a ofrecer soluciones espaciales a los retos de la sociedad, la arquitectura y el urbanismo, en colaboración con otros saberes y la propia ciudadanía, están llamadas a explorar formas alternativas para ese mundo poscrecimiento.

N.B.: Investigación enmarcada en el proyecto "Estrategias para la transición ecosocial de las grandes áreas urbanas españolas" (PID2021-126190OB-I00), Plan Estatal de Investigación Científica y Técnica y de Innovación 2021-2023.

escenarios-antes-las-olas-de-calor-extremas.

17. Moreau, Vincent; Dos Reis, Piero Carlo y Vuille, François, "Enough metals? Resource constraints to supply a fully renewable energy system", *Resources* 8(1) (2019); Valero, Antonio; Valera, Alicia y Calvo, Guiomar, *Thanatia: límites materiales de la transición energética*, Universidad de Zaragoza, Zaragoza, 2021.

Between 2000 and 2019, prior to the crisis brought on by the pandemic, the gross domestic product (GDP) of the Community of Madrid experienced real growth of 36%.[1] The Madrid region rose from eleventh place to having the European Union's fifth largest regional economy — in absolute terms—[2] according to Eurostat data. Significantly, the region underwent a similar transformation in spatial terms: between 2000 and 2020, the region's anthropised surface increased by a third. Taking 1990 as a reference, this indicator rose by 95%. In other words, the region has doubled its anthropised surface over the last three decades.[3] Much of this growth has been concentrated on the outskirts of the Madrid metropolitan area, fed by the expansion of transport infrastructure, both public and private.

ENG Between the late 1990s and the late 2010s, for instance, the Madrid Metro grew the length of its network by more than 60% owing to its spread outside of Madrid's city limits, and close to 600 km of high-capacity urban roads were built, an increase that led the Madrid metropolitan area to rank first in Europe in terms of kilometres of dual carriageway for every million inhabitants[4]. Mobility patterns were profoundly altered. Between 1996 and 2018, the number of daily journeys within the region increased by 51%, while the number of journeys by private vehicle did so by 108%[5]. Between 1997 and 2021 —a period in which the region's population grew by 30%—, the number of cars on the road increased by 85%[6]. This explosion in Madrid's urban system took place in a period in which the primary and manufacturing sectors —spheres of activity that typically have higher demands for land— contracted. This means that the current model for expanding the regional economy by a third of its size requires an expanse at least equivalent to its material support and a much greater increase in associated mobility, even in a context where its economic activities with the greatest potential demand for land were reduced. The Madrid region seems to subscribe to a logic that pursues the production of land as an end in itself: a dynamic that considers the land as a commodity or support for economic expansion, rather than a fragile and limited resource whose use is crucial.

The impact of these processes in environmental terms is difficult to analyse. We should recall, in this sense, that the Community of Madrid was by 2000 one of the regions in Spain with the greatest ecological footprint and the region with the lowest biocapacity per person and the largest ecological deficit, which will no doubt have deteriorated in recent decades[7]. Our metabolism is profoundly dependent on other regions. Only 4% of the food sold in Madrid is produced in the region, and our status as an energy sink —the negative balance between power generation and consumption— continues to worsen[8]. The picture is no brighter where social justice is concerned. Far from contributing to greater equity and cohesion, the growth in recent decades has made Madrid into the most unequal region in Spain: the poorest 20% of the population possesses 7% of its wealth, while the richest 20% accounts for more than 50%, and the richest 1% owns 15.4%. The Spanish average for the latter two indicators is 44.7% and 10.9%, respectively[9]. In short, there is justification to conclude that the Madrid's regional development model during this period eschewed any criteria for balance, efficiency, or sustainability, even form a rationale that prioritises economic growth above social or environmental aspects. Among other reasons, this is due to the Madrid's lack of a plan that can balance the benefits with the negative externalities of its expansion strategy.

As previously pointed out, the region's grown in recent decades has largely been based on the intensive exploitation of land as an economic activity. Most of the growth in GDP that was described took place during the property bubble; between the crisis of 2008 and 2019, before the pandemic, real GDP grew by little more than 6%. This phenomenon is not specific to the region, but it constitutes a clear example of the consolidation of a new spatial image during the first decade of this century in much of Spain: a broad consensus that conceived of urban development not as an opportunity to build more habitable environments,

1. Banco de España, "Base de datos macroeconómicos, 1954-2019", Ministerio de Hacienda, Madrid, 2020.
2. By GDP per capita, the region was ranked 61st in 2021. Source: Eurostat, Regional gross domestic product (PPS per inhabitant) by NUTS 2 regions.
3. Córdoba, Rafael y Morcillo, Daniel, "Marco territorial de la producción de espacio en la región funcional de Madrid", *Ciudades* n. 23 (2020), págs. 71-93.
4. Ecologistas en Acción, "Saturación de autovías en la Comunidad de Madrid", 2007, online: https://www.ecologistasenaccion.org/9698/saturacion-de-autovias-en-la-comunidad-de-madrid/; Valenzuela Rubio, Manuel, "Madrid, 1997-2017: una metrópoli real sin planeamiento territorial ni cultura metropolitana", *Boletín de la Real Sociedad Geográfica* n. 153 (2018), págs. 263-336.
5. Consorcio de Transportes de Madrid, "Encuesta de movilidad", Consorcio de Transportes de Madrid, Madrid, 2018.
6. Dirección General de Tráfico, *Parque nacional de vehículos por comunidad*

FIG 03. Vista hacia el norte desde lo alto del polígono Cobo Calleja (Fuenlabrada) [Luis Asín].
View towards the north from the top of Cobo Calleja industrial park (Fuenlabrada).

but as an engine for economic growth. The "irrational exuberance" of the property bubble may have become a thing of the past in terms of the volume of homes built and kilometres under asphalt, but this concept of land still largely prevails. This is nothing new or exclusive to our context. In the 1970s, the sociologists Harvey Molotch and John Logan described the booming suburbs of large metropolitan areas and their urban development policies as "growth machines", an emerging training ground for developmentalist coalitions that prioritised the promotion of economic activity over such parameters as social cohesion, environmental protection and the implementation of more democratic agendas[10]. During the 1990s, a large number of studies examined the origins and logic of this new urban economic policy. Faced with a new context of economic reconstruction, austerity budgets and reorganisation of the state and government strategies in the wake of the energy crisis of the 1970s, the main city-regions of the West embarked on a competition to attract investments and create jobs. This reorientation of strategies had a major impact on spatial policies. In a context of growing volatility and mobility of capital on a global scale, it became imperative to transform regulatory frameworks and reimagine land as an asset to promote a business-friendly environment. The supporters of this new approach praised its "flexibility" and "resilience", while detractors denounced its "opportunism" and "improvisation". The spatial planning policies inherited from the Fordist period —with its comprehensive view, emphasis on redistribution measures, complex regulatory articulation, and the leading role of the state initiative— were called into question. In the fields of urban planning and architecture, this conundrum was embodied by the "plan vs project" dilemma. This "false alternative" —in the words of Giuseppe Campos Venuti[11]— was resolved in certain contexts by means of the emerging paradigm of "strategic planning", a weak approach that has been used to refer both to sets of disparate and scarcely coordinated projects, and more sold programmes that focus

autónoma, Ministerio del Interior, Madrid, 2023.

7. Gullón, Natalia (coord.), *Análisis de la huella ecológica de España*, Ministerio de Medio Ambiente, Madrid, 2007.

8. Morán, Nerea y Simón, Marian (coord.), *Estrategia de alimentación saludable y sostenible, 2018-2020*, Ayuntamiento de Madrid, Madrid, 2018.

9. Melis, Francisco, "Madrid, la Comunidad con mayor desigualdad", *elDiario.es*, 16 de julio de 2022, online: https://www.eldiario.es/economia/madrid-comunidad-mayor-desigualdad_129_9174325.html

10. Logan, John R. y Molotch, Harvey L., *Urban Fortunes: The Political Economy of Place*, University of California Press, Berkeley, 1987.

11. Campos Venuti, Giuseppe, "Plan o proyecto: una falsa alternativa", *Ciudad y Territorio* n. 59-60 (1984), págs. 55-60.

on dealing with unexpected circumstantial changes. But even in the best of cases, this new agenda was accompanied by a gradual neglect and dismantling of the habitual planning frameworks of previous periods and its stress on the construction of more balanced and integrated regions[12].

This agenda of urban 'deregulation' has advanced along different fronts in the Madrid region. Firstly, as indicated on countless occasions, the autonomous region continues to lack a region-wide planning framework that can reconcile the different dimensions of development in the region. Previous attempts at implementing this type of holistic framework, such as the 1963 Metropolitan Area Plan, the 1985 Land-Use Guidelines and the Regional Land Strategy Plan of 1996, were only partially applied or simply not approved. Municipal-scale planning emerged during these decades at the mercy of economic circumstances and short-sighted political agendas, led by the private sector and without a comprehensive vision beyond specific supramunicipal projects or diverse sectoral strategies and measures, giving rise to major imbalances in the distribution of resources and services in different areas of the region. This shortcoming has led municipalities to compete among themselves to attract urban development initiatives, making particularly generous concessions to investors with their attempts to capture international capital for singular megaprojects. This strategy seems to have borne fruit: according to statistics compiled by the government of the Community of Madrid, the region absorbs half of all the foreign investment arriving in Spain[13]. But as we have seen, the price to be paid in terms of balanced regional development resulting from the transfer of urban planning initiatives to the private sector can be too high.

Secondly, an extremely lax regulatory framework was implemented during this period with municipal-level strategies. The 21st century dawned in the region with the approval of the 2001 Zoning Law, a regional law that embodied the philosophy of the Spanish Land Act of 1988 by assigning a residual condition to developable land: all land that was not already zoned urban or was not subject to a special protection regime owing to its singular values was incorporated into the expansion forecasts of new plans. This initial framework has been modified on many occasions by yearly budgetary legislation, fast-tracked legislation to boost economic activity, the so-called "Omnibus Law", etc., which have gradually dismantled crucial aspects of what was an already permissive framework by facilitating, among others, changes in land use, the use of land reserved for public use for profit, and the removal of the environmental impact assessment process in certain instruments. If this were not enough, it should be pointed out that after more than two decades since its approval, most municipalities have not yet adapted their planning processes to the regional zoning law of 2001, which hinders the restriction of economic activities proliferating on undevelopable land, contributing to the degradation of the unbuilt environment. Different attempts have been made one after the other in recent years to bring in a new zoning law, in theory focusing on consolidating this trend with an even more liberal framework than the currently existing one.

In addition to the regulatory framework, we should also evaluate the *shape* in which the land-use model has been adopted during these decades. As previously explained, growth has been particularly remarkable in peripheral spaces —particularly during the property bubble— nourished by a disperse model with high consumption of land owing to the proliferation of low-density developments and the spread of a bloated infrastructure network. During the 1997–2007 period, Madrid's inner suburban ring accounted for more than a third of the residential building permits granted by the regional government, while the outer ring accounted for a quarter of them (the actual City of Madrid used up little more than 30% of the permits)[14]. In terms of population, this meant that between 1996 and 2011, the inner ring experienced more than 30% growth in the number of inhabitants, with more than 87% in the outer ring and more than 100% in the network of suburbs on the farthest outskirts of the Spanish capital. Much of this metropolitan and suburban expansion followed monofunctional patterns, with significant deficits in the fabric of economic activities. Jobs continue to be concentrated in the inner core of the metropolitan area, favouring a regime of profoundly inefficient mobility based on private vehicles.

This pattern of development presents many negative externalities, but the future of the region seems to be inevitably linked to a basic model of purely quantitative growth based on the incessant expansion of its urbanised support. The latest news on the future reform or new zoning law presages an intensification of the path to the already mentioned urban planning deregulation to reactivate an expansive property cycle, with special emphasis on residential construction. This agenda connects with the demographic growth forecasts handled by different agencies, not only regional ones. According to Eurostat, the autonomous region will exceed a population of eight million between 2040 and 2045; the most recent population forecast by the Spanish Institute of Statistics shows that this figure may be reached by 2040; and recent announcements by the regional government bring this time forward to 2037. However, these forecasts, calculated using traditional

12. For the case of Spain, see González-García, Isabel y Ezquiaga-Domínguez, José María (coord.), monográfico "El planeamiento urbano en España: crisis y desafíos de futuro", *Ciudad y Territorio* n. 55, 2023.

13. Comunidad de Madrid, "Presentación de inversores", 2023, online: https://www.comunidad.madrid/sites/default/files/img/profesiones/30.06.23_presentacion_inversores.pdf

14. De Santiago, Enrique, "Explosión urbana, infraestructuras, urbanismo neodesarrollista", en AA.VV., *Madrid, materia de debate. Vol. 3, Espacio o mercancía*, Club de Debates Urbanos, Madrid, 2023, págs. 31-88.

15. IPCC, "Summary for Policymakers", *Climate Change 2021: The Physical*

mechanisms based on economic indicators and projected patterns of recent growth rates, overlook the limitations of the model that we continue to use and its likely obsolescence, brought about, in all events, by biophysical and environmental factors.

We should consider that, for instance, the Intergovernmental Panel on Climate Change (IPCC) has predicted a rise in the average temperature of up to 2°C in our region by 2040, and by as much as 6°C in the more distant horizon of 2080–2100[15]. In Paris, for example, the authorities have already implemented emergency plans and crisis simulation exercises to prepare the city's infrastructure to operate during heat waves of 50°C at the start of the coming decade[16]. Are we prepared for these types of challenges? Can our growth forecasts ignore such conflicts and their inevitable impact on the habitability and appeal of our cities as places of residence or tourist destinations? We should also consider the energy dependence of our land-use model. A large number of studies —including estimates by energy companies— warn that we have already passed the peak of conventional oil-based energy generation and that the next two or three decades will see us reach peak fossil fuel-based energy generation. The complexity of the transition to renewable sources is increasingly obvious. Not only does this concern the formidable dimension of the transformations required or the slow progress in the process of governments and markets to enable them. Limited reserves of the materials required to roll out this infrastructure on a global scale could compromise this agenda much earlier than 2050[17]. Added to this is the high spatial demand associated with the mass implementation of this infrastructure, an aspect that is already seen as a new source of conflict and competition for the region with regard to other productive uses and environmental protection. What impact will these obstacles have on the evolution of our economy and our patterns of mobility? How will they affect different population groups and spaces in the region? Can we continue to implement growth strategies based on an expansive spatial model in the light of these warning signs?

Any project focused on guaranteeing a prosperous future for our region must seriously take into consideration these types of indicators, introduce precautionary criteria that will allow us to anticipate and correct the vulnerability of our current land-use model. Regional planning is the natural framework in which to approach a strategy of this type. Although activity at this regulatory scale has lost importance in recent decades at an international level, many countries —in the European Union, in particular— continue to present solid policy frameworks in this sphere. In Denmark, for instance, the regional governments are obligated to maintain and review their land-use plans every four years; the strategy for Greater Copenhagen has credibly revised it growth predictions to ensure effect decarbonisation by the end of the present decade. In Italy, mention can be made of the landscape planning initiatives based on the principles of the Società dei Territorialisti and the work of Alberto Magnaghi, such as those developed by the regions of Puglia and Tuscany. American states such as Maine, Massachusetts, Oregon and Washington have similar —although less ambitious— schemes in place for connecting environmental challenges with planning tools. There are many cases of ambitious initiatives at the local scale to accelerate the response to the climate crisis or to alleviate social inequalities. The programme to create fossil fuel-free districts in Gothenburg; the Vilawatt project in Viladecans, Barcelona; and Bologna's climate change adaptation plan are good examples. The efforts made by Lisbon and Turin to advance co-government schemes, grassroots management, and social innovation in low-income neighbourhoods; the New York City Council programmes to revitalise parks in vulnerable areas with social equity criteria; and the measures to integrate and regenerate racially segregated areas in Tusla, USA, are recent examples of plans with a strong social justice component. Nevertheless, despite their potential, these experiences mostly continue to operate within a logic that identifies urban planning with a process of growth and expansion of the built environment. In order to adapt our patterns of settlement, employment and mobility to the challenges tomorrow brings, it will be inevitable to question the principles that have governed the production of space over the decades. This will also force us to reimagine the tools that govern them. As disciplines focused on offering spatial solutions to society's challenges, architecture, and urban planning, in collaboration with other disciplines and residents themselves, are called to explore alternative forms for that post-growth world.

Science Basis, Cambridge University Press, Cambridge, 2021

16. *France24* (2023) "París bajo 50°C", 20 de octubre, online: https://www.france24.com/es/video/20231020-par%C3%ADs-bajo-50%C2%B0c-la-ciudad-simula-escenarios-antes-las-olas-de-calor-extremas.

17. Moreau, Vincent; Dos Reis, Piero Carlo y Vuille, François, "Enough metals? Resource constraints to supply a fully renewable energy system", *Resources* 8(1) (2019); Valero, Antonio; Valera, Alicia y Calvo, Guiomar, *Thanatia: límites materiales de la transición energética*, Universidad de Zaragoza, Zaragoza, 2021.

FIG 01. Diagrama flujos de población del área metropolitana.
Population flow diagram of the metropolitan area.

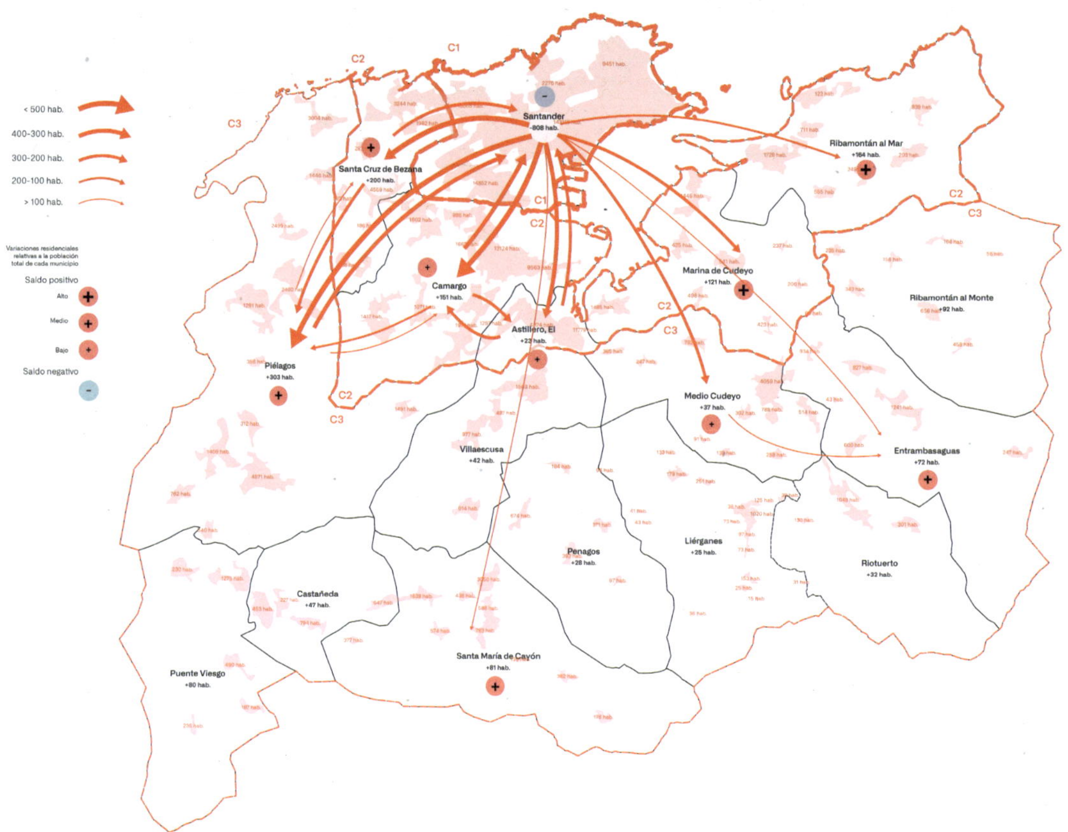

ESP Nos encontramos en un momento crítico para nuestras ciudades y territorios. Es necesario repensar conceptos pasados e inventar otros capaces de afrontar, desde una óptica renovada e innovadora, los grandes retos y las crisis actuales: desde el cambio climático a la crisis geopolítica, pasando por la económica y la social. Ello requiere reimaginar la práctica de la planificación urbana y el planeamiento urbanístico con nuevas herramientas y metodologías.

En este contexto, el urbanismo regenerativo proporciona el marco metodológico en el que la ciudad y el territorio se reconocen no como sistemas opuestos, sino como sistemas integrados y dependientes, en los que no es posible actuar de modo aislado. Esta metodología propone un nuevo enfoque basado en un *pragmatismo utópico*, una forma de acción capaz de pensar un mundo mejor y de hacerlo desde la realidad cercana y posible, para devolver el equilibrio al territorio urbano mediante sistemas que permitan su adaptación y transformación.

El urbanismo regenerativo es una propuesta que permite pensar las ciudades y los territorios de forma consciente de sus límites, de sus capacidades, de sus necesidades y de sus oportunidades, al tiempo que ayuda a la cohesión social desde la innovación y la participación, conectando todas las escalas, desde la biorregión a la calle, a través de una forma de gobernanza que se articula desde los barrios y resuelve los problemas cotidianos con estrategias concretas que tienen alcance en toda la ciudad.

La primera experiencia completa de la aplicación de esta metodología la hemos desarrollado en el proyecto "Santander, Hábitat Futuro", el modelo de ciudad con el pensar el futuro la capital cántabra; un proyecto que define cómo puede ser la ciudad en el año 2055, reinventada como una urbe equilibrada y sostenible, que no consuma los recursos disponibles, sino que genere otros nuevos; donde la planificación integra la escala del territorio y la de los barrios; donde se promueve un futuro viable a partir de otras formas de relación con el entorno, asegurando la compatibilidad entre su prosperidad económica y social y la naturaleza.

El texto *Urbanismo Regenerativo, Santander, Hábitat Futuro* es una oportunidad para explicar y compartir este proyecto, pero, sobre todo, un ejemplo y una guía para dirigir el compromiso de los distintos agentes sociales, económicos y políticos hacia el objetivo común de lograr ciudades circulares, resilientes, vertebradas, prósperas, vitales e inclusivas.

(DESCRIPCIÓN DE LOS AUTORES)

PROYECTO

URBANISMO REGENERATIVO

SANTANDER, HÁBITAT FUTURO

LANDLAB, laboratorio de paisajes + Paisaje Transversal

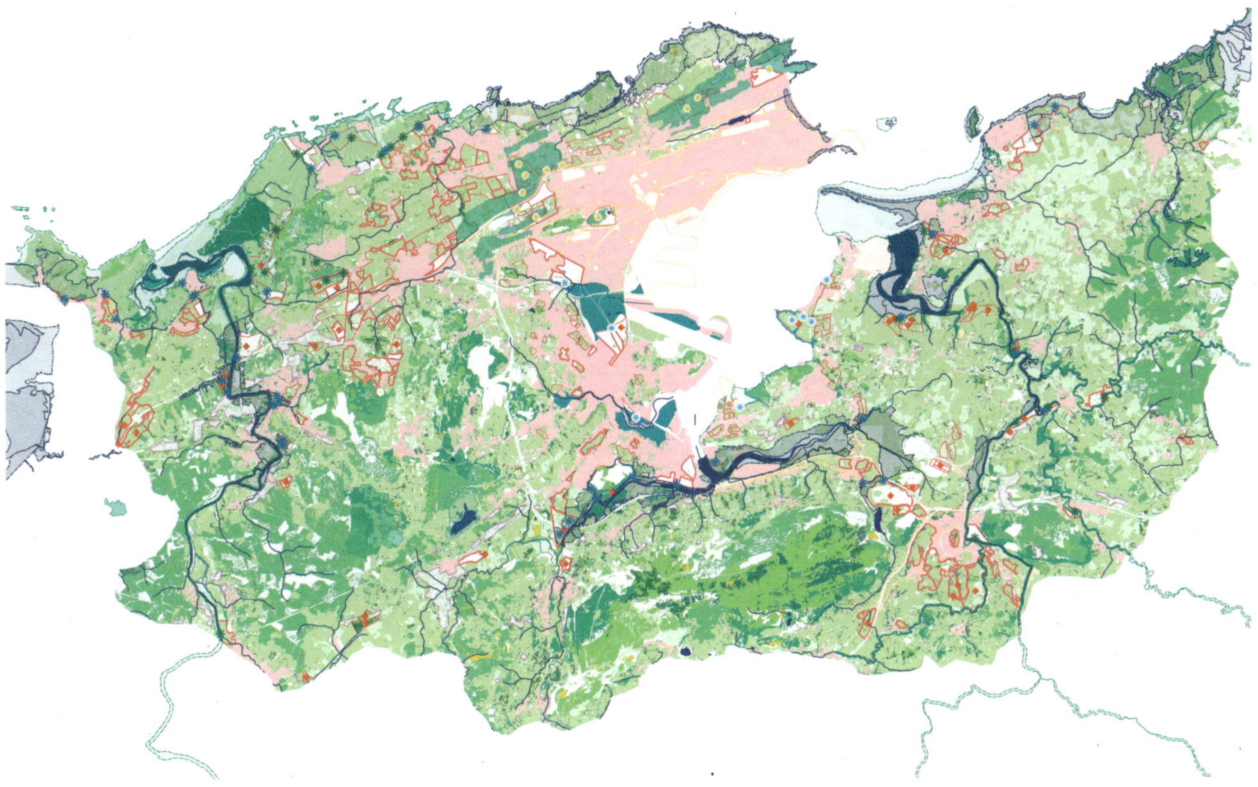

FIG 02. Plano de análisis biorregional.
Bioregional analysis plan.

ENG We find ourselves at a critical moment for our cities and territories. It is necessary to rethink past concepts and invent others which are capable to respond to the significant challenges and current crises from a renewed and innovative perspective, from climate change to the geopolitical crisis, through economic and social crises. This requires reimagining the practice of urban planning with new tools and methodologies.

In this context, regenerative urbanism provides the methodological framework in which the city and the territory are recognized, not as opposing systems, but rather as integrated and interdependent systems on which it is impossible to act in isolation. This methodology proposes a new approach based on an *utopian pragmatism*, a form of action capable of envisioning a better world, and doing so from the close and possible reality, with the aim of restoring balance throughout the urban territory by means of systems that allow its adaptation and transformation.

Regenerative urbanism is a proposal that allows us to think about cities and territories consciously aware of their limits, capacities, needs, and opportunities, while promoting social cohesion through innovation and participation, connecting all scales from the bioregion to the street, through a form of governance that is articulated from the neighborhoods and solves everyday problems with concrete strategies that have citywide reach.

The first complete experience of applying this methodology has been developed in the project "Santander, Future Habitat," the city model which envisions the future of the Cantabrian capital. It defines how the city can be reinvented for 2055 as a balanced and sustainable urban area that, rather than consuming available resources, it generates new ones. Here, planning integrates the scale of the territory and of the neighborhoods, promoting a viable future based on alternative relationships with the environment that ensure the compatibility between economic development, social prosperity and nature.

The text *Urbanismo Regenerativo, Santander, Hábitat Futuro* is an opportunity to explain and share this project. However, it is also an example and guideline to direct the commitment of various social, economic, and political actors toward achieving circular, resilient, cohesive, prosperous, vital and inclusive cities.

(DESCRIPTION BY THE AUTHORS, TRANSLATION BY *ARQUITECTURA*)

FIG 03. Plano de integración de la estructura ecológica. Valores ambientales y paisajísticos.
Integration plan of the ecological structure. Environmental and landscape values.

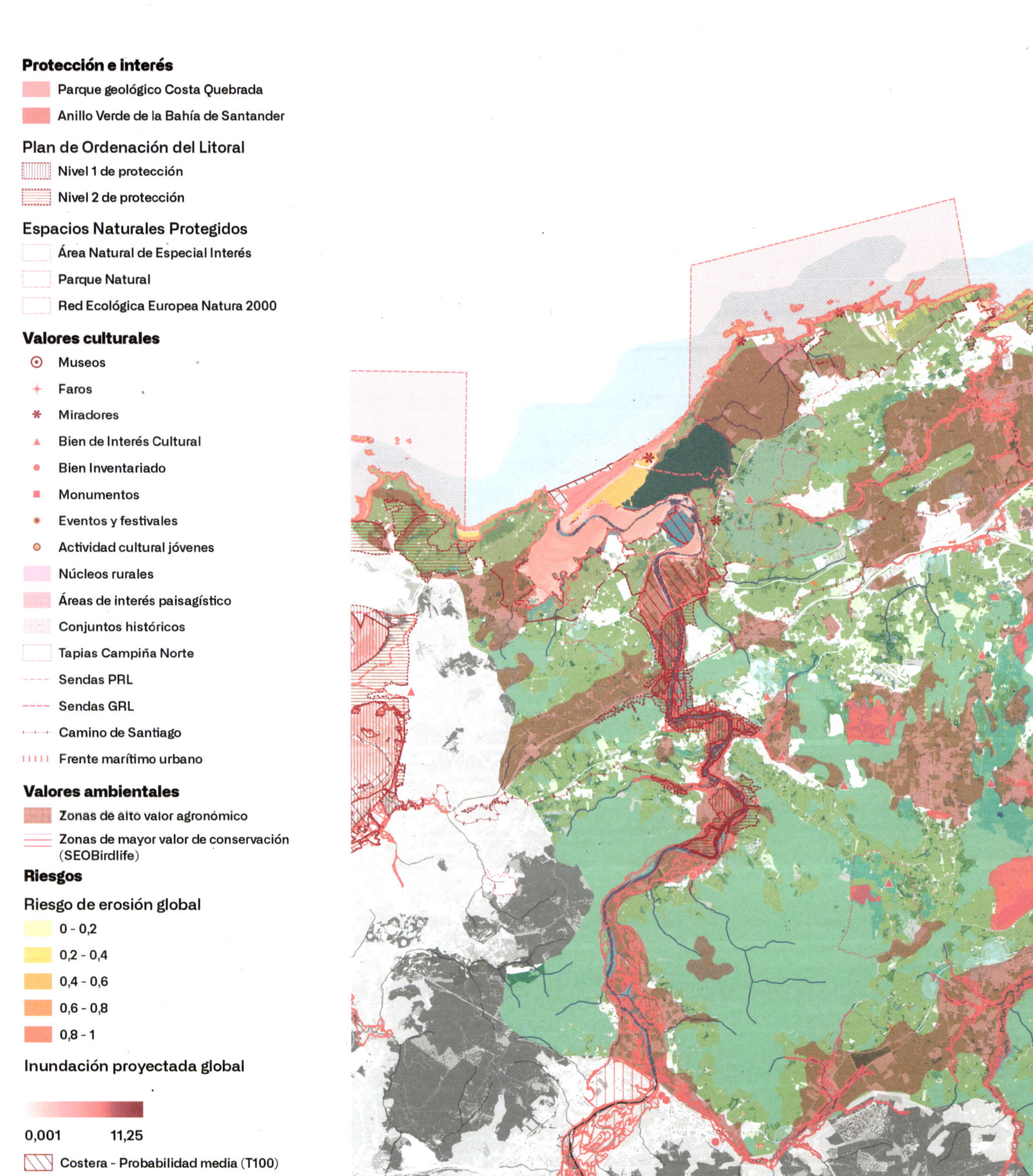

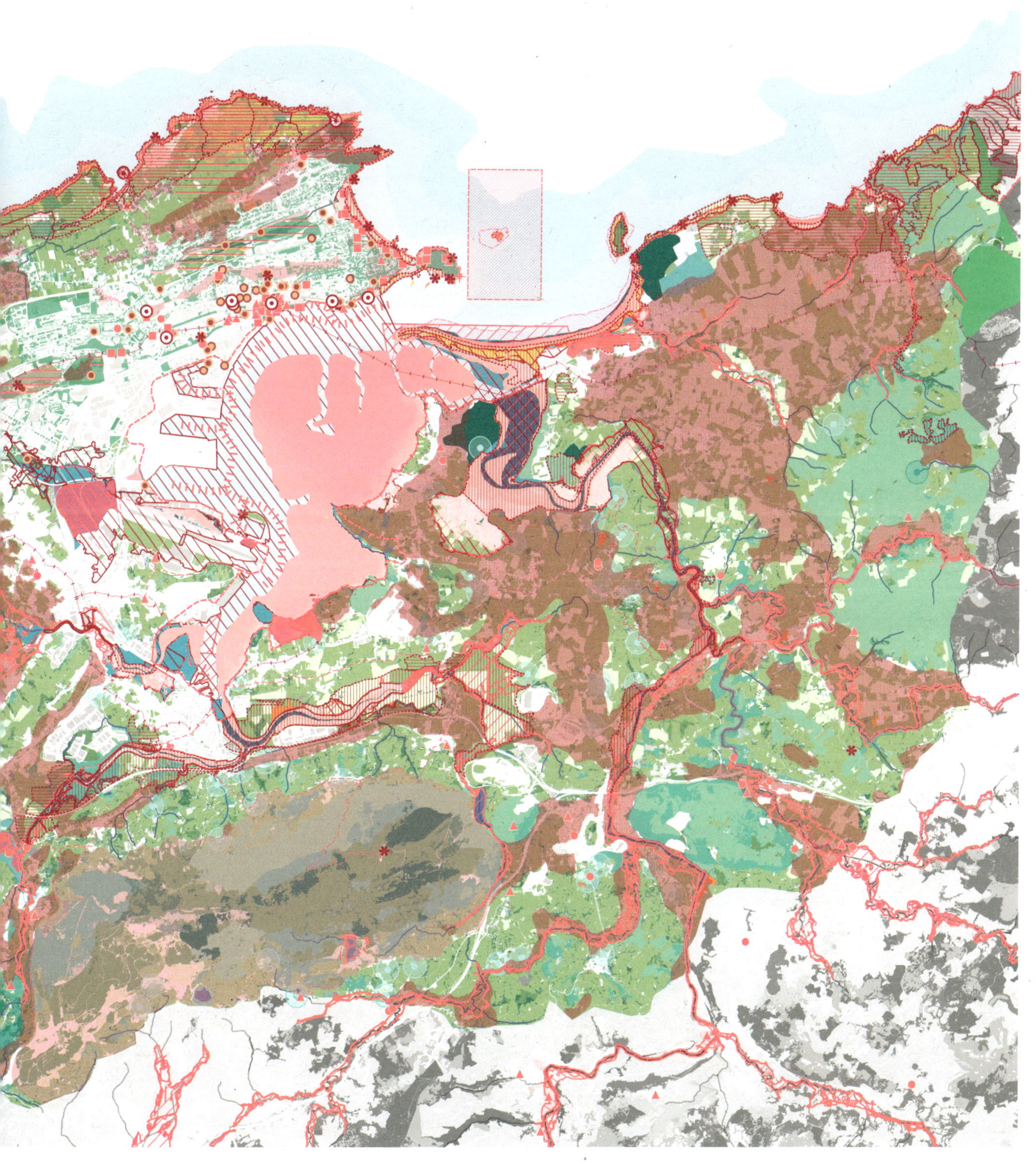

FIG 04. Diagrama Redes. Propuestas estructurantes superpuestas para Santander Activa y Próspera.
Network Diagram. Overlapping structuring proposals for Santander Activa and Próspera.

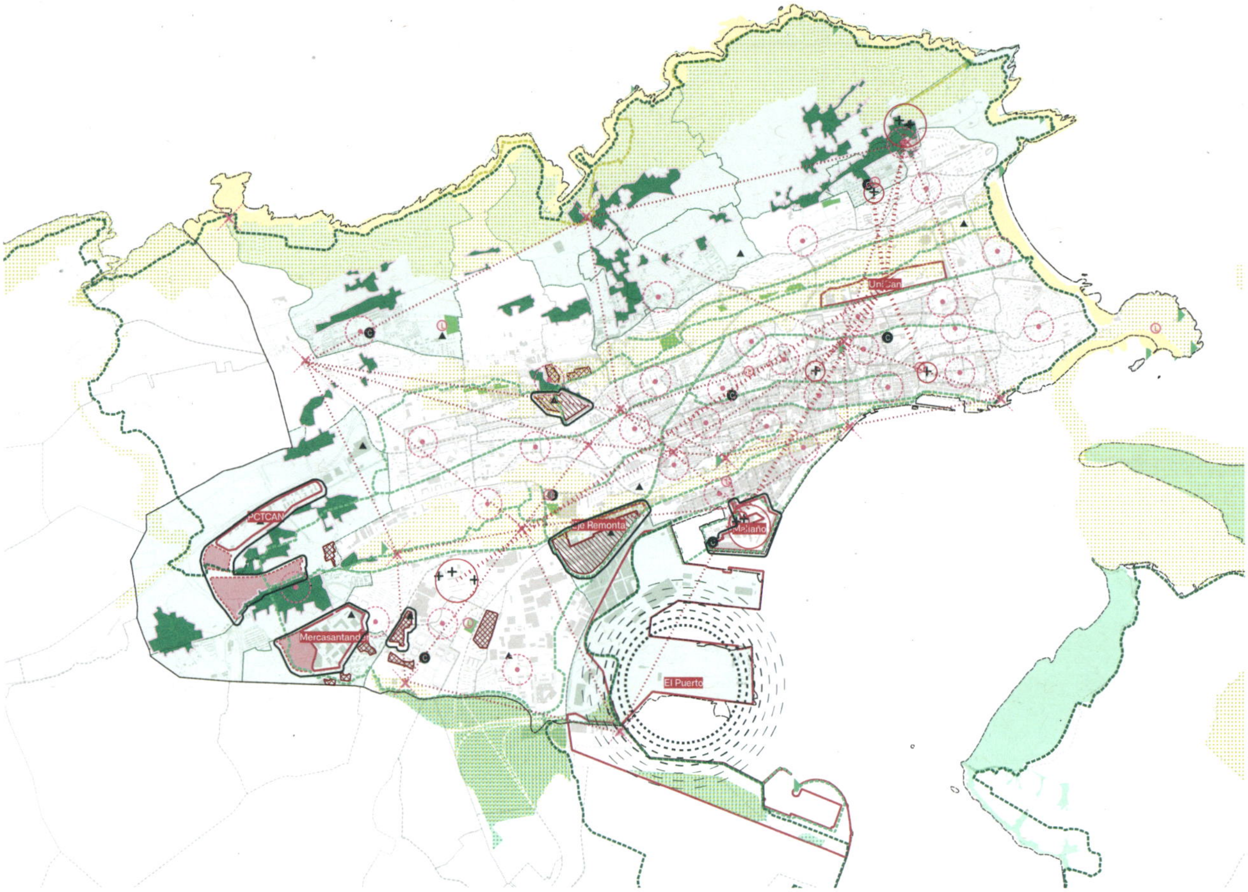

FIG 05. Campiña del litoral.
Coastal countryside.

FIG 06. Imagen del Plan de Barrios.
Image of the Neighborhood Plan.

FIG 07. Axonometría del barrio de Cazoña.
Axonometry of the Cazoña neighborhood.

FIG 08-10. Imágenes del litoral cultural.
Images of the cultural coastline.

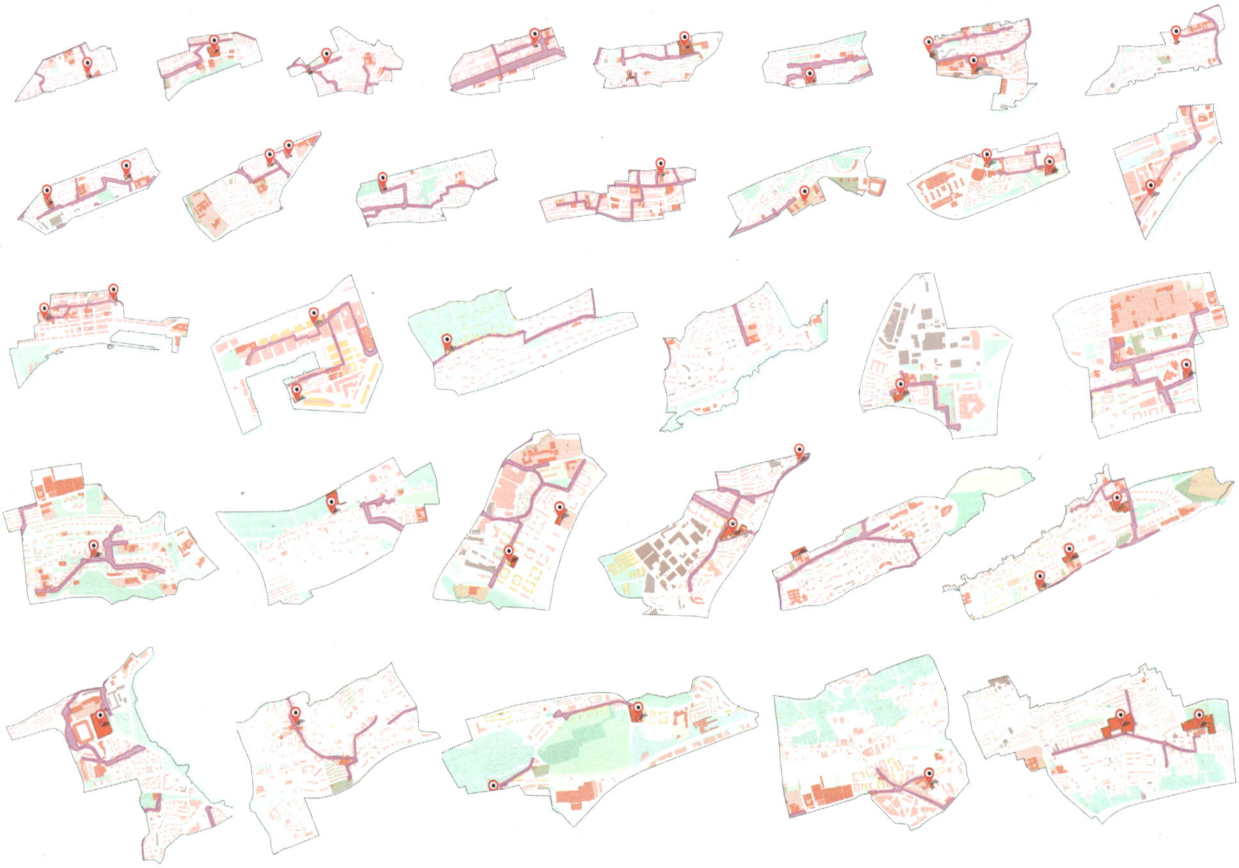

FIG 11. Matriz de barrios.
Neighborhood matrix.

FIG 12. Axonometría del barrio de Tetuán-Gamazo.
Axonometry of the Tetuán-Gamazo neighborhood.

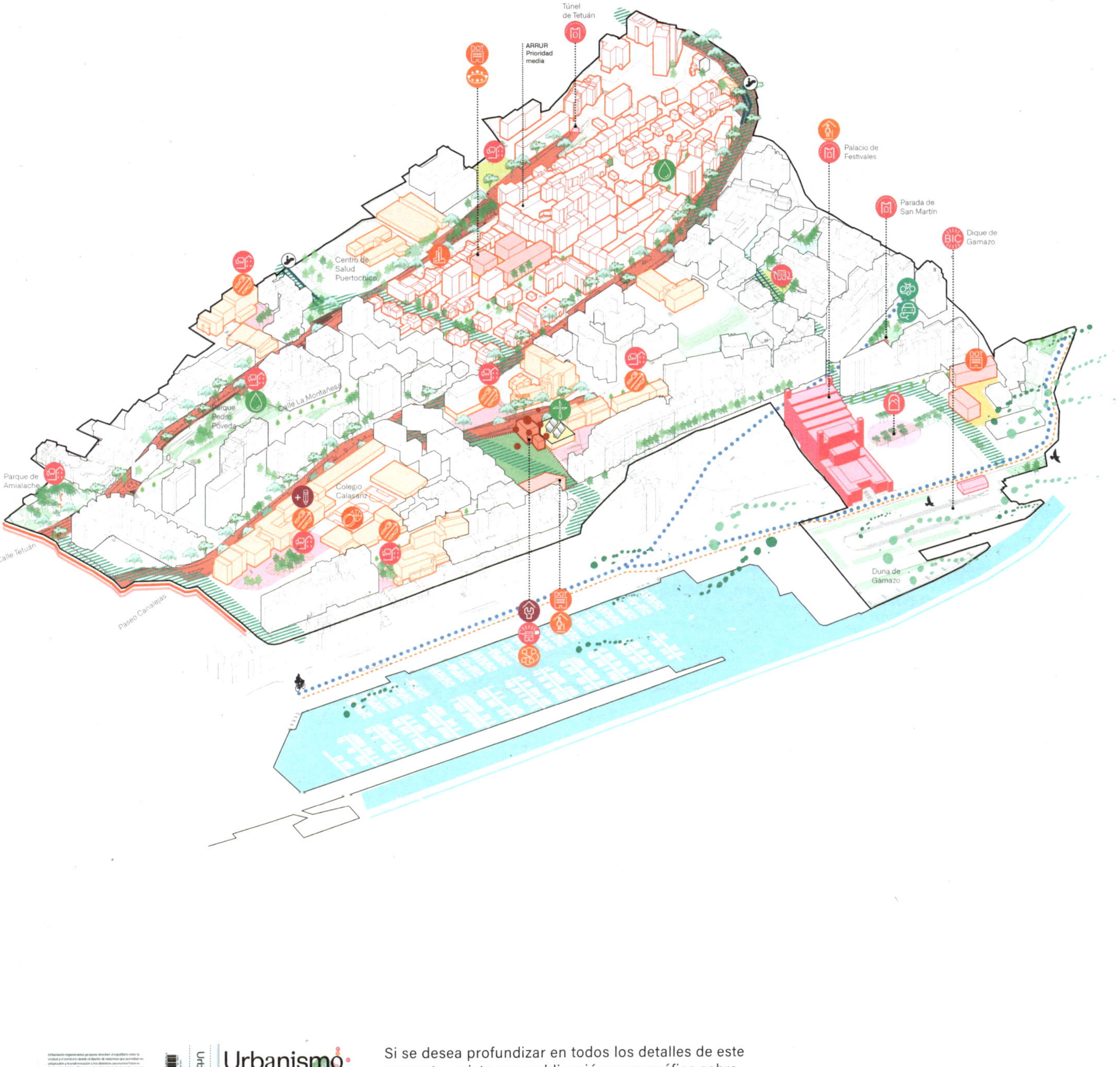

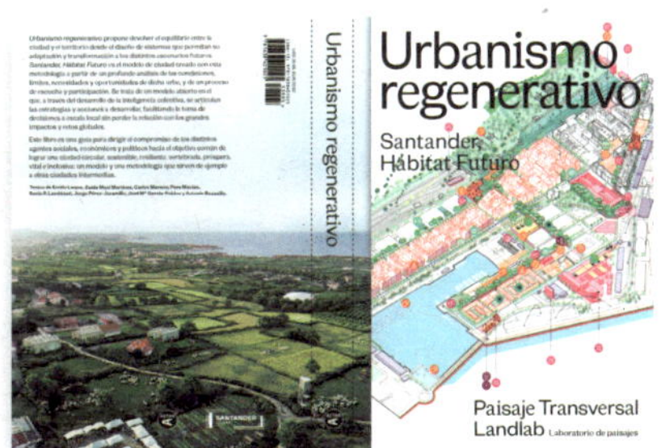

Si se desea profundizar en todos los detalles de este proyecto, existe una publicación monográfica sobre este proyecto: Landlab y Paisaje Transversal, *Urbanismo regenerativo (SP ED.) Santander, Hábitat futuro.* Editor: Ayuntamiento de Santander. Barcelona, 2023: Actar Publishers.

If one wishes to delve into all the details of this project, there is a monographic publication about it: Landlab and Paisaje Transversal, *Urbanismo regenerativo (SP ED.) Santander, Hábitat futuro.* Editor: Santander City Council. Barcelona, 2023: Actar Publishers.

Del anillo verde metropolitano a la corona natural castellana

Por un Madrid más centrífugo y menos extractivo

From the Metropolitan Green Belt to the Castilian Nature Ring

For a more centrifugal and less extractive Madrid

Ginés Garrido

Madrid ha sido tradicionalmente un lugar sumidero. La ciudad, y su área metropolitana, han acogido a centenares de miles de emigrantes sobre todo del centro y el sur de la península. Absorbe una parte importante del capital extranjero que llega al país. Consume mucha energía que extrae principalmente del territorio castellano —produce solo el 4% de la electricidad que necesita—, y recursos naturales, como el agua, que toma del río Alberche en la meseta castellana norte y del Jarama y el Sorbe en la sur, además del Manzanares y el Guadarrama en la región madrileña, cuyas cuencas suman una superficie el doble de la región y doce veces el área metropolitana. Y sus habitantes también usan suelo en otros lugares especialmente para actividades turísticas en las costas de la península. Esta condición extractiva crece cuantitativamente y cada vez es más selectiva en lo cualitativo. Los movimientos migratorios internos del último tercio del siglo pasado, ahora se reproducen expulsando hacia 'las periferias', urbana y regional, a la población menos preparada y absorbiendo a la mejor educada.

ESP Este es el escenario en el ámbito territorial, pero es replicable al ámbito global. No debe sorprendernos. Es una circunstancia bien estudiada, común en distintos lugares y escalas, desde la local a la planetaria; y es consecuencia de la naturaleza 'darwiniana' del desarrollo de los territorios, en el que unos fragmentos prosperan y otros decaen en la competencia por los recursos. Además, la tendencia a la concentración de riqueza que hace centrípetas a la mayoría de las ciudades es uno de los efectos del sistema económico global. No parece fácil modificar estos procesos. La dicotomía entre la ciudad y el medio rural se ha diluido, como menciona, entre otros, Koolhaas en *Countryside, A Report* (2020), y la condición urbana cada vez es más un tejido continuo y extenso en el que emergen enclaves con cierta singularidad y especialización, ya sean urbanos, infraestructurales, extractivos, agrícolas o industriales.

Desde hace unos años, los medios, animados por cierta demagogia política, transmiten una fuerte preocupación por la despoblación del *hinterland* castellano. Esto ha llevado, por ejemplo, a que el libro publicado por Sergio del Molino en 2016, *La España vacía. Viaje por un país que nunca fue*, sea un ensayo superventas que ha dado nombre a una 'tendencia demográfica y social'; y a que los programas políticos prometan revertir este proceso, en general, con estrategias de dudosa verosimilitud, al menos en los horizontes temporales que proponen. En todo caso, debemos tener en cuenta que las razones de la estructura geográfica de la demografía peninsular no son algo de ayer. El clima seco, la topografía y la altitud, la pobre fertilidad de los suelos, la escasez y pequeño tamaño de las vías fluviales de las mesetas centrales, entre otras cuestiones, han condicionado la localización de sus habitantes; una periferia costera muy habitada y un gran vacío central en el que reina Madrid desde 1561, cuando Felipe II decidió fijar su capitalidad.

Al tiempo que se plantean fórmulas para evitar la pérdida, cultural y social, que supone el abandono de estos lugares del interior, el olvido de sus tradiciones, o la ruina del patrimonio material o inmaterial, han surgido otras voces que reclaman la vuelta de esos territorios a su origen natural; considerando la despoblación como una oportunidad para recuperar el estado natural de los ecosistemas que existían antes de su explotación y para establecer nuevos patrones de consumo territorial; y también que este nuevo modelo territorial puede y debe incorporar a quienes habitan estos lugares sin empujarles hacia las actividades turísticas, que con frecuencia son tan extractivas como las agrícolas. Desde que George Monbiot publicó en 2013, *Feral: Searching for Enchantment on the Frontiers of Rewilding* y, más recientemente, en 2022, *Regenesis: Feeding the World without Devouring the Planet*, se han publicado decenas de estudios que proponen re-naturalizar —*rewilding*—grandes extensiones de tierra en Europa. Y ciertas agendas políticas han incorporado una posición crítica sobre la ocupación del suelo por prácticas agrícolas ineficientes; proponiendo su concentración en determinadas áreas para re-naturalizar una parte de la tierra empleada hoy en este sector primario y la aplicación de técnicas menos agresivas ambientalmente.

Entre estas agendas, la declaración de la ONU de la *Década de las Restauración de los Ecosistemas para el periodo 2021-2030*, cuyo objetivo es "incrementar a gran escala la restauración de los ecosistemas degradados y destruidos, como medida de probada eficacia para luchar contra el cambio climático y mejorar la seguridad alimentaria, el suministro de agua y la biodiversidad"; anuncia "la restauración de 350 millones de hectáreas de tierras degradadas hasta el 2030". En el caso de España esto ya está ocurriendo por el abandono de tierras de cultivo. La superficie forestal ha pasado del 8% en 1900 al 25% actual, y ha ganado 96.000 hectáreas anuales desde el principio del s XXI, lo que representaría otro 10% si este incremento continuara durante 50 años.

Este es el proyecto al que propongo que se sume la región de Madrid. Para ello es necesario resolver algunas cuestiones. La primera de ellas consiste en identificar y entender bien la medida en que es posible restaurar los ecosistemas degradados por la actividad humana, cómo podemos medir estos cambios, y cuánto tiempo necesitarán para tener condiciones similares a las que existieron en algún momento antes de que se transformaran en tierras de cultivo, si es que alguna vez esto llega a ocurrir. La segunda está vinculada con la imagen común que tenemos del paisaje y los modos de uso del territorio que reconocemos como rurales. Desde una perspectiva acrítica, el paisaje rural que identificamos ahora nos parece de un pasado remoto y configura una imagen idealizada que se remite a un origen vernáculo, y esto lo hace políticamente intocable. "Criticar estos paisajes [rurales] se considera desleal, especialmente en esta nación patriótica", dice Monbiot refiriéndose a Gales, pero es aplicable también a Castilla. Sin embargo, sabemos que su construcción es más reciente de lo que creemos —generalmente no más 60 años— y los usos y las técnicas que lo han moldeado no son las del pasado.

Una tercera cuestión está relacionada con la agricultura y la ganadería. Aunque la producción de alimentos forma parte de un proceso globalizado muy complejo condicionado por múltiples factores económicos y políticos, los estados protegen sus agriculturas nacionales para mantener ciertos niveles de seguridad alimentaria. Es decir, la producción de alimento es un asunto geoestratégico. Esto permite que se mantengan en producción suelos que no son eficaces, por un lado, y por otro que se pueda hacer con técnicas cuyos costes ambientales son severos en relación con el nivel de rentabilidad social y económica. Es decir, paradójicamente, promueven la expansión agrícola y el uso de amplias superficies de tierra para producir, a veces, pocos alimentos. Esto ocurre especialmente con la ganadería extensiva, con cultivos de regadío en suelos poco fértiles y una pluviometría escasa, entre otras prácticas. Y "nos descubre que muchas creencias en materia de alimentación y agricultura están dominadas por fábulas y metáforas que no describen el mundo tal como es, sino un planeta idealizado y simplificado"[1].

En resumen, es necesario seleccionar bien los territorios sobre los que es más adecuado desarrollar este proceso de renaturalización y modular su secuencia temporal, sabiendo que, en parte, se trata de una transición larga con cierta imprecisión e incertidumbre. Debemos comprender que las prácticas agrícolas que construyen parte del paisaje castellano, en concreto, y del madrileño en particular, no se corresponden con su versión tradicional. Y, por último, que una visión crítica de las formas de producción alimentarias hace imprescindible incorporar los costes ambientales no considerados en la agricultura y la ganadería, como ocurre con otras industrias. Estas tres cuestiones pueden ligarse entre sí. Del mismo modo lo están el progresivo el abandono de las áreas rurales, la posibilidad de revertir territorios a una condición natural, y la urgencia de una mejora climática y ecológica sustancial. En este contexto, esta propuesta consiste en la puesta en marcha de un programa de estudio y de desarrollo de la naturalización de parte de las tierras de la región de Madrid, ideando una nueva forma de consumo del territorio que pueda extenderse a los territorios castellanos que rodean la región.

Las actividades agrícolas y ganaderas madrileñas acumulan un Valor Añadido Bruto del 0,18% del total de la región, pero ocupan el 28,6% del territorio, y emplean a unas 18.000 personas que representan el 0,7% de su población. La mayor parte de los suelos agrícolas tienen cultivos de secano de cereal, cebada y trigo, de baja producción, y los más ricos, en la pequeña escala mencionada, se encuentran en las vegas del río Tajo y sus afluentes, sobre todo el Jarama y el Henares, invadiendo sus cauces naturales. Pero, además, otro 30% del territorio

1. Monbiot, George, *Regenesis: Feeding the World Without Devouring the Planet*, Allen Lane, Londres, 2022, pág. 49.

está ocupado por matorrales improductivos, que en algún momento fueron empleados por la ganadería. Solo el 18% de la superficie, unos 1.500 km2, aloja usos 'urbanos o infraestructurales', donde viven 6,77 millones de habitantes. Esta compacidad urbana —unos 4.500 habitantes/km2— es una gran ventaja de Madrid que este proyecto debe aprovechar.

Tal y como afirma Jordi Palau en su libro *Rewilding Iberia. Explorando el potencial de la renaturalización en España* (2000), la "renaturalización es una estrategia de restauración ecológica que, si bien forma parte de otros conceptos más amplios, fundamentalmente persigue la mejora de la integridad ecológica de un ecosistema destruido o perturbado en algún grado, aunque el resultado final esperado no sea siempre la recuperación completa"[2]. Con esta estrategia es posible re-naturalizar los páramos calizos situados al este de la región que se extienden hacia La Alcarria en Guadalajara y el norte de Cuenca; recuperar las vegas del Jarama, el Henares y el Guadarrama y prolongarlas hacia las vegas de Aranjuez y Toledo en el Tajo; enriquecer las dehesas del piedemonte de las sierras y hacerlas crecer hacia el suroeste, hacia La Sagra, Torrijos y La Jara en Toledo; reforestar las campiñas de las primeras estribaciones de la Sierra, al este y al oeste, en sus distintos niveles topográficos, los pastos de montaña y las serranías de las cumbres de Guadarrama y Somosierra, y extenderlas hacia Gredos al sureste, en Toledo y Ávila, y al norte en Segovia, y la sierra de Ayllón, al noroeste. Esta formidable diversidad geográfica, que en Madrid ocupa 6.500 km2, tiene una potencial ecológico excepcional.

Algunos de los procedimientos y las técnicas para desarrollar este proyecto están en fase de experimentación y no existe un catálogo completo conclusivo con la totalidad de las complejas variables ecológicas, económicas y sociales que deben tenerse en cuenta. Pero de modo simplificado, se pueden aplicar dos estrategias sinérgicas: "por un lado dejar que la naturaleza siga su curso —que es la finalidad última—, al menos en las áreas de mayor valor y menos deterioradas; y por otro, restaurar activamente aquellos procesos naturales suprimidos o muy degradados que no están presentes si no se reactivan los elementos que los ejercen"[3]. La primera estrategia puede alcanzarse mediante la 'no intervención' en la gestión forestal durante periodos largos de tiempo, pero puede apoyarse con repoblaciones forestales puntuales donde el bosque no pueda regenerarse espontáneamente y con el re-establecimiento de ciertas especies ausentes. Entre las segundas, está resolver las interrupciones que, entre otras, ocasionan, las infraestructuras de transporte y los vallados que impiden a los animales desplazarse libremente por el territorio. Pero las más relevantes, sin duda, son la restauración de la dinámica hidrológica de los ríos, dejar espacio a los meandros y restaurar los humedales, que implica la eliminación de infraestructuras hidráulicas; y la restauración de los suelos sobre los que se asentarán los bosques, con comunidades microbianas esenciales para el funcionamiento de los ecosistemas. Esto debe hacerse con una estrategia de 'mosaico', identificando progresivamente áreas sin interrupciones de entre 1.000 y 5.000 hectáreas que puedan conectarse con corredores de unos 300 metros de anchura, que son vitales para la persistencia de la biodiversidad. Este mosaico de áreas en renaturalización conviviría con las explotaciones agrícolas existentes durante un tiempo, sin duda el más difícil y potencialmente más conflictivo, y, al tiempo, y en el mismo proceso podrían reconvertirse, conforme las técnicas y su economía lo permite, hacia formas de producción agrícola menos agresivas ambientalmente.

La perspectiva del aumento de la temperatura global, especialmente crítico en el ámbito mediterráneo, y la necesidad urgente de capturar CO2 serían dos motivos suficientes y claramente utilitarios para iniciar este proyecto. Pero hay un tercero, quizá menos pragmático, debemos persuadirnos de que el medio natural que nos soporta tiene una condición propia, más allá del uso que podamos darle, y que no es posible vivir solos en este planeta sin poner en riesgo nuestra supervivencia. En todo caso, la labor más difícil y primaria es política y social. Se trata de convencerse de que el modo de uso de la tierra es el elemento ambiental más relevante en la degradación de los ecosistemas naturales y que su transformación radical es, también, el instrumento más valioso y más eficaz para resolver la crisis climática y por supuesto, la ecológica.

Hace ya tres años que la ciudad de Madrid inició el ambicioso proyecto del 'Bosque Metropolitano'. Este anillo forestal incluye entre muchos objetivos urbanos y territoriales la restauración de la biodiversidad y la funcionalidad ecológica de tierras muy degradadas por décadas de actividades humanas en el alfoz de Madrid. Será un proceso largo y complejo, hay mucho por hacer, pero está limitado al municipio de Madrid y me parece que no podemos esperar a su culminación. El 'Bosque Metropolitano' gana sentido en la medida en que vincula áreas naturales que se extienden en todas las direcciones en la región de Madrid. Esta propuesta de renaturalización de una superficie que podría ser superior al 50% de la superficie de la región alimenta el proyecto del Bosque Metropolitano y con un horizonte de medio y largo plazo puede ponerse en marcha de modo solapado con el proyecto del 'Bosque', para fundirlo con lo que podemos llamar la 'Corona Natural Castellana'. Esto no resolverá el magnetismo succionador de Madrid, pero ayudará a devolver al territorio parte de lo que nos ha 'prestado'.

2. Palau, Jordi, *Rewilding Iberia. Explorando el potencial de la renaturalización en España*, Lynx, Barcelona, 2020, pág. 17.
3. *Ibidem*, pág. 261.

ENG Madrid has traditionally been a magnet. The city and its metropolitan area have drawn in hundreds of thousands of emigrants, mainly from the centre and south of the Iberian Peninsula. It sucks in a large proportion of the foreign capital that arrives in the country. The metropolis consumes a great deal of energy, which is mainly produced in the surrounding historical region of Castile [presently divided and incorporated into the two autonomous regions of Castile and León and Castile-La Mancha] —it generates only 4% of the power it needs— and raw materials, such as water, which it takes from the rivers Alberche, in the northern part of the Castilian Plateau, and Manzanares and Guadarrama in the Madrid region, whose catchments occupy a surface area twice the size of the metropolitan area. And its inhabitants also use land in other places, particularly for tourism activities on the country's coastline. Its extractive nature is growing in terms of quantity, and becoming increasingly selective in terms of quality. The internal migratory movement of the last third of the 20th century is now being reproduced through the expulsion of the less educated population towards the urban and regional 'periphery' and sucking in the better educated population.

This is the situation in the sphere of land use, but it is also being replicated in the global sphere, which should come as no surprise to us. It has been widely studied; it is common to different places and on different scales, from the local to the international; and it is the consequence of the 'Darwinian' nature of regional development, where certain fragments prosper, while others are relegated in the competition for resources. Moreover, the trend for wealth concentration that makes most cities centripetal is one of the effects of the global economic system. These processes do not seem to be easily modified. The dichotomy between the city and the rural environment has been blurred, as described, among others, by Koolhaas in his book *Countryside, A Report* (2020). The nature of the urban area is increasingly becoming one of a continuous and extensive fabric in which enclaves of particular singularity and specialisation are emerging, whether urban, infrastructural, extractive, agricultural or industrial.

The media have for a number of years now, egged on by a certain type of political flag-waving, conveyed a strong concern for the depopulation of Madrid's Castilian hinterland. This has led, for example, to the book published by Sergio del Molino in 2016, *La España vacía. Viaje por un país que nunca fue*, becoming a best-seller that has given its name to a 'demographic and social trend', and to the promises of political programmes to reverse this process, generally with dubious strategies, at least within the time frames they propose. Nevertheless, we should take into consideration that the geographical structure of Spain's demography is not a recent one. The country's dry climate, topography and altitude, the poor fertility of its soils, the scarcity and small size of the watercourses in the central plateaux, among others, have determined the location of its inhabitants, resulting in a highly populated periphery and a large central void that has been dominated by Madrid since 1561, when King Philip II decided to make the city his capital.

While formulas are being proposed to prevent the cultural and social loss that comes with the abandonment of these inland regions, the decline of their traditions and the ruin of their material and intangible legacy, other voices are being raised that advocate the return of these lands to their natural state. They consider depopulation an opportunity to return them to the natural state of their ecosystems that existed prior to their exploitation and to establish new patterns of land use, and that this new land use model can and should incorporate the inhabitants of these places without pushing them towards tourism-based activities, which are often as extractive as agricultural ones. Since George Monbiot published his book *Feral: Searching for Enchantment on the Frontiers of Rewilding* in 2013, and more recently, *Regenesis: Feeding the World without Devouring the Planet*, in 2022, dozens of studies have been published proposing the rewilding of large expanses of land in Europe. And certain political agendas have taken a critical stance with regard to the occupation of land by inefficient agricultural practices, proposing their concentration into specific areas in order to rewild part of the land now used by this primary industry, and the application of less environmentally aggressive techniques.

Among these agendas is the UN Decade on Ecosystem Restoration resolution for the 2021–2030 period, whose aim is to "massively scale up the restoration of degraded and destroyed ecosystems as a proven measure to fight the climate crisis and enhance food security, water supply and biodiversity", and which heralds the 'restoration of 350 million hectares of degraded land between now and 2030'. In the case of Spain, this is already occurring through the abandonment of farmland. The country's forest area has increased from 8% in 1900 to 25% currently, and has gained 96,000 hectares per year since the beginning of the 21st century, representing a further 10% if this increase is to continue for 50 years.

This is the project that I propose Madrid should join. For this to occur, a number of issues must be resolved. The first of these consists of identifying and understanding the extent to which it is possible to restore ecosystems that have been degraded by human activity, how these changes can be measured, and how much time will be required until the they are in the same conditions as virgin ecosystems, should this ever occur. The second is linked to the common image we have of the landscape and the types of land use that we recognise as rural. From an uncritical perspective, the rural landscape that we identify now seems to belong to the distant past and conjures up an idealised image of folk origin, which makes it politically untouchable. "It is seen as disloyal, especially in this patriotic nation, to talk the [rural] landscape down," says Monbiot, in reference to Wales, although his words are equally applicable to Castile. However, we know that its construction is more recent that we believe —generally, no more than 60 years—, and the uses and techniques that have shaped it are not those of the past.

The third issue is linked to agriculture and livestock farming. Although food production is part of a highly complex globalised process determined by a large number of economic and political factors, states protect their national farming production in order to guarantee certain levels of food security. In other words, food production is a matter of geostrategic importance. This allows inefficient soils to be kept in production, on the one hand, which, on the other hand, can involve techniques whose environmental costs are severe in relation to the level of social and economic yields. This means, paradoxically, promoting the expansion of agriculture and the use of large areas of land that often produce little food. This is particularly true of extensive livestock farming and the irrigation of poor soils with low rainfall, among other practices. We discover that "our beliefs about food and farming are dominated by fables and metaphors that describe not the world as it is, but an idealized, simplified planet"[1].

In short, it is necessary to make a good selection of lands where this rewilding process is best suited and to modulate its sequence over time, partly in the knowledge that the transition will be long and with a degree of imprecision and uncertainty. We must understand that the agricultural practices that shaped part of the Castilian landscape, specifically, and that of the Madrid region, in particular, do not correspond to their traditional version. And finally, a critical view of the forms of food production makes it essential to take into account unconsidered environmental costs, as occurs in other industries. These three issues can be interconnected, as can the gradual abandonment of rural areas, the possibilities of returning lands to a natural state, and the urgent need for substantial improvements to climate and ecology. In this context, this proposal consists of the implementation of a study and development programme for rewilding part of the land in the Madrid region, devising a new form of land use that can be extended into the surrounding Castilian regions.

Agricultural and livestock farming activities account for 0.18% of the gross value added of the Madrid region, despite occupying 28.6% of its land area, and they employ 18,000 people, equivalent to 0.7% of its population. Most of the agricultural land is used to grow barley and wheat, low-yielding dryland cereal crops; whereas the richest land, on a smaller scale, is found on the fertile plains in the valleys formed by the River Tagus and its tributaries, mainly the Jarama and Henares, and have invaded their natural channels. However, another 30% of the land is covered by unproductive scrubland, which was once used for livestock farming. Only 18% of the region's surface area, about 1,500 km2, is given over to 'urban or infrastructure' use, and it is home to 6.77 million residents. This urban compactness —with a density of 4,500 inhabitants/km2— is an important advantage that must be put to good use by this project.

As stated by Jordi Palau in his book *Rewilding Iberia. Explorando el potencial de la renaturalización en España* (2000), "Rewilding is an ecological restoration strategy which, although falling under other wider concepts, essentially seeks to improve the ecological integrity of an ecosystem that has been destroyed or disturbed to some degree, even if the final, expected result is not always complete restoration."[2] With this strategy, it is possible to rewild the chalky wastelands located to the east of the region and extending towards La Alcarria, in the province of Guadalajara and north of the province of Cuenca; restore the valleys of the rivers Jarama, Henares and Guadarrama, and prolong this work towards those towards Aranjuez and Toledo on the River Tagus; improve the *dehesas*, wooded meadows, covering the foothills of the mountains and expand them towards the south east, towards La Sagra, Torrijos and La Jara, in the province of Toledo; reforest the countryside found on the first spurs of the Guadarrama Mountains to the east and west, at different topographical levels, and the mountain pastures and ridges of the summits of the Guadarrama and Somosierra Mountains, and extend this area south east to the Gredos Mountains, in the provinces of Toledo and Avila, and north to the province of Segovia, and to the Ayllón Mountains to the north west. This formidable geographic diversity, which occupies 6,500 km2 of the Madrid region, has exceptional ecological potential.

Some of the procedures and techniques required to carry out this project are still in their experimental stage, and no complete and conclusive catalogue exists with the totality of the complex ecological, economic and social variables that must be taken into consideration. However, two synergistic strategies can be applied in a simplified form: firstly, "on the one hand, let nature do the work —which is the ultimate goal— at least in the areas of greatest value and less degradation; and on the other, actively restore those erased or highly degraded natural processes that are not present if the elements that cause them are not reactivated."[3] This strategy can be achieved by 'non-intervention' in forest management for long periods of time, but it can be supported by occasional reforestation where forests are unable to spontaneously regenerate, and with the reintroduction of particular absent species. With regard to the latter, the interruption occasionally caused by transport infrastructure and enclosures are yet to be resolved. However, what is undoubtedly of greater importance is the restoration of the hydrological dynamics of the rivers, leaving space for meanders and restoring wetlands, which involves the removal of hydraulic infrastructure. This must be carried out with the implementation of a 'mosaic' strategy that gradually identifies uninterrupted spaces of between 1,000 and 5,000 hectares that can be connected by 300-metre-wide corridors. This mosaic of rewilded areas would coexist with existing agricultural operations for a time, which will no doubt be the most difficult and potentially most conflictive aspect,

1. George Monbiot, George, *Regenesis: Feeding the World Without Devouring the Planet*, Allen Lane, London, 2022, pág. 49.

2. Palau, Jordi, *Rewilding Iberia. Explorando el potencial de la renaturalización en España*, Lynx, Barcelona, 2020, pág. 17.

3. *Ibidem*, pág. 261.

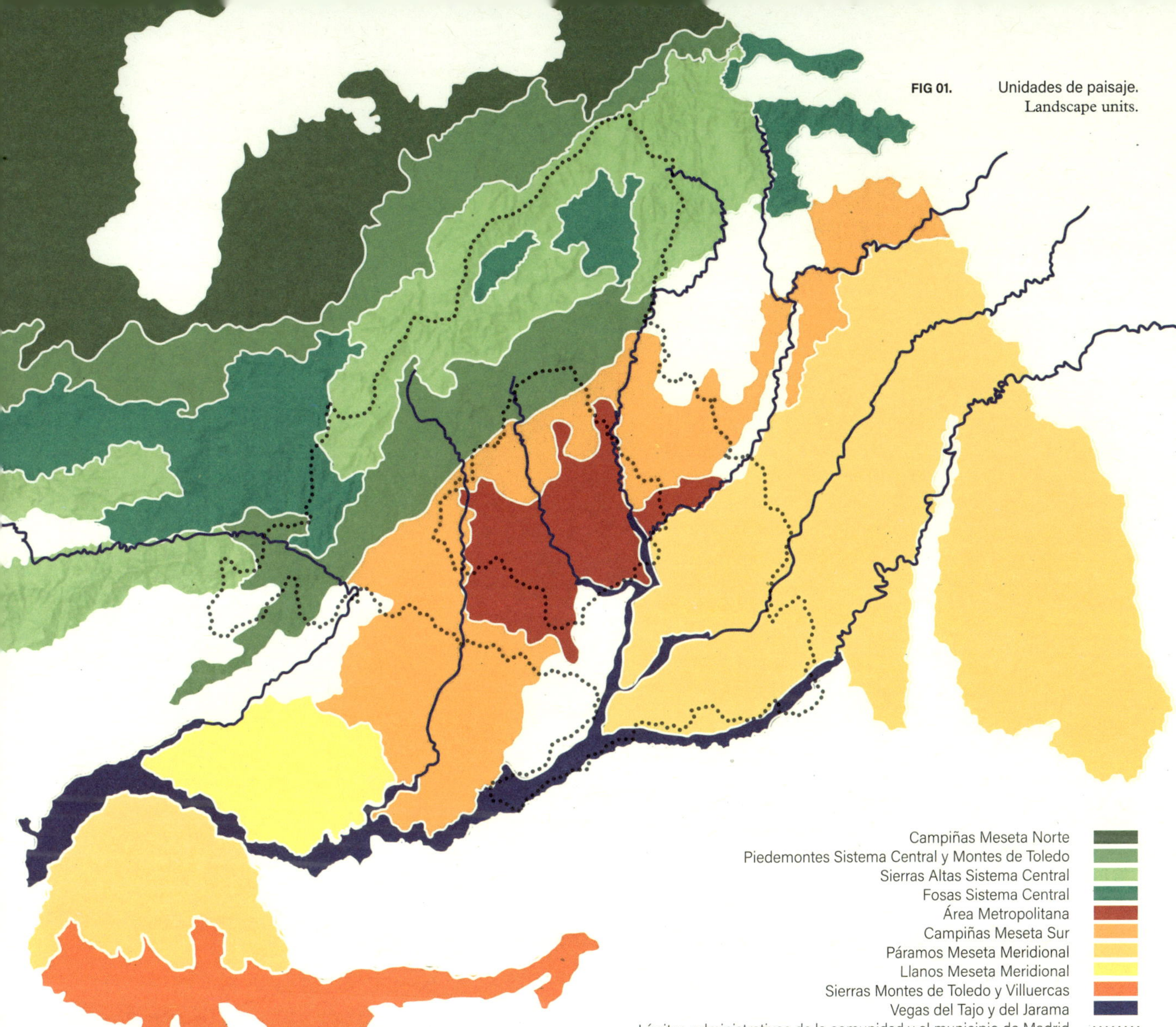

FIG 01. Unidades de paisaje.
Landscape units.

while the same process would allow them to be reconverted into less environmentally aggressive forms of agricultural production, depending on the available technology and economic viability.

The prospect of increasing global temperatures, which is particularly critical in the Mediterranean region, and the urgent need for carbon sequestration are two sufficient and clearly utilitarian reasons for initiating this project. But there is a third, perhaps less 'pragmatic' reason, which is that the natural environment that supports us has its own condition, which is far from limited by the use we can give it. Nonetheless, the most difficult and fundamental task is political and social in nature. It requires accepting that the way in which land is used is the most significant environmental element in the degradation of natural ecosystems, and that their radical transformation is also the most valuable and effective instrument with which to resolve the climate and, evidently, ecological crises.

Three years ago, the city of Madrid commenced the ambitious Metropolitan Forest project ('Bosque Metropolitano'). Among its many urban and regional aims, this forested belt includes the restoration of biodiversity and ecological functionality of highly degraded land resulting from decades of human activity in the Madrid region. It will be a long and complex process with a great deal to do, but it is limited to the municipality of Madrid, and I believe that we cannot wait for its completion. The Metropolitan Forest will make more sense if it is allowed to connect up the natural areas that extend in all directions throughout the entire Madrid region. This proposal for the rewilding of a surface that could cover more than 50% of the total area of the region improves on the Metropolitan Forest project, and in the medium to long term, it could be implemented in such a way as to overlap with the Metropolitan Forest project, in order to merge it into what we can call the 'Castilian nature ring'. This will not resolve Madrid's strong magnetic attraction, but part of what has been 'lent' to us will go to helping the region.

ESP La *Rambla Climate-House* funciona como un dispositivo para la reparación ecológica. Las ramblas son sistemas territoriales de corrientes húmedas, que proporcionan corredores de biodiversidad y riqueza climática dentro de los ecosistemas secos de Molina de Segura, Murcia. Desde la década de 1970, el aplanamiento del terreno asociado a la urbanización masiva ha destruido el sistema de ramblas de Molina; dañando los roles climáticos que desempeñaban las ramblas en el pasado: fijación de carbono, regulación hidrotermal y el fomento de la biodiversidad. La *Rambla Climate-House* utiliza las aguas grises de la casa para crear una climatología adicional impulsada por sensores para reparar un fragmento de rambla moribunda. Funciona como un dispositivo de soporte vital que permite a los humanos resintonizarse con la vida más allá de lo humano.

(DESCRIPCIÓN DE LOS AUTORES, TRADUCCIÓN POR *ARQUITECTURA*)

ENG Rambla Climate-House, works as a device for ecological reparation. Ramblas are territorial systems of wet veins, providing corridors of biodiversity and climate richness within the dry ecosystems of Molina de Segura, Murcia. Since the 1970s, land flattening associated to mass urbanization has destroyed Molina's rambla system; damaging the climatic roles that ramblas played in the past: carbon fixation, hydrotemperature regulation, and the nurturing of biodiversity. The 'Rambla Climate-House' uses the greywater from the house to create a sensing-driven added-climatology to repair a fragment of dying rambla. It operates as a life-support device that allows humans to retune with more-than-human life.

(DESCRIPTION BY THE AUTHORS)

FIG 01. Fotografía exterior de fachada [José Hevia].
Exterior façade photography.

FIG 02. Fotografía del patio central [José Hevia].
Photograph of the central patio.

PROYECTO

RAMBLA CLIMATE-HOUSE

MOLINA DE SEGURA, MURCIA

Andrés Jaque / Office for Political Innovation + Miguel Mesa del Castillo

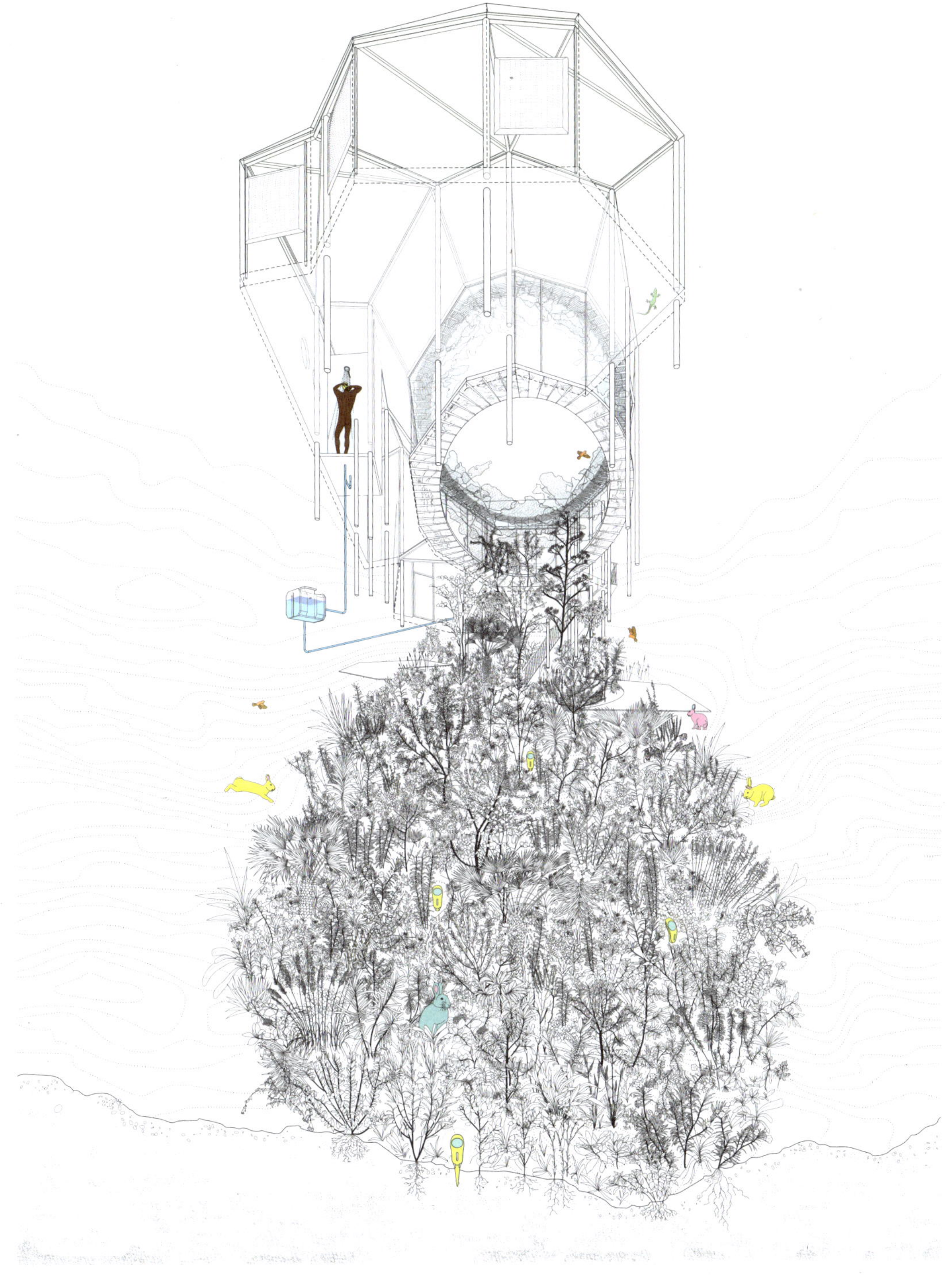

FIG 03. Axonometría general.
General axonometry.

FIG 04. Sección longitudinal.
Longitudinal Section.

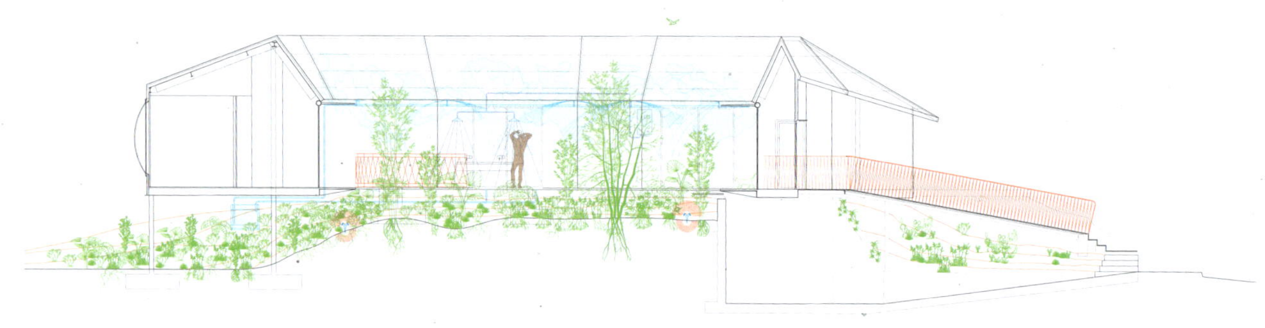

FIG 05. Plano de planta baja.
Ground floor plan.

FIG 06. Circulación interior [José Hevia].
Interior circulation.

FIG 07. Fotografía interior de habitación [José Hevia].
Interior room photography.

FIG 08. Fotografía cenital [José Hevia].
Overhead photography.

Madrid: Frontera

Madrid: Frontier

José María Ezquiaga

La Metrópolis imaginada por Fritz Lang en 1926 es probablemente la metáfora que mejor refleja la paradoja de la ciudad contemporánea: bajo la apariencia armoniosa de la ciudad de la luz se esconde un averno donde la máquina desnuda devora a sus servidores. Madrid alberga en sus periferias un mundo alternativo cada vez más extenso y cambiante, pero la realidad del nuevo Madrid se encuentra probablemente más cerca de la visión de Los Ángeles en otro filme de culto más reciente. En *Blade Runner*, Ridley Scott dibujaba un futuro en el que la tecnología se infiltra con naturalidad entre las grietas de una metrópoli fragmentada, pero no es capaz de generar nuevas formas de organización social ni espacial.

ESP **La Narrativa Ausente**

He destacado en diversas ocasiones el contraste entre la naturalidad con que Madrid ha asimilado en las últimas décadas transformaciones muy profundas en las esferas social, económica y espacial y la carencia de una narrativa colectivamente compartida de sus logros, conflictos y aspiraciones, que pudiera servir como elemento de cohesión identitaria para sus ciudadanos y de perfil diferencial frente a otras metrópolis.

En la esfera urbanística el vínculo entre la idea de ciudad, el proyecto y la innovación técnica es particularmente decisivo y ha caracterizado los que hoy consideramos momentos singulares del urbanismo. La Viena de Otto Wagner, el Berlín de Bruno Taut, el Rotterdam de Peter Oud, incluso el NYC de Rober Moses y Jane Jacobs, o la Barcelona olímpica, han constituido paradigmas del potencial transformador de la arquitectura y la ingeniería cuando se vinculan a una visión socialmente compartida sobre los grandes desafíos la metrópolis contemporánea: cohesión social, renovación de sus economías, reciclaje de sus espacios, activación de su cultura, atracción del talento, mejora de la calidad de vida y responsabilidad ambiental.

La carencia de una narrativa consciente no significa que la ciudad carezca de una imagen propia que, a menudo, es proyectada más nítidamente en el exterior que en la escena local. Un reciente reportaje de *The New York Times* titulado significativamente "Madrid rivaliza con Miami como refugio para Latinoamericanos" ejemplifica esta paradoja. La ciudad es percibida por las élites latinas como un entorno de oportunidades económicas, pero el centro urbano es apreciado por sus espacios públicos, su arquitectura y sus equipamientos, como escenario de un estilo de vida más amable, culturalmente vibrante y seguro. En un momento en que las elites madrileñas han abrazado el modelo anglosajón de la ciudad jardín suburbana, la afluencia de la inversión latina y el turismo han venido a aportar una inesperada activación económica al Centro Histórico y del Ensanche. La gentrificación asociada a los fenómenos de revitalización urbana, bien conocida en los casos de Chueca o Lavapiés, suscita la cuestión de las imprescindibles políticas públicas reequilibradoras.

Una nueva manera de pensar el territorio

En las últimas décadas Madrid ha seguido la senda del modelo metropolitano anglosajón: preeminencia del automóvil y creciente tendencia a la suburbanización de baja densidad, primero de las familias y, en un segundo momento, de las instituciones y actividades económicas. Además de la banalización y pérdida de identidad del paisaje metropolitano, este modelo de crecimiento ha tenido una consecuencia más grave: la expansión incontrolada de la huella urbana.

Sin embargo, la idea de ciudad dispersa es hoy insuficiente para entender la lógica del Madrid post-metropolitano caracterizado por un extraordinario incremento de la diversidad y la complejidad. A diferencia de los tejidos urbanos tradicionales —densos, mixtos y marcados por una gran intensidad de la interacción social— en la pequeña escala y a diferencia, también, de la extensión ilimitada del espacio carente de cualidad de las periferias residenciales en polígonos o baja densidad, el territorio post-metropolitano se organiza como un mosaico cuyas piezas tienden a reproducir la complejidad funcional del territorio a gran escala.

Como consecuencia de la presión sostenida de la urbanización, tiende a desaparecer la esfera de lo rural. Afortunadamente, la región de Madrid ha dado un salto de gigante en las tres últimas décadas en la preservación de los espacios naturales. El nuevo desafío apunta a la creación de una infraestructura verde regional multiescalar en la que se integren espacios naturales, suelos agrícolas y forestales y la renaturalización de las ciudades.

En esta estrategia, van a jugar un papel clave los espacios de transición. Madrid capital perdió los Anillos Verdes que desde 1946 diseñaron sensatamente sus planes urbanísticos. Iniciativas como el Arco Verde ideado por la Comunidad Madrid o el Bosque Metropolitano [→ págs. 24-31] promovido desde el municipio pueden constituir la última oportunidad para crear corredores ambientales entre las ciudades metropolitanas y los ejes fluviales regionales: Guadarrama, Manzanares, Jarama o Meaques.

La mejora de la habitabilidad de la ciudad consolidada implica abordar simultáneamente las manifestaciones del deterioro urbano en las áreas centrales y en las periferias. Será necesario tiempo y sutileza para desentrañar el microcosmos social y económico decantado a lo largo de tantas décadas a la deriva y será necesario actuar desde la perspectiva del reciclaje promoviendo una densificación saludable, la complejidad, mestizaje de usos y el ensayo de tipologías alternativas a las que han conformado las extensas y frecuentemente anodinas periferias residenciales.

La modernización del urbanismo de Madrid demanda un marco legislativo contemporáneo que sustente un nuevo modo, prudente y creativo, de administrar el territorio, paisaje y patrimonio. La legislación vigente de 2001, aunque actualizada en algunos aspectos, responde en sus líneas generales a una realidad obsoleta.

Vivimos tiempos de declive de la esfera pública y desplazamiento del centro de gravedad de la centralidad cívica desde las instituciones y los espacios públicos al dominio privado. Ello se traduce en la obsolescencia de las expresiones cívicas tradicionales del espacio público —avenidas, parques, plazas, equipamientos e infraestructuras— y su sustitución por dispositivos privados capaces de movilizar y congregar de manera flexible las diversas formas de vida colectiva, particularmente en torno al consumo y al entretenimiento. Se hace necesario reinventar el espacio público local como gran argumento de la transformación urbana. Para alcanzar este objetivo es necesario resolver el conflicto entre un espacio viario funcionalmente orientado hacia la movilidad motorizada y las necesidades de la movilidad peatonal y las actividades económicas a pie de calle.

Obsolescencia del Planeamiento

EEs tópico afirmar que el modelo urbanístico madrileño se apartaba del modelo pragmático adoptado en Barcelona por su afirmación de la primacía del planeamiento municipal frente a la eficacia táctica de los proyectos urbanos. En realidad, la discordancia no es tan evidente. Los grandes proyectos de Madrid no han estado frecuentemente previstos en el planeamiento general. Recordemos el Pasillo Verde Ferroviario, el Campo de las Naciones o Madrid Río.

Incluso la ordenación final de Madrid Nuevo Norte se aparta sustancialmente de las previsiones originales del planeamiento. A partir de la inspiradora intuición de Ricardo Bofill, ganador con Argentaria del primer concurso de ordenación del entorno de la estación de Chamartín, el Plan General de 1997 convirtió la operación Chamartín en Prolongación de La Castellana, transformando así un proyecto urbano asociado a la modernización ferroviaria en vector estratégico de una reorganización mucho más ambiciosa del centro de la ciudad.

En los últimos años, la polarización del debate en torno a la edificabilidad y a la naturaleza pública o privada del proyecto de Prolongación de La Castellana ha distorsionado el debate público omitiendo cuestiones muy relevantes. Entre ellas y destacadamente la renuncia a prolongar el Paseo de la Castellana. A mi juicio, prolongar la Castellana no es ni una mera cuestión de monumentalidad ni un problema de gestión eficiente de la movilidad, es mucho más. Significa anclar el nuevo desarrollo del Norte de Madrid al eje vertebral que organiza el corazón de la metrópoli. La historia nos ha enseñado que esta condición singular de la Castellana no se adquirió fácilmente, fue el resultado de la visión audaz y un esfuerzo continuado en el que iniciativas y proyectos se fueron decantando en torno a un argumento poderoso capaz de organizar las dimensiones planimétrica, funcional y arquitectónica.

Pero este proyecto ha dejado otra lección significativa: la preocupación por el cuanto se puede construir ha hecho olvidar en gran medida el cómo se debe construir. Considerar como mejora urbanística la mera reducción de la edificabilidad sin ulteriores consideraciones, es una simplificación temeraria que puede poner en riesgo la calidad urbana deseable. Además de olvidar las claves para diseñar la oferta residencial en la situación actual: sociales/libres, propiedad/alquiler, *coliving*, etc. En suma, se hace necesario defender lo obvio: la calidad del proyecto urbano y la arquitectura como criterios clave sobre los que sustentar las decisiones de diseño.

El episodio de los ensanches residenciales o PAUs de Madrid es interesante en varios aspectos. Desde el punto de vista estructural significará la entrada en el mercado de una enorme oferta residencial susceptible, según el precio final resultante, de alterar el sentido de los flujos migratorios de los nuevos hogares formados en la capital. Sin embargo, como proyectos derivados de la visión urbanística de 1997, han sufrido la obsolescencia de los criterios urbanísticos en los que ésta se sustentaba.

Los nuevos ensanches residenciales surgieron en el contexto de los años 80 como alternativa a la crisis de las periferias de bloque abierto: monocultivo residencial, monotonía arquitectónica, densidad insuficiente para generar verdadera vida urbana, pobreza del espacio público, carencia de aparcamientos y serias dificultades de comunicación con el Centro Urbano. Alternativamente, los nuevos ensanches adoptaron los trazados viarios regulares y la manzana ocupada perimetralmente buscando inspiración en los ensanches clásicos, en las operaciones de vivienda social de principios del siglo XX, o en ejercicios contemporáneas como la IBA de Berlín. Los casos de Madrid Sur o Valdebernardo son paradigmáticos de la primera generación de estos ensanches.

Lamentablemente, los ensanches, recuperados en última instancia por la Revisión Parcial del Plan General de 2013, no han logrado corregir los déficits crónicos de las periferias de bloque abierto. Las enormes escalas de los desarrollos dificultan la adaptabilidad gradual a las nuevas necesidades, agravada por el diseño de unos viarios sobredimensionados. El grado de ejecución actual de los proyectos hace inviable un replanteamiento de la ordenación urbanística adoptada, pero una regulación flexible en la fase de ejecución en cuanto a variedad de tamaños, tipologías y regímenes de gestión de la vivienda, integración de usos públicos y privados etc., podría lograr que los proyectos evolucionen positivamente hacia un tejido social y funcionalmente más rico.

Obsolescencia de la Legislación Urbanística

La modernización del urbanismo de Madrid demanda un marco legislativo contemporáneo que sustente un nuevo modo, prudente y creativo, de administrar el territorio, paisaje y patrimonio. La legislación vigente de 2001, aunque actualizada en algunos aspectos, responde en sus líneas generales a una realidad obsoleta.

Para activar de nuevo el Urbanismo municipal se hace necesario superar la cultura de la rigidez normativa, burocratización e improvisación, mediante una visión estratégica del planeamiento, y de las políticas públicas en general, susceptible de adaptarse a la realidad cambiante. La derogada regla de las tres alturas es un buen ejemplo de los efectos indeseados de una regulación bienintencionada pero rígida y técnicamente precaria. Alternativamente, la agenda de la nueva Ley del Suelo regional debiera sustentarse en pocas reglas, pero claras, apostando por la agilidad y la simplificación en la gestión administrativa para concentrar talento y recursos en los temas verdaderamente importantes: la cohesión social, las nuevas formas de actividad económica, la crisis climática, la salvaguarda de los recursos ambientales y el paisaje, la regeneración urbana, la transición energética, la vivienda asequible y la movilidad sostenible.

FIG 01. Imagen del Proyecto Madrid Centro [Estudio Herreros, José María Ezquiaga y Salvador Pérez-Arroyo].
Image of the Madrid Centro Project.

FIG 02. JM Ezquiaga, Director técnico: *Proyecto Metropolitano*. Plan Regional de Estrategia Territorial de Madrid. Documento Preparatorio de las Bases. Comunidad de Madrid. Consejería de Política Territorial, 1995 [Dibujo original de M. Muñoz, C. Ramírez, V. Martín].
JM Ezquiaga, Technical Director: *Proyecto Metropolitano*. Madrid Regional Territorial Strategy Plan. Preparatory Document of the Bases. Madrid's Community. Department of Territorial Policy, 1995.

The Metropolis envisioned by Fritz Lang in his 1926 film is probably the greatest metaphor for the paradox facing the contemporary city: underneath the seemingly peaceful city of light hides a hell where the naked robot devours its servants. The outskirts of Madrid are home to a growing and ever-changing alternate world, but the reality of the new Madrid probably lies somewhere closer to the depiction of Los Angeles in a more recent cult film. In *Blade Runner*, Ridley Scott portrayed a future in which technology seamlessly infiltrated the cracks of a fragmented metropolis, although it was unable to create new forms of social or spatial organisation.

ENG The Absent Narrative

I have highlighted on numerous occasions the contrast between the ease with which Madrid has embraced profound social, economic and spatial transformations in recent decades and the lack of a shared collective narrative of its achievements, conflicts and aspirations; something that would have the power to bond its citizens together under a cohesive identity and serve as a distinguishing mark that sets the city apart from others.

In the urban realm, the link between the idea of city, the project and technical innovation is particularly decisive and has characterised what we consider today as singular moments in urbanism. Otto Wagner's Vienna, Bruno Taut's Berlin, Pieter Oud's Rotterdam, and even Robert Moses and Jane Jacobs' NYC and Barcelona's Olympics revamp, are all paradigms of the transformative potential of architecture and engineering when they are combined with a socially shared vision of the biggest challenges facing contemporary cities: social cohesion, economic renewal, recycling spaces, activating their culture, attracting talent, improving the quality of life and environmental responsibility.

The absence of a conscious narrative does not mean that the city lacks an image of its own, an image which is often projected more cleanly and sharply to the outside world than it is to the local scene. A recent article published in *The New York Times*, aptly titled "Why Madrid Rivals Miami as a Haven for Latin Americans", epitomises this paradox. The Latin American elite view the city as a sanctuary of economic opportunity, while the city centre is viewed positively thanks to its public spaces, architecture and amenities, providing the setting for a more friendly, culturally vibrant and safe lifestyle. At a moment in which Madrid's elite has welcomed the British suburban garden city model with open arms, the affluence of Latin investment and tourism have unexpectedly sparked an economic uptick in the city's historic centre and Ensanche neighbourhoods. The gentrification that tends to accompany urban revitalisation, as exemplified in the cases of Chueca and Lavapiés, ignites the question of essential rebalancing public policies.

The modernisation of urban planning in Madrid demands a contemporary legal framework capable of supporting a new prudent and creative way of managing the territory, landscape and heritage. The law currently in force in dates back to 2001, and although some aspects have been updated, it mostly responds to a reality that has ceased to exist.

A New Way of Thinking about Territory

Over the last few decades, Madrid has followed the path laid by the British metropolitan model: cars reign supreme and a growing shift towards low-density suburbanisation, first by families and then by institutions and economic activities. In addition to bringing about the trivialisation and loss of identity of the metropolitan landscape, this growth model has even more severe consequences: the uncontrolled expansion of the urban footprint.

However, the idea of a sprawling city is no longer sufficient to understand the logic of a post-metropolitan Madrid that is characterised by an exceptional increase in diversity and complexity. Unlike traditional urban fabrics —dense, mixed and with an emphasis on small-scale social interaction— and the limitless, featureless expanses of land on the residential outskirts of cities, either in the form of estates or low-density housing, the post-metropolitan territory is laid out like a mosaic whose pieces replicate the territory's functional complexities, but instead on a large scale.

As a result of building pressure from urbanisation, rural settings are disappearing. Luckily, the Madrid region has taken a giant leap forward in the past few decades in conserving its natural spaces. In order to tackle this nascent challenge, a new green, multi-scale regional infrastructure must be created to incorporate natural spaces, farmland and forestry in an effort to re-naturalise cities.

Transition areas will play a fundamental role in this strategy. Madrid city has lost the *anillos verdes*, or "green rings", that had conditioned its urban planning approach since 1946. Initiatives such as the Community of Madrid's Arco Verde ("green arch") or the city council's Bosque Metropolitano [→ págs. 24-31] ("Metropolitan Forest") plan hope to comprise the latest attempt to create eco corridors between the cities in the metropolitan area and the main rivers: Guadarrama, Manzanares, Jarama and Meaques.

To achieve and sustain improved habitability, the city must simultaneously address the urban decay that is visible both in the central areas and on the outskirts. Time and subtlety are required to unravel the social and economic microcosm that has established itself after so many directionless decades, and a recycling-centred approach must be adopted to promote healthy densification, complexity, hybrid uses and to trial alternative typologies to the often uninspiring models extensively used in the suburbs.

We are all bearing witness to the decline of the public sphere and the shift of the centre of gravity of civic life from institutions and public spaces to the private domain. This in turn renders traditional civic expressions of public space obsolete —avenues, parks, squares, amenities and infrastructure— and replaces them with private, personal devices that are capable of flexibly mobilising and bringing together the myriad ways of collective life, especially those regarding consumption and entertainment. This makes it necessary to reinvent the local public space as a vehicle for urban transformation. Accomplishing this goal requires resolving the conflict between functional roadways that are particularly skewed towards motorised mobility and the needs of pedestrians and street-level economic activity.

Obsolescence of Planning

It is rather clichéd to claim that Madrid's urban model diverged from the pragmatic model adopted in Barcelona by declaring that planning outweighs tactical efficiency in urban projects. In reality, this difference in opinion is not so great after all. Madrid's large-scale projects have often been left out of general plans. Who can forget the Pasillo Verde Ferroviario ("Green Railway Corridor"), Campo de las Naciones and Madrid Río?

Even the final plans for the Madrid Nuevo Norte urban redevelopment programme differed considerably from the original. Based on the inspiring intuition of Ricardo Bofill, who with funding from banking entity Argentaria won the first tender for the area surrounding Chamartín station, 1997's General Plan turned the Chamartín project into the extension (or *Prolongación*) to major thoroughfare Paseo de La Castellana, thus transforming an urban project that hoped to modernise the railway into a much more ambitious strategic proposal that would reorganise the city centre.

In recent years, the polarised debate around buildability and the public or private nature of the *Prolongación* project has distorted public debate by failing to deal with very relevant issues. Among them, and perhaps most importantly, is the withdrawal of the plan to extend Paseo de La Castellana. In my opinion, extending it is not just a question of monumentality or the efficient management of mobility; it is much more. It means tying new development in the north of Madrid to the backbone that forms the heart of the metropolis. History has shown us that Paseo de La Castellana did not become an integral part of the city overnight; it was the result of the audacious vision and tireless effort of numerous initiatives and projects that proved to have an amazing ability to organise planimetric, functional and architectural dimensions.

However, this project us taught another important lesson: worrying about how much we can build has to a large extent made us disregard how much we *should* build. Thinking of urban improvement as the reduction of building space with no further consideration is a worrying over-simplification that could cause harm to desired urban conditions. It also fails to consider the fundamentals of designing residential buildings in the current situation: social/free, ownership/rental, co-living, etc. In short, it forces us to state the obvious: design decisions must be underpinned by quality urban projects and architecture.

The expansion of Madrid to create residential areas and the approval of Urban Development Plans (PAUs) provide us with an intriguing case study for multiple reasons. From a structural point of view, this would lead to an enormous number of homes being put on the market, homes which, depending on their final price, have the potential to alter the migratory flows of those who have set up home in the capital. However, as these projects originate from an urban vision fleshed out in 1997, the urbanistic criteria that support them are now out-dated.

The new residential *ensanches* (planned city extension projects during the 19th century in Madrid, Barcelona and other Spanish cities) cropped up in the 80s as an alternative to the housing blocks built on the outskirts: residential-only buildings with monotonous architecture, poor use of public space and lack of parking spaces, while not dense enough to create real urban life and boasting insufficient transport links to the city centre. These new areas, on the other hand, were built close to important link roads and all sides of the city blocks were street-facing, taking inspiration from the traditional *ensanches*, 20th century social housing and more contemporary projects like IBA Berlin. Those of the southern district of Madrid city (Madrid Sur) and Valdebernardo are typical examples of the first generation of these kinds of expansions.

Unfortunately, these new *ensanches*, which were brought back to the fore by the Partial Revision to the General Plan in 2013, have failed to correct the chronic shortfalls of the housing blocks built before them. The enormous scale of the developments hinders their gradual adaptation to new needs, something which is aggravated by oversized roads. The scale of the execution of these projects means that it is infeasible to consider changing the urban planning approach that has been adopted, although flexible regulations during the execution phase regarding size, ownership types and models, and combining public and private uses, etc., would help these projects progress towards a richer and more functional social fabric.

Obsolescence of Urban Development Legislation

The modernisation of urban planning in Madrid demands a contemporary legal framework capable of supporting a new prudent and creative way of managing the territory, landscape and heritage. The law currently in force in dates back to 2001, and although some aspects have been updated, it mostly responds to a reality that has ceased to exist.

In order to breathe life once more into municipal urbanism, we need to get past this culture of legal rigidity, bureaucratisation and improvisation by developing a strategic vision for general planning and public policies that is able to keep up with an ever-changing reality. The now-rescinded three-storey rule is an excellent example of the unwanted effects of well-intentioned yet rigid and technically dubious regulations. Alternatively, the new regional land law must be based on a few clear laws and push for an agile and simplified administrative management system in order to concentrate talent and resources in the main issues currently facing us: social cohesion, new forms of economic activity, the climate crisis, safeguarding environmental resources and landscapes, urban regeneration, the energy transition, accessible housing and sustainable mobility.

EUROPAN 17: Estuario del Nalón, Asturias. Revitalizar una infraestructura.

EUROPAN 17: Nalón Estuary, Asturias. Revitalize an infrastructure.

Primer Premio Ex Aequo
La Marea Construye
JUSTO DÍAZ y GUILLERMO POZO

Primer Premio Ex Aequo
Bocamar
ELENA TEJERO, MAR RUIZ, CHARLES ROSENFELD y ELIAS BOURBIA

Finalista
Between Waters
CARLA COROMINA CABECERAN, ANDREA DÍAZ LACALLE, JAVIER RUBIO FRÍAS e IBON DOVAL MARTÍNEZ

Mención Especial
Terra Fluxus
ÓSCAR CRUZ GARCÍA y PABLO PARADINAS SASTRE

PROYECTO

LA MAREA CONSTRUYE

padd: Justo Díaz + Guillermo Pozo

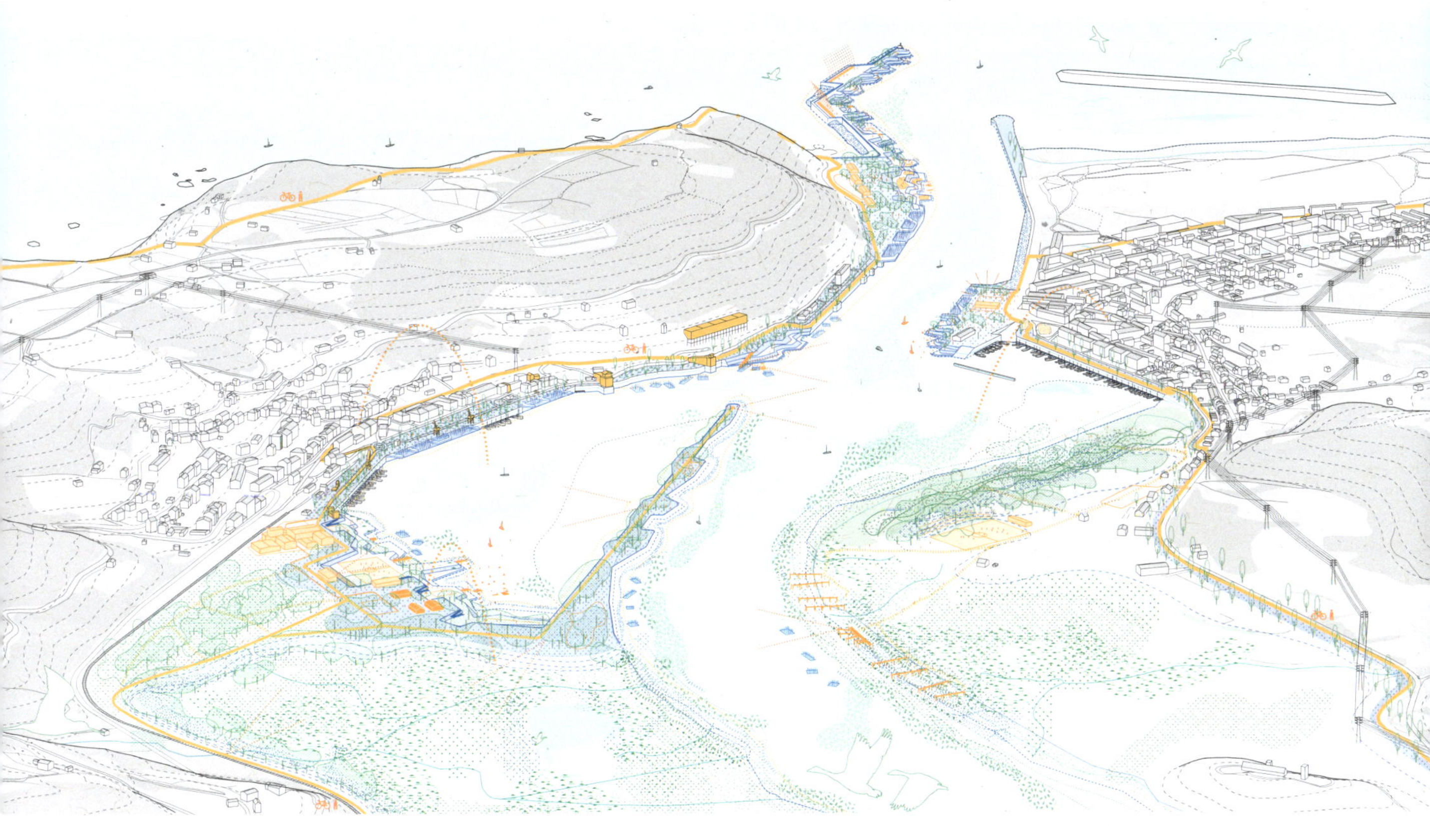

FIG 01. Axonometría general de la propuesta.
General axonometry of the proposal.

ESP El territorio y el paisaje que conforma el Estuario del Nalón se ha visto condicionado y modificado a lo largo del tiempo, desde la edad Media con el transporte de la sal, hasta el auge de la minería Asturiana durante la primera mitad del siglo XX. Así, nos encontramos frente a un territorio antropizado, moldeado por un modelo económico extractivista.

Ante esta perspectiva, en lugar de borrar el pasado o recrear un ambiente natural perdido hace tiempo, proponemos una recuperación que emerja desde las condiciones del pasado y el presente hacia un futuro nuevo e identitario.

Para lograrlo se plantea una modificación de la línea costa a partir de formas y sistemas de relaciones presentes en la naturaleza. Con el fin de proteger y mejorar la interacción con la costa acompañamos esta propuesta con tres líneas de medidas que se desarrollan a lo largo del tiempo:

COMUNITARIAS. Encargadas de gestionar y regular los usos y flujos de la comunidad. Objetivo: asegurar la igualdad de oportunidades frente a factores socioeconómicos, culturales y riesgo.

NATURALES. Enfocadas en recuperar, proteger y consolidar los diferentes hábitats naturales. Objetivo: garantizar la buena salud del ecosistema y la biodiversidad.

HÍBRIDAS. Dedicadas a crear soportes basados en la naturaleza para actividades marítimas y proteger la costa. Objetivo: asegurar la coexistencia entre el medio natural y los usos, así como un desarrollo sostenible.

El resultado es una organización del territorio que fomenta las relaciones con el entorno próximo y desde el que emerjan las formas de vida que ya están latentes.

(DESCRIPCIÓN DE LOS AUTORES)

FIG 02. Acciones en el territorio.
Actions on the territory.

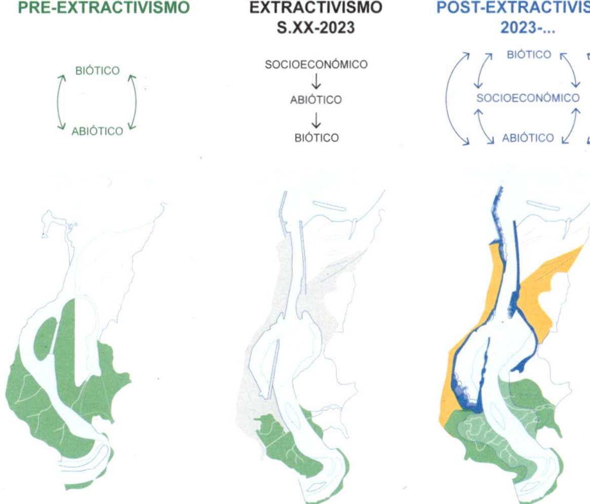

FIG 03. Diagrama de la evolución del estuario del Nalón.
Diagram of the evolution of the Nalón estuary.

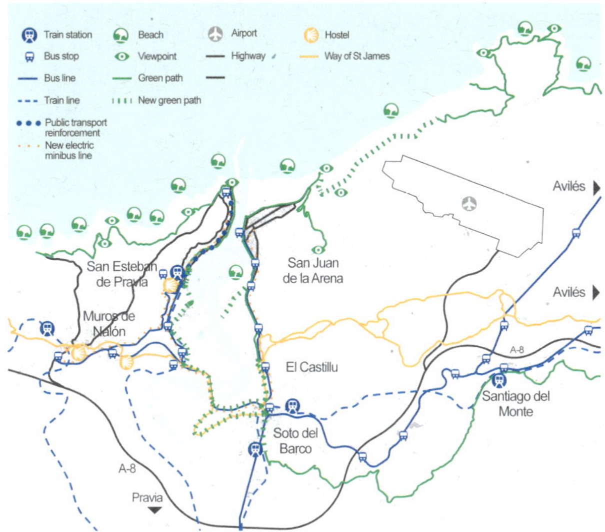

FIG 04. Conexión y sendas verdes.
Connections and green routes.

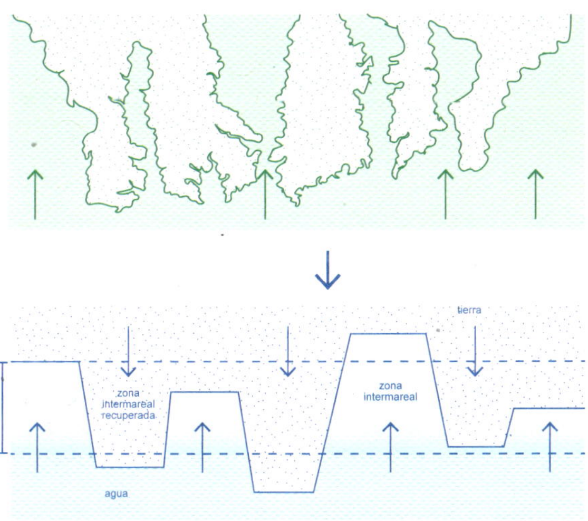

FIG 05. Línea de costa natural vs Modificación de línea de costa.
Natural coastline vs Coastline modification.

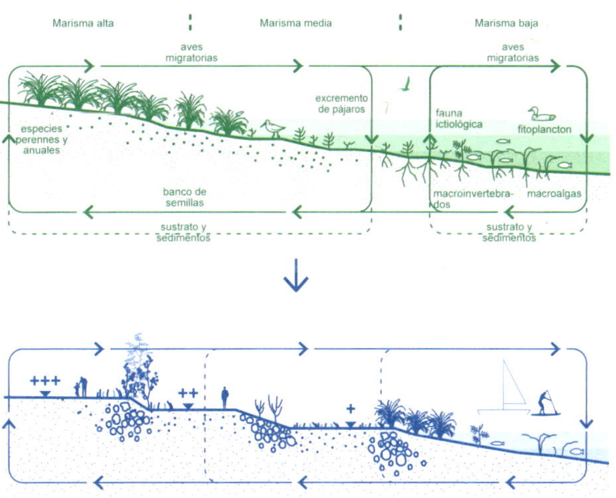

ENG The territory and landscape of the Nalón Estuary have been conditioned and modified over time, from the Middle Ages with the transport of salt to the peak of Asturian mining during the first half of the 20th century. Thus, we are facing an anthropized territory, shaped by an extractivist economic model.

From this perspective, instead of erasing the past or recreating a long-lost natural environment, we propose a recovery that emerges from the conditions of the past and present towards a new and identitary future.

To achieve this, a modification of the coastline is proposed based on forms and systems present in nature. In order to protect and enhance the interaction with the coast, we accompany this proposal with three lines of measures that unfold over time:

COMMUNITY. Responsible for managing and regulating the community's uses and flows. Objective: ensure equal opportunities in the face of socio-economic, cultural, and risk factors.

NATURAL. Focused on recovering, protecting, and consolidating different natural habitats. Objective: ensure the good health of the ecosystem and biodiversity.

HYBRID. Dedicated to creating nature-based supports for maritime activities and protecting the coast. Objective: ensure the coexistence between the natural environment and uses, as well as sustainable development.

The result is a territorial organization that promotes relationships with the surrounding environment and from which latent forms of life emerge.

(DESCRIPTION AND TRANSLATION BY THE AUTHORS)

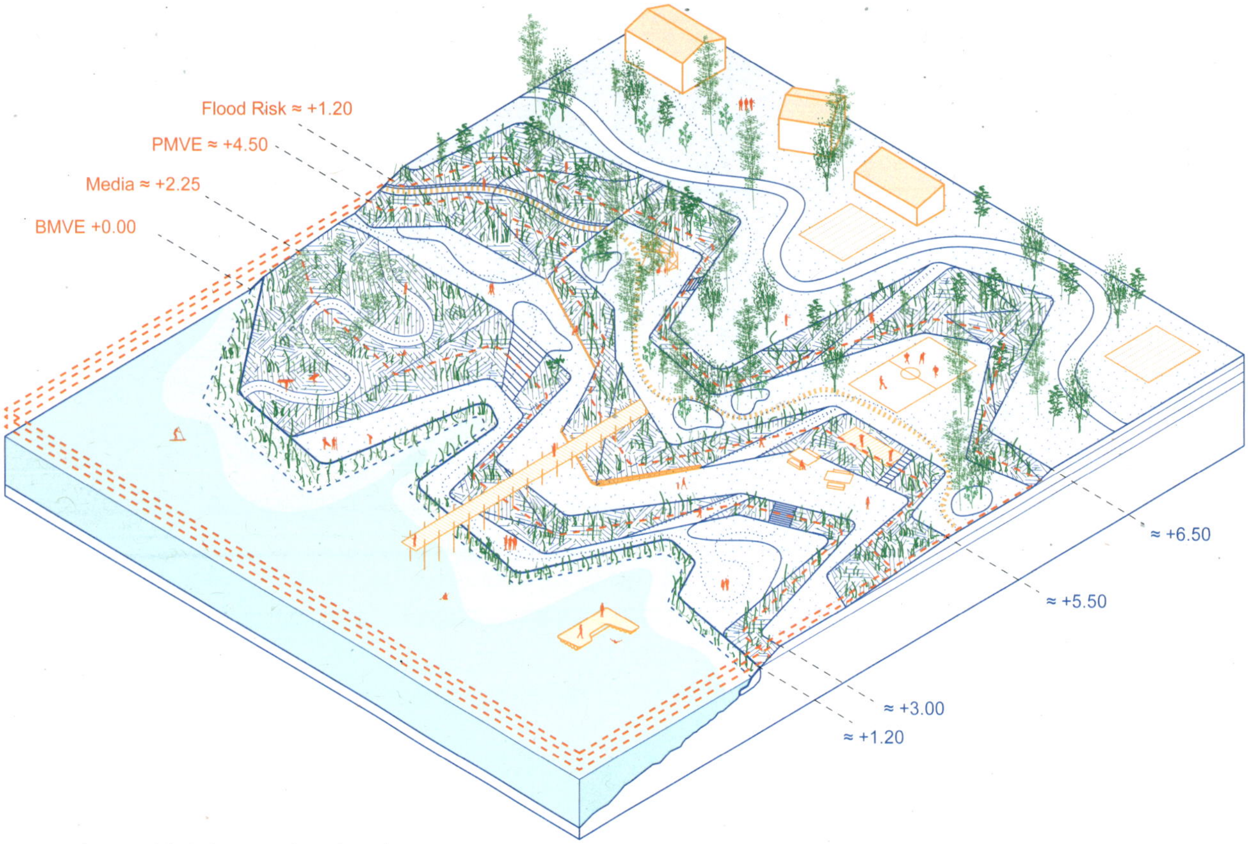

FIG 06. Axonometría de la propuesta en la costa.
Axonometry of the proposal on the coast.

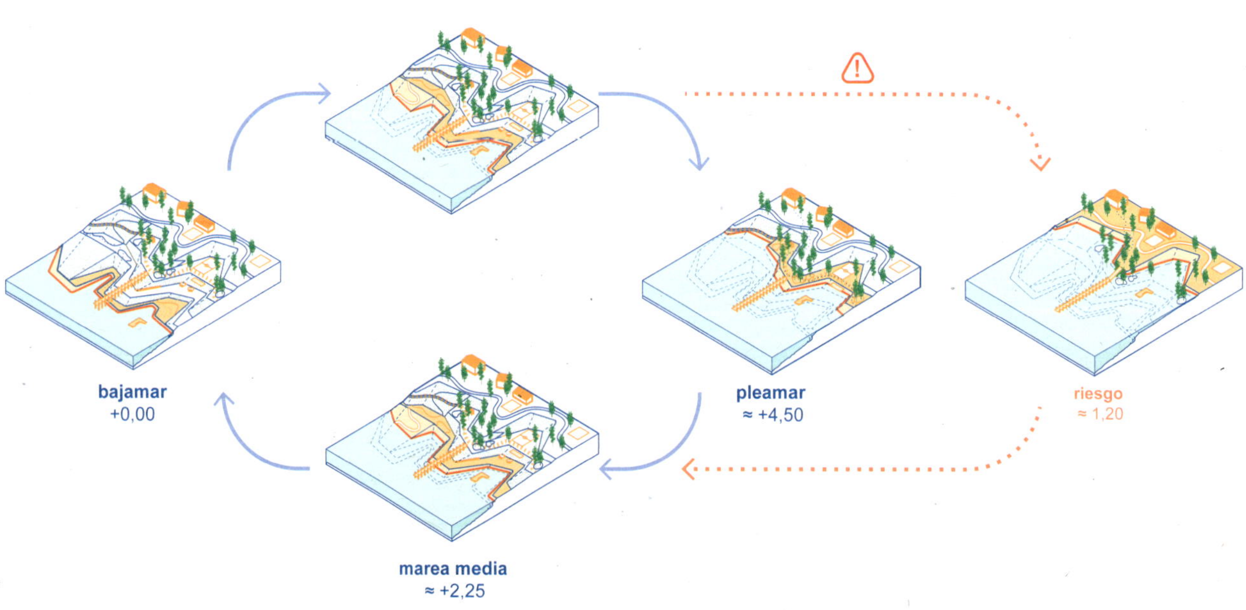

FIG 07. Variaciones de la marea y espacios de la costa.
Tide and coastal spaces variations.

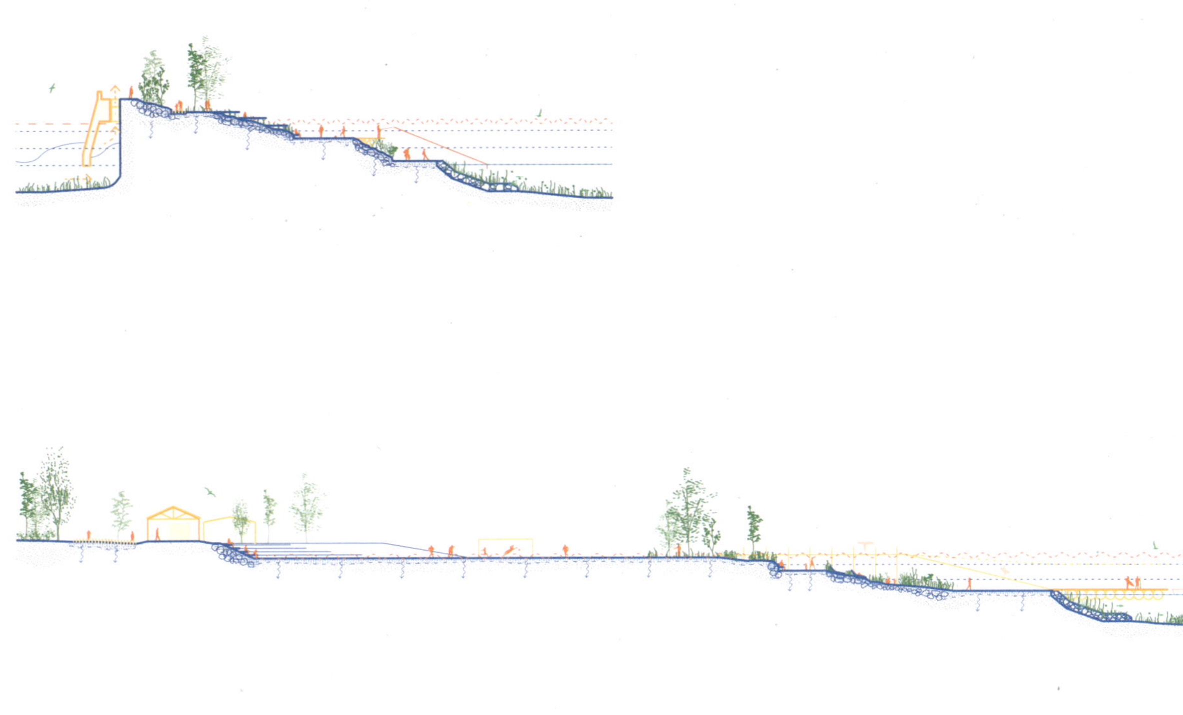

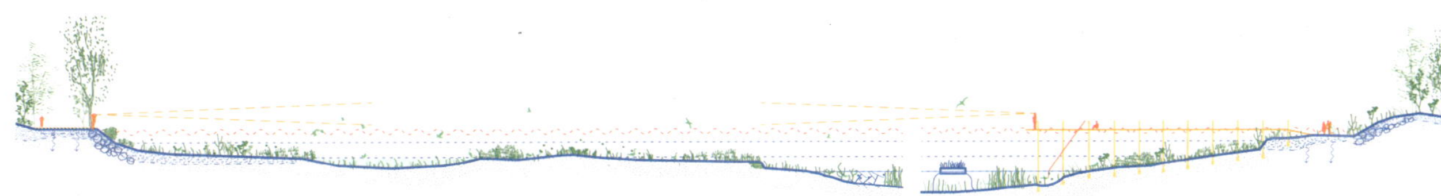

FIG 08. Secuencia de secciones.
Sequence of sections.

FIG 09. Imagen general de la propuesta.
General image of the proposal.

¡Aló París!

Andrés Rubio

Madrid no tiene suerte. Ya lo anunció el arquitecto Emilio Tuñón en un famoso artículo de 1992 para la revista *Arquitectura* **[→*Arquitectura* n. 293 (1992), págs. 1-11]**. Hoy, 32 años después, parece que Madrid sigue igual. El limitadísimo nivel de debate arquitectónico sobre la región metropolitana, tanto desde el Estado como en la Asamblea de la Comunidad Autónoma y en el Ayuntamiento, provoca un sentimiento de melancolía.

ESP Al igual que Madrid, las regiones metropolitanas de Barcelona y Londres han ido dando tumbos, no tanto la de París, donde se ha planificado con mayor coherencia. Seguro que el nacionalista Jordi Pujol y la ultraliberal Margaret Thatcher contarán con parcelas colindantes en el lado oscuro del metaverso, sección urbanicidios. Sin embargo, la figura del conservador Nicolas Sarkozy emerge frente a ellos con un aura de inesperada inventiva.

Un día terrible para la democracia catalana y española fue el 31 de marzo de 1987, cuando el partido de Pujol, Convergència i Unió (CiU), más Esquerra Republicana de Catalunya (ERC), votaron en el Parlament la eliminación de la Corporación Metropolitana de Barcelona (CMB). La acción de Pujol iba dirigida contra la visionaria iniciativa del entonces alcalde de Barcelona, el socialista Pasqual Maragall (solo por ello sin duda el político español más interesante en décadas), de impulsar un *continuum* urbanístico de las veintiséis ciudades cercanas a Barcelona a fin de conseguir algo muy simple: la denominada identidad metropolitana. Esta ciudadanía del siglo XXI en una sociedad inclusiva de redes de ciudades, de voto izquierdista en el área de influencia de Barcelona, se erigía como un vigoroso contrapoder frente a la obtusa Arcadia propugnada por la derecha catalana (con Pujol y su familia finalmente acusados de numerosos delitos de malversación de dinero público). El arquitecto Oriol Bohigas utilizó la palabra "desquiciamiento" para definir lo que supuso en el área urbana barcelonesa aquella triste operación.

Lo mismo hizo Margaret Thatcher en Londres un año antes, el 1 de abril de 1986, cuando su partido abolió tanto el Greater London Council (GLC, Consejo del Gran Londres), como otros seis consejos de áreas metropolitanas por todo el Reino Unido. El objetivo político de la primera ministra era acabar con el dominio laborista en esas instituciones estratégicas, liquidándolas bajo la excusa de duplicidades administrativas. Para el politólogo Brendan O'Leary, acabar con el Consejo del Gran Londres fue una locura política, distorsionadora de valores, de un nihilismo nietzscheano.

Madrid se ha mirado en Londres y Barcelona es la única otra región metropolitana del país. Por eso, visto en retrospectiva, el drástico ataque a sus corporaciones urbanas envió un deprimente mensaje de antipolítica a la capital española, un enclave que ha sido incapaz de articular en las últimas décadas un plan para las periferias, de lo que se han lamentado numerosos expertos. Sólo unas pinceladas: los instrumentos reguladores previstos en la Ley de Ordenación del Territorio de 1984 no llegaron a redactarse o aprobarse; las infraestructuras de transportes, un logro amparado por una institución interadministrativa creada en 1985, el Consorcio Regional de Transportes de Madrid, se

FIG 01. Paisaje urbano ilegible de Madrid con las torres del Paseo de la Castellana al fondo [Andrés Rubio].
Illegible cityscape of Madrid with the towers of Paseo de la Castellana in the background.

Porque todo el mundo sabe que esto de lo que hablamos no es cuestión de suerte, sino de saber gestionar desde la política el caudal de experiencia y creatividad que atesora Madrid en el ámbito de la arquitectura.

realizaron sin la suficiente coordinación del planeamiento en densidades y usos, y el Plan Regional previsto a partir de 1996 se quedó en un documento de bases, efectivo por sus recomendaciones pero nunca concretado.

Madrid no miró a París como debiera, ni su derecha gobernante al referente de la derecha gala, el citado Sarkozy. Aquí es donde entra en juego el espíritu francés de defensa de lo público ligado al impulso socialdemócrata posterior a la II Guerra Mundial que sentó las bases de la sociedad del bienestar. En 2009, hablando del proyecto que lanzó en 2007 para el Gran París, Sarkozy defendió que la ambición metropolitana de ciudad sostenible, ciudad post-Kioto, "es tal vez el mayor reto político del siglo XXI". Y citó el urbanismo y la arquitectura como ángulos para encontrar el lugar de las mujeres y los hombres en la ciudad. Sus sucesores en la presidencia francesa, el socialista François Hollande y el centrista Emmanuel Macron, continuaron la labor con similar determinación.

Un mero repaso a las entidades involucradas en el Gran París y su desarrollo a base de polos de crecimiento comunales (los *hubburbs*) sirve de aliciente a casi cualquier ciudad del mundo. Para 12,2 millones de habitantes en un área de 17.174 kilómetros cuadrados, 12 territorios y 131 comunas, se promulgó en 2010 la ley relativa al Gran París; se creó la Sociedad del Gran París (SGP) para pilotar la construcción del Gran París Express (GPE), fundiéndose los proyectos de transportes del Estado y de la región Île-de-France; se fundó la Autoridad Pública de Fomento París-Saclay para construir un polo científico en esa zona; se instituyó el Atelier Internacional del Gran París (AIGP), un foro arquitectónico de intercambio con hasta 500 personas reflexionando sobre ideas como Reinventar París, Reinventar el Sena o el Arco de la Innovación, y se le dio cobertura a todo ello con un aparato administrativo, el Métropole del Gran París (MGP).

Lógicamente, una operación de tal calibre ha recibido críticas en artículos y libros que alertan de la deriva de inequidad y especulación que se cierne sobre esas áreas. Se ha hablado de "hándicap megapolitano", de "obesidad en el milhojas territorial", de las insanas luchas de poder entre fronteras y competencias políticas (al igual que en la conflictiva España municipal y autonómica). Pero hay aspectos tan positivos como el que se refleja en la exposición *Métro! Le Grand Paris en mouvement*, que hasta el 2 de junio se puede ver en la Cité de l'architecture et du patrimoine, donde se repasan las colosales obras (200 kilómetros) del nuevo metro periurbano y las 68 estaciones en las que equipos de arquitectura y artistas se han unido para lograr creaciones diferenciadas.

Porque todo el mundo sabe que esto de lo que hablamos no es cuestión de suerte, sino de saber gestionar desde la política el caudal de experiencia y creatividad que atesora Madrid en el ámbito de la arquitectura. La capital debería establecer un hilo directo con París y completar el ordenamiento de su región metropolitana con similares aspiraciones de talento.

FIG 02. Ilustración de Geoffroy de Crécy para la exposición *Métro! Le GrandParis en mouvement,* abierta hasta el 2 de junio de 2024 en la Cité de l'Architecture et du Patrimoine [Geoffroy de Crécy / Costume 3 pièces / Société du Grand Paris].
Illustration by Geoffroy de Crécy for the *Métro! exhibition Le GrandParis en mouvement*, open until June 2, 2024 at the Cité de l'Architecture et du Patrimoine.

Fortune never smiles on Madrid. This was the message that the architect Emilio Tuñón conveyed in his famous article from 1992 for *Arquitectura* magazine **[→*Arquitectura* n. 293 (1992), pp. 1-11]**. Today, 32 years later, Madrid's situation seems unchanged. The extremely limited level of architectural debate regarding the metropolitan area at the central government, autonomous community and municipal levels provokes a feeling of melancholy.

ENG Like Madrid, the metropolitan areas of Barcelona and London have been floundering, unlike that of Paris, where planning has been given greater coherence. It seems highly likely that the nationalist Jordi Pujol and the ultra-liberal Margaret Thatcher will have adjoining plots on the dark side of the metaverse, in the urbicide section. However, the figure of the conservative Nicolas Sarkozy emerges to confront them with an aura of unexpected inventiveness.

A terrible day befell Catalan and Spanish democracy on 31 March 1987, when Pujol's party, Convergència i Unió, together with Esquerra Republicana de Catalunya, voted together in the Catalan parliament to eliminate the Corporación Metropolitana de Barcelona, the local authority created to administer Barcelona's metropolitan area. Pujol's action targeted the visionary initiative of the then mayor of Barcelona, the Socialist Pasqual Maragall (if only for this reason the most interesting Spanish political in decades) of driving unified urban planning for the 26 cities surrounding Barcelona to achieve a very simple goal, a so-called metropolitan identity. This 21st-century population in an inclusive society comprising a network of left-voting cities in Barcelona's area of influence was set up as a vigorous counterweight to the obtuse Arcadia advocated by the Catalan right wing (with Pujol and his family finally accused of numerous crimes of misappropriation of public funds). The architect Oriol Bohigas used the word "unhinged" to define what this fateful operation meant for the urban area of Barcelona.

The same thing had been done by Margaret Thatcher with London a year earlier, on 1 April 1986, when her party abolished the Greater London Council (GLC), together with the six other metropolitan county councils in the United Kingdom. The then prime minister's political aim was to put an end to the Labour domination of these strategic institutions, which she liquidated under the excuse of administrative duplication. For the political scientist Brendan O'Leary, abolishing the GLC was an act of political madness, distortion of values and Nietzschean nihilism.

Madrid has seen itself in London, and Barcelona is the only other metropolitan region in the country. For this reason, in hindsight, the drastic attack on its urban administrations sent a depressing anti-political message to the Spanish capital, an enclave that has been incapable in recent decades of drawing up a plan for its suburban area, leading to complaints from a large number of experts. Only a few token efforts were made: the regulatory instruments provided for in the Land Use Planning law of 1984 were neither drawn up nor approved; transport infrastructure, an achievement backed by a cross-government institution created in 1985, the Regional Transport Consortium of Madrid, was developed without sufficient coordination of planning regarding density and uses; and the Regional Plan, meant to be up and running by 1996, remained a basic document, effective for its recommendations but never specified.

Madrid did not look to Paris as it should have; nor did its right-wing government look to the leader of the French right, the aforementioned Sarkozy. Here is where the French spirit for defending its public sector, linked to the post-Second World War social democratic movement that laid the foundations for the welfare state, came into play. In 2009, while explaining the Grand Paris project that was proposed in 2007, Sarkozy stated that the metropolitan ambition of the post-Kyoto sustainable city was 'perhaps the greatest political challenge of the 21st century'. And he named urban planning and architecture as the cornerstones for giving the men and women of the city their place. His successors to the presidency of France, the Socialist François Hollande and centrist Emmanuel Macron, continued this task with similar determination.

A simple review of the entities involved in the Greater Paris plan and its implementation as a network of suburban excellence hubs (or 'hubburbs') serves as an incentive for almost any of the world's cities. A law of 2010 brought together 12.2 million inhabitants in an area of 17,174 square kilometres, with 12 territories and 131 municipalities; the

Because everybody knows that what we are speaking about is not about luck; rather, it is knowing how to manage from the political level the wealth of architectural experience and creativity that is to be found in Madrid.

Société du Grand Paris (SGP) was created to manage the construction of the Grand Paris Express (GPE) by merging transport projects of the central government with those of the Île de la France region; the Paris-Saclay Development Authority was set up to develop a scientific and technological cluster in the area; the Atelier international du Grand Paris (AIGP) was created as an architectural exchange forum with as many as 500 individuals reflecting on ideas such as 'Reinventing Paris', 'Reinventing the Seine' and the 'Innovation Arc'; and this was all placed under an inter-municipal authority, the Métropole du Grand Paris (MGP), or Greater Paris Metropolis.

Logically, an operation on such a scale has been criticised in articles and books warning of looming inequality and speculation stemming from it. There has been talk of "megapolitan handicap", of "obesity in a territorial millefeuille", of unhealthy power struggles over boundaries and political jurisdictions (similar to the conflict between municipal and regional government in Spain). But there are very positive aspects, as reflected in the exhibition *Métro! Le Grand Paris en mouvement* ('Metro! Greater Paris in Motion'), which can be visited at the Cité de l'architecture et du patrimoine until 2 June, which explores the titanic building works (200 kilometres) of new peri-urban rapid transit lines and 68 stations that have brought together architects and artists to achieve differentiated creations.

Because everybody knows that what we are speaking about is not about luck; rather, it is knowing how to manage from the political level the wealth of architectural experience and creativity that is to be found in Madrid. Spain's capital should establish a hotline with Paris and complete the land-use planning of its metropolitan area with similar aspirations of talent.

FIG 01. Área de acción del proyecto.
Project Action Area.

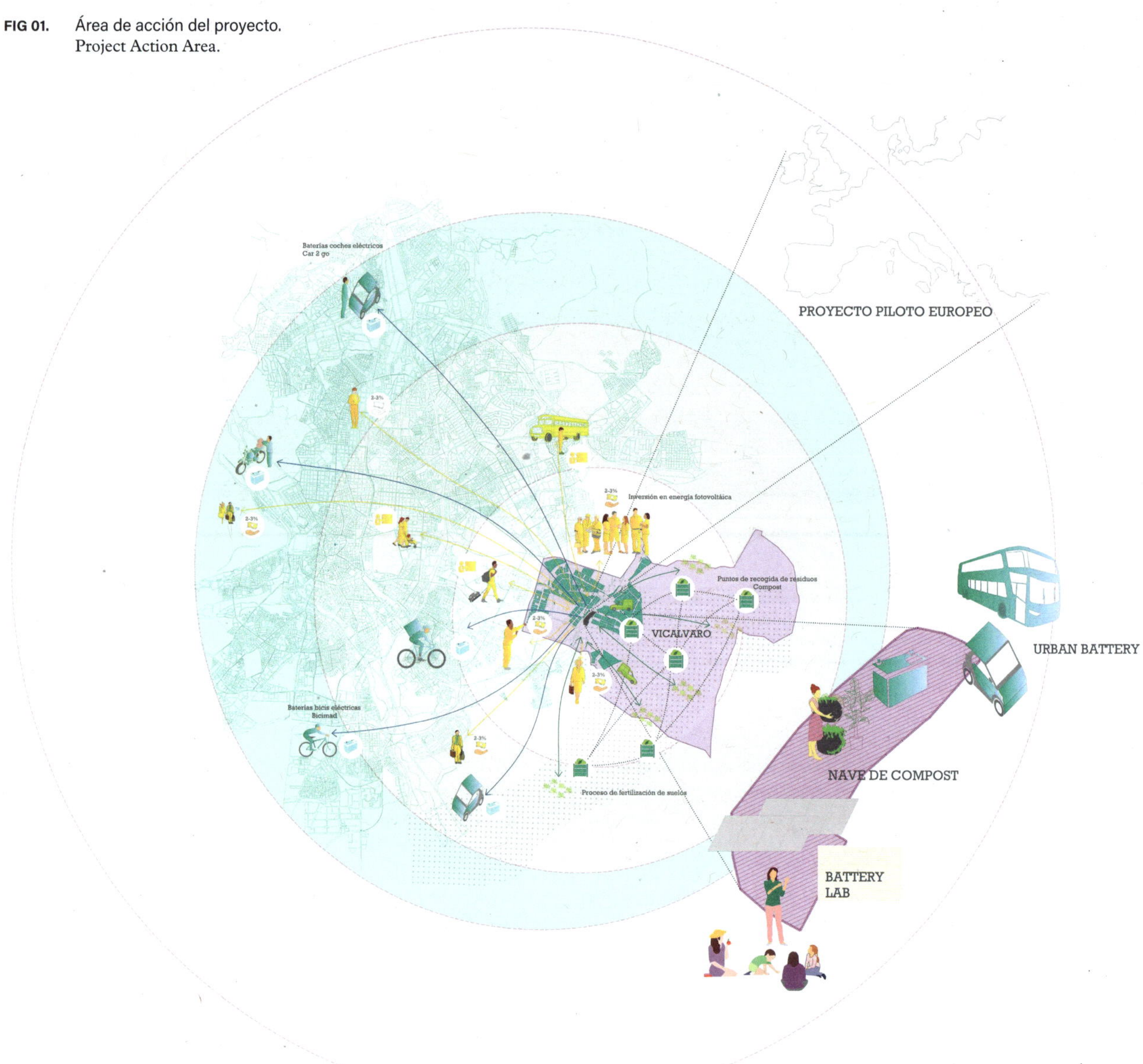

ESP URBAN BATTERY se despliega en un gran complejo edificatorio actuando como Motor Productivo en tres ejes: económico, social y medioambiental.

El Motor Económico reindustrializa el territorio a partir de la relocalización de una factoría 4.0 creando más de 100 nuevos trabajos cualificados desarrollando tecnologías punteras en la fabricación de baterías biodegradables –zinc-air- destinadas a retos urbanos del fututo: movilidad eléctrica, tecnología, dispositivos inteligentes.

El Motor Social plantea una gran planta fotovoltaica cogestionada socialmente: producto de inversión ético y producción de energía limpia vertida al pool. Además se creará un Laboratorio de innovación –BatteryLab- y un espacio de interpretación-monitorización destinados al I+D+I y la sensibilización en el sector estratégico de la producción, almacenamiento y uso de energías limpias.

Finalmente, el Motor Medioambiental se destina a la fertilización de suelos mediante la renaturalización progresiva en base a conceptos de agricultura regenerativa y de la producción de compost de alta calidad a partir de la recogida de residuos orgánicos locales y su transformación en un espacio específico para ello –Compostlab-

Urban Battery será proyecto europeo por su trascendencia, ambición, hibridación y complejidad. Un proyecto demostrativo por su innovación, un gigantesco laboratorio de prototipado urbano que favorece procesos de auto-organización ambiental, social y económica.

(DESCRIPCIÓN DE LOS AUTORES)

URBAN BATTERY

MADRID

Estudio SIC

FIG 02. Imagen general del proyecto.
General Image of the Project.

ENG URBAN BATTERY is deployed in a large building complex acting as a productive engine in three axes: economic, social and environmental.

The economic engine reindustrialize the territory starting from the relocation of a factory 4.0, creating more than 100 new qualified works developing leading-edge technologies in the manufacture of biodegradable batteries-zinc-air-destined to future urban challenges: Electric mobility, technology, intelligent devices.

The Social engine raises a large photovoltaic plant socially co-managed: ethical investment product and clean energy production poured into the pool. It will also create an innovation laboratory – BatteryLab-and an interpretation-monitoring space for R&D and awareness in the strategic sector of the production, storage and use of clean energies.

Finally, the environmental engine is destined to fertilize soils through progressive renaturalization based on concepts of regenerative agriculture and the production of high quality compost from local organic waste collection and its transformation into a specific space for this -Compostlab-

Urban Battery will be an European Project for its transcendence, ambition, hybridization and complexity. A demonstration project for its innovation, a gigantic urban prototyping laboratory that favors processes of environmental, social and economic self-organization.

(DESCRIPTION AND TRANSLATION BY THE AUTHORS)

FIG 03. Imagen de los huertos productivos.
Image of the productive orchards.

FIG 04. Imagen de los módulos y terrazas de la residencia.
Image of the modules and terraces of the residence.

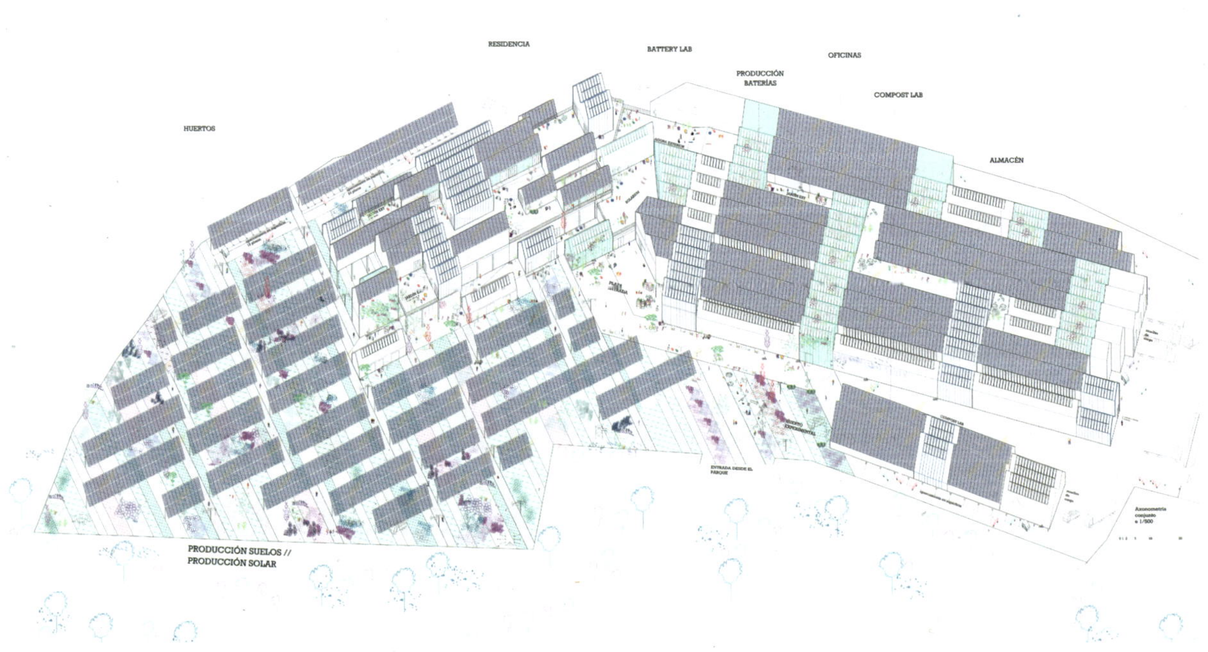

FIG 05. Axonometría general.
General axonometry.

FIG 06. Sección transversal.
Cross section.

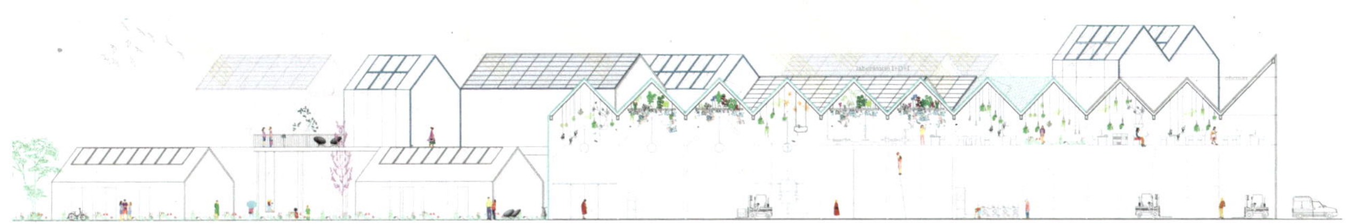

FIG 07. Imagen interior de la zona de almacén de Master Battery.
Interior image of the Master Battery warehouse area.

Foodscapes

Eduardo Castillo-Vinuesa y Manuel Ocaña con fotografías de Pedro Pegenaute

ESP Cada vez que comemos, sin ser conscientes de ello, conectamos nuestro paladar a una multitud de lugares remotos: supermercados, invernaderos, granjas, almacenes, redes logísticas, cadenas de frío, vertederos... Estas anodinas arquitecturas rara vez aparecen en las estucadas páginas de las revistas de arquitectura de moda; sin embargo, su impacto en nuestra forma de vida es mayor que la de cualquier ostentoso edificio firmado por el *starchitect* del momento. En conjunto, forman un vasto aparato distribuido que permite el reensamblaje de la corteza terrestre en los bloques constitutivos de la vida humana. Una arquitectura metabólica de múltiples escalas y condiciones que nos permite, con cada bocado, mantener la composición química de nuestra integridad corporal.

Al comer, digerimos territorios. FOODSCAPES propone un viaje a las arquitecturas que alimentan el mundo: desde los laboratorios domésticos de nuestras cocinas hasta los vastos paisajes operacionales que nutren nuestras ciudades. En un momento en que los debates sobre energía son más pertinentes que nunca, la comida permanece en un segundo plano y, sin embargo, la manera en que la producimos, distribuimos y consumimos moviliza nuestras sociedades, moldea nuestras metrópolis y terraforma nuestras geografías de forma más radical que cualquier otra fuente energética.

Las siguientes paginas muestran el reportaje documental de diez *recetas totales*. A diferencia de las tradicionales, que se centran en los protocolos de mezcla de los ingredientes ya disponibles en nuestras cocinas, estas *recetas totales* abarcan toda la cadena infraestructural necesaria para elaborar dichos ingredientes. Producidas por un ecléctico grupo de arquitectos e ilustradas por el fotógrafo Pedro Pegenaute, cada una de ellas parte de un plato típico de la gastronomía española como catalizador a partir del cual explorar, rastrear y documentar las arquitecturas y territorios que los hacen posibles.

ENG Every time we eat, often unbeknownst to us, we connect our palate to a pletora of remote places: supermarkets, greenhouses, farms, warehouses, logistic networks, cold chains, landfills... These anodyne architectures seldom appear on the glossy pages of trendy architecture magazines; however, their impact on our lifestyle is more significant than any flashy building signed by the starchitect of the moment. Collectively, they form a vast distributed apparatus that allows the reassembly of the Earth's crust into the building blocks of human life. This metabolic architecture of multiple scales and conditions enables us, with every bite, to maintain the integrity of our corporeal composition.

By eating, we digest territories. FOODSCAPES proposes a journey to the architectures that feed the world: from the domestic laboratories of our kitchens to the vast operational landscapes that sustain our cities. At a time when energy debates are more relevant than ever, food remains in the background, yet how we produce, distribute, and consume it mobilizes our societies, shapes our metropolises, and terraforms our geographies more radically than any other energy source.

The following pages feature a documentary report of ten *total recipes*. Unlike traditional recipes, which focus on the mixing protocols of ingredients already available in our kitchens, these *total recipes* encompass the entire infrastructural chain necessary to produce these ingredients. Produced by an eclectic group of architects and illustrated by photographer Pedro Pegenaute, each recipe departs from a typical Spanish dish as a catalyst to explore, trace, and document the architectures and territories that make them possible.

(TRANSLATION BY *ARQUITECTURA*)

FIG 01. Vista de bateas gallegas para el cultivo de mejillón en las costas de las Rías Baixas de Vigo. Receta: Polvo á Granxa. [Instituto de Estudios Postnaturales. 42°16'20.1"N 8°42'27.5"W].
View of Galician rafts for mussel cultivation on the coasts of the Rías Baixas de Vigo. Recipe: Granxa Powder.

FIG 02. Grada cubierta en varadero del Astillero Freire (Freire Shipyard) de Vigo, donde se construyen y reparan buques de acero y aluminio. Receta: Patatas refritas con restos de sardinas al estilo Pagpag. [Federico Soriano y Dolores Palacios. 42°13'32.1"N 8°44'58.8"W].
Covered slipway in the Freire Shipyard in Vigo, where steel and aluminum ships are built and repaired. Recipe: Refried potatoes with leftover sardines Pagpag style.

FIG 03. Terrazas para la extracción de sal en el valle salado de Añana. Receta: Polvo á Granxa. [Instituto de Estudios Postnaturales. 42°48'11.0"N 2°59'52.4"W].
Terraces for salt extraction in the salty valley of Añana. Recipe: Granxa Powder.

FIG 04. Arrozal cubierto de agua desde el mirador de les Basses d´en Coll, en el delta del río Ter, y al fondo el mar Mediterráneo. Receta: Paella Mar y Montaña para dos familias y amigos. [Aldayjover arquitectura y paisaje. 42°00'21.0"N 3°11'15.7"E].
Rice field covered with water from the Basses d'en Coll viewpoint, in the delta of the Ter river, and in the background the Mediterranean Sea. Recipe: Sea and Mountain Paella for two families and friends.

FIG 05. Presa de Susqueda, construida sobre el río Ter, por el ingeniero y arquitecto Arturo Rebollo. Receta: Paella Mar y Montaña para dos familias y amigos. [Aldayjover arquitectura y paisaje. 41°58′45.12″ N, 2°31′37.99″ E].
Susqueda Dam, built on the Ter River, by the engineer and architect Arturo Rebollo. Recipe: Sea and Mountain Paella for two families and friends.

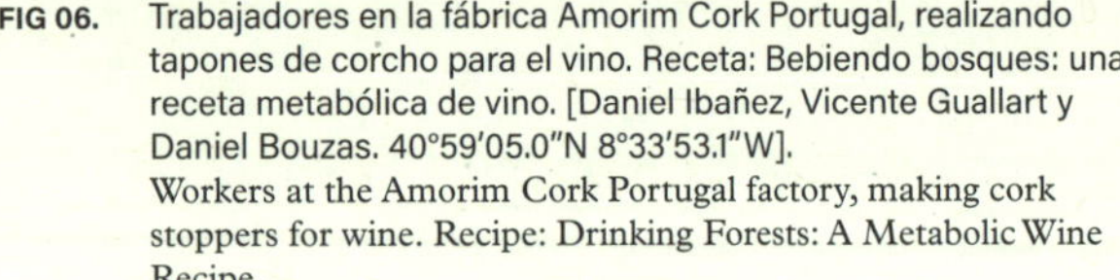

FIG 06. Trabajadores en la fábrica Amorim Cork Portugal, realizando tapones de corcho para el vino. Receta: Bebiendo bosques: una receta metabólica de vino. [Daniel Ibañez, Vicente Guallart y Daniel Bouzas. 40°59'05.0"N 8°33'53.1"W].
Workers at the Amorim Cork Portugal factory, making cork stoppers for wine. Recipe: Drinking Forests: A Metabolic Wine Recipe.

FIG 07. Sala técnica de la torre de atomización y encapsulado de aromas sólidos de LUCTA. Fabricación de ingredientes que se utilizan para aromas de alimentación. Receta: Trazas de almojábanas. [Lucía Jalón. 41°34'00.5"N 2°16'49.3"E].
Technical room of the LUCTA atomization and encapsulation tower for solid aromas. Manufacture of ingredients used for food aromas. Recipe: Traces of almojábanas.

FIG 08. Interior de la sala rotativa de ordeño más grande de España, perteneciente a la explotación navarra "Valle de Odieta", localidad de Caparroso. Receta: Clickbait proteico para el 14%. [Common Accounts. 42°18'11.4"N 1°41'45.1"W].
Interior of the largest rotary milking parlor in Spain, belonging to the "Valle de Odieta" Navarra farm, in the town of Caparroso. Recipe: Protein clickbait for 14%.

FIG 08. Descripción: Planta de biometanización y compostaje de Pinto, donde los camiones descargan los residuos y comienza un primer proceso manual de separación de los mismos en voluminosos que pueden ser recuperables y los no recuperables. Receta: Patatas refritas con restos de sardinas al estilo Pagpag. [Federico Soriano y Dolores Palacios. 40°15'39.9"N 3°38'26.7"W].
Description: Pinto biomethanization and composting plant, where trucks unload the waste and begin a first manual process of separating it into bulky waste that can be recoverable and non-recoverable waste. Recipe: Refried potatoes with leftover sardines Pagpag style.

FIG 10. Andamio de acceso a barco, en el Astillero Freire (Freire Shipyard) de Vigo, donde se construyen y reparan buques de acero y aluminio. Receta: Txipirones en su tinta (en lata). [Guillermo Fernandez-Abascal y Urtzi Grau. 42°13'32.1"N 8°44'58.8"W].
Ship access scaffolding, at the Freire Shipyard in Vigo, where steel and aluminum ships are built and repaired. Recipe: Squid in its ink (canned).

ESP El río Somes atraviesa la ciudad de Cluj-Napoca, Rumanía, a lo largo de 15 kilómetros, topándose con condiciones urbanas diversas: el centro histórico, zonas industriales y barrios residenciales de los años 60, 70 y 80. Durante la segunda mitad del siglo XX, sus riberas fueron modificadas con muros de hormigón, que establecieron una drástica diferencia de altura y limitaron la relación visual y física de la ciudad con el río.

Este proyecto nace de un concurso internacional abierto convocado en el año 2017, y que ganó el estudio de arquitectura PRÁCTICA, conformado por Jaime Daroca, José Mayoral y José Ramón Sierra. Es un ejemplo de regeneración y renaturalización urbana, que revaloriza el papel del Somes en la ciudad, así como el vínculo entre ambos. El río se concibe como un corredor verde que, a través de una red de caminos de movilidad sostenible, conecta múltiples espacios públicos y zonas verdes. A su vez, se diseña un sistema de terrazas naturales para renaturalizar el entorno, transformando el duro límite entre la ciudad y el río en un frente más ancho y permeable que promueve la biodiversidad.

(DESCRIPCIÓN DE LOS AUTORES)

FIG 01. Fotografía aérea de la intervención [Sergiu Razvan].
Aerial photograph of the intervention.

PROYECTO

RÍO SOMES

CLUJ-NAPOCA , RUMANÍA

PRÁCTICA

River as a line

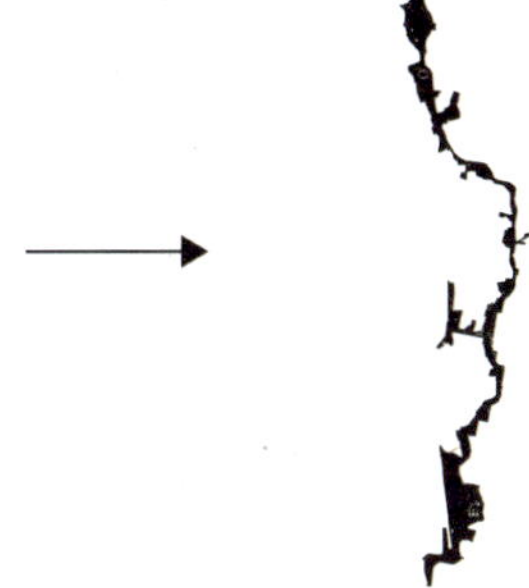

River as a succession of civic spaces and infrastructure

FIG 02. Plano de la intervención como una sucesión de espacios cívicos e infraestructuras .
Plan of the intervention as a succession of civic spaces and infrastructures.

ENG The Somes River traverses the city of Cluj-Napoca, Romania, along a 15-kilometer stretch, encountering various urban conditions: the historic center, industrial zones, and residential neighborhoods from the 1960s, 70s, and 80s. During the second half of the 20th century, its banks were modified with concrete walls, which established a drastic height difference and limited the visual and physical relationship of the city with the river.

This project originated from an open international competition held in 2017, which was won by the architecture firm PRÁCTICA, comprised of Jaime Daroca, José Mayoral, and José Ramón Sierra. It serves as an example of urban regeneration and renaturalization, enhancing the role of the Somes River in the city and the connection between them. The river is conceived as a green corridor that connects multiple public spaces and green areas through a network of sustainable mobility pathways. Additionally, a system of natural terraces is designed to renaturalize the environment, transforming the harsh boundary between the city and the river into a broader, more permeable front promoting biodiversity.

(DESCRIPTION BY THE AUTHORS, TRANSLATION BY *ARQUITECTURA*)

FIG 03. *Zooms* de áreas clave de la intervención.
Zooms of key areas of the intervention.

FIG 04-06. Fotografías de la propuesta [Imagen Subliminal].
Photographs of the proposal.

Bios

Chris Reed

INVITADO INTERNACIONAL

ESP Director y fundador de Stoss Landscape Urbanism. Reconocido internacionalmente como una voz líder en la transformación de paisajes y ciudades, trabaja alternativamente como investigador, docente, diseñador y consultor. Su trabajo incluye colectivamente iniciativas de revitalización urbana, esfuerzos de resiliencia climática en Boston, Dallas, Abu Dhabi, China y en todo el Midwest estadounidense, proposiciones especulativas, adaptaciones de infraestructura y antiguos sitios industriales, paisajes dinámicos y productivos, espacios públicos vibrantes que cultivan una diversidad de usos sociales y tradiciones culturales, y numerosas instalaciones de paisaje. Chris es coeditor de *Projective Ecologies* y coautor de *Mise-en-Scène: The Lives & Afterlives of Urban Landscapes* con el fotógrafo Mike Belleme, una exploración inmersiva en la vida social de los paisajes urbanos. En 2012 recibió el premio nacional de diseño Cooper-Hewitt en Arquitectura del Paisaje. Es miembro de la American Society of Landscape Architects, y ha sido Mercedes T. Bass Landscape Architect in Residence en la Academia Americana de Roma. Reed es Máster en Arquitectura del Paisaje por la Universidad de Pensilvania y obtuvo Bachillerato universitario en letras (AB) en Estudio Urbanos por Harvard College. Actualmente, es 'Professor in Practice' de Arquitectura del Paisaje y codirector del Máster en Arquitectura y Diseño Urbano (MAUD) en la Graduate School of Design (GSD) de la Universidad de Harvard.

ENG Founding Director of Stoss Landscape Urbanism. He is recognized internationally as a leading voice in the transformation of landscapes and cities, and he works alternately as a researcher, strategist, teacher, designer, and advisor. His work collectively includes urban revitalization initiatives, climate resilience efforts in Boston, Dallas, Abu Dhabi, China, and throughout the Midwest, speculative propositions, adaptations of infrastructure and former industrial sites, dynamic and productive landscapes, vibrant public spaces that cultivate a diversity of social uses and cultural traditions, and numerous landscape installations. Chris is the co-editor of *Projective Ecologies*, and co-author of *Mise-en-Scène: The Lives & Afterlives of Urban Landscapes* with photographer Mike Belleme. an immersive exploration of the social lives of urban landscapes. Recipient of the 2012 Cooper-Hewitt National Design Award in Landscape Architecture, a Fellow of the American Society of Landscape Architects, and the 2017 Mercedes T. Bass Landscape Architect in Residence at the American Academy in Rome. Reed received a Master in Landscape Architecture from the University of Pennsylvania and an AB in Urban Studies from Harvard College. He is currently Professor in Practice of Landscape Architecture and Co-Director of the Master of Landscape Architecture in Urban Design Program (MAUD) at the Harvard University Graduate School of Design (GSD).

Pablo Pérez-Ramos

INVITADO LOCAL

Profesor de Arquitectura del Paisaje en la Graduate School of Design (GSD) de la Universidad de Harvard. Es arquitecto por la ETSAM de la Universidad Politécnica de Madrid (UPM), con titulaciones de Doctorado y Máster en Arquitectura del Paisaje por el GSD. Su investigación se centra en el establecimiento de relaciones teóricas y formales entre la arquitectura del paisaje y las ciencias naturales. Ha investigado los orígenes de los enfoques ecológicos actuales en las disciplinas del diseño a través de un examen de los debates que guiaron la evolución de la teoría ecológica durante el siglo XX. Más recientemente, ha trabajado en el estudio de paisajes agrícolas en condiciones de aridez extrema en el sur global, como parte de un intento de formular una teoría termodinámica de la arquitectura del paisaje. Ha coeditado (junto a Daniel Daou) el número 6 de la revista *New Geographies* (Harvard GSD, 2016). Sus textos han sido publicados en revistas como *PLOT, MONU, Arquitectura* (COAM), *Landscape Research Record* (CELA). Ha participado en diversas obras colectivas como, por ejemplo, *The Landscape as Union between Art and Science: The Legacy of Alexander von Humboldt and Ernst Haeckel* (Quodlibet, 2023), *MedWays Open Atlas* (LetteraVentidue, 2022), *Architecture is All Over* (Columbia University Press, 2017), y *Urban Landscape: Critical Concepts in Built Environment* (Routledge, 2015).

Assistant professor of Landscape Architecture at the Harvard Graduate School of Design (GSD). He is a licensed architect from the ETSA Madrid, with Doctor of Design and Master in Landscape Architecture degrees from the GSD. His work focuses on the establishment of theoretical relations between the landscape architecture and the natural sciences. He has investigated the origins of contemporary ecological views in the design fields through an examination of the central debates that guided the evolution of ecological theory during the 20th century. Most recently, he has been working at agricultural landscapes in conditions of extreme aridity across the global south, as part of an attempt to formulate a thermodynamic theory of landscape architecture. He was editor-in-chief (with Daniel Daou) of *New Geographies 08: Island* (Harvard GSD, 2016). His writings have also been published extensively in several journals such as *PLOT, MONU, Arquitectura* (COAM), *Landscape Research Record* (CELA), and in the edited volumes *The Landscape as Union between Art and Science: The Legacy of Alexander von Humboldt and Ernst Haeckel* (Quodlibet, 2023), *MedWays Open Atlas* (LetteraVentidue, 2022), *Architecture is All Over* (Columbia University Press, 2017), and *Urban Landscape: Critical Concepts in Built Environment* (Routledge, 2015), among others.

Luis Asín

FOTÓGRAFO INVITADO

Asín estudió Bellas Artes en San Francisco Art Institute (California), graduándose en 1992. Entre 1998 y 2003 fue profesor asociado en la facultad de Bella Artes de Cuenca. En el año 2003 recibió el Premio Villa de Madrid de fotografía Kaulak. Ha realizado varias exposiciones individuales y colectivas en los Estados Unidos, España, Francia y Portugal. En la actualidad vive y trabaja en Madrid. Sus fotografías de esta ciudad han aparecido publicadas, entre otros, en el número 293 de *Arquitectura* (noviembre de 1992) y en el libro Ábalos & Herreros *Reciclando Madrid* (Actar, 2000).

Asín studied Fine Arts at the San Francisco Art Institute (California), graduating in 1992. Between 1998 and 2003, he was an associate professor at the Faculty of Fine Arts in Cuenca. In 2003, he received the Villa de Madrid Kaulak Photography Award. He has held several solo and group exhibitions in the United States, Spain, France, and Portugal. He currently lives and works in Madrid. Among others, his photographs of this city have been published in issue 293 of *Arquitectura* (November 1992) and in the book Ábalos & Herreros *Reciclando Madrid* (Actar, 2000).

Iñaki Ábalos

Arquitecto, catedrático de Proyectos Arquitectónicos en la Escuela Técnica Superior de Arquitectura de la Universidad Politécnica de Madrid (UPM) y fundador de la oficina Ábalos+Sentkiewicz AS+ desde 2006 y de Ábalos&Herreros entre 1984 y 2006. Ha sido director del Departamento de Arquitectura de la Graduate School of Design de la Universidad de Harvard (2013-2016), además de profesor en las universidades de Columbia, Architectural Association, Princeton o Cornell, entre otras. Su último libro, titulado *Absolute Beginners*, ha sido publicado por Park Books (2022).

Architect and Chaired Professor of Architectural Design at the ETSAM (Escuela Técnica Superior de Arquitectura, Universidad Politécnica de Madrid). Founder and Principal of Ábalos+Sentkiewicz AS+ since 2006 and of Ábalos&Herreros (from 1984 to 2006). From 2013 to 2016, Ábalos served as Chair of the Department of Architecture at the Graduate School of Design, Harvard University. He has also taught, amongst others, at Columbia University, Architectural Association, Princeton or Cornell. His last book, entitled *Absolute Beginners*, has been published by Park Books (2022).

Eduardo Castillo-Vinuesa

Arquitecto antidisciplinar, comisario e investigador afincado en Madrid. Es Profesor Asociado de Proyectos en la ETSAM, donde es miembro del grupo de investigación ProLab y del grupo de innovación educativa Dispositivos Aglutinadores de Proyecto. De 2017 a 2022 dirigió *Arquitectura* (COAM). Desde 2021 es director Artístico de Medialab Matadero, una plataforma institucional gestionada por el Ayuntamiento de Madrid. Castillo-Vinuesa también formó parte de la primera cohorte de "The Terraforming", una iniciativa de diseño-investigación del Strelka Institute for Media, Architecture and Design.

Antidisciplinary architect, curator, and researcher based in Madrid. He is an Associate Professor of Projects at ETSAM and a member of the ProLab research group and the educational innovation group Dispositivos Aglutinadores de Proyecto. From 2017 to 2022, he directed *Arquitectura* (COAM). Since 2021, he has been the Artistic Director of Medialab Matadero, an institutional platform managed by the Madrid City Council. Castillo-Vinuesa was also part of the first "The Terraforming" cohort, a design-research initiative of the Strelka Institute for Media, Architecture, and Design.

Albert Cuchí

Profesor de Tecnología de la Arquitectura en la Escola d'Arquitectura del Vallès de la Universitat Politècnica de Catalunya (UPC). Su docencia y su investigación se han dirigido hacia las relaciones entre la sostenibilidad y la arquitectura en todas sus escalas. Actualmente es académico en el Máster Oficial de Intervención Sostenible en el Medio Construido (MISMeC) de la UPC, así como colaborador de diversas universidades nacionales y extranjeras. Ha dirigido más de 20 tesis doctorales sobre temas de este ámbito, tanto en la UPC como en otras universidades, y ha colaborado en numerosas publicaciones.

Professor of Architecture Technology at Vallès School of Architecture in Barcelona, Polytechnic University of Catalonia (UPC). His teaching and research are focused on the relationships between sustainability and architecture at all scales. Currently, he teaches in the master's program in Sustainable Intervention in the Built Environment (MISMeC) at UPC. He collaborates with several national and international universities. He has supervised over 20 doctoral dissertations on topics within this field at UPC and other universities. He has contributed to numerous publications.

José María Ezquiaga

Doctor Arquitecto y Sociólogo. Profesor de la UPM y Premio Extraordinario de Doctorado de la UPM. Ha sido Decano del COAM (2015-19) y desempeñado diversas responsabilidades en las Administraciones Públicas de Madrid. Es fundador de la oficina Ezquiaga Arquitectura Sociedad y Territorio, habiendo sido distinguido con diversos premios y reconocimientos profesionales, entre ellos el Premio Nacional de Urbanismo 2005, el Premio Europeo de Urbanismo ECTP-CEU 2012, XII Bienal Española de Arquitectura y Urbanismo 2013, Bienal Iberoamericana de Arquitectura y Urbanismo 2012, el Premio Europeo Gubbio de l'Associazione Nazionale Centri Storico-Artistici de Italia 2006 y 2012, Arquitectura Internacional del CSCAE 2015.

Doctor of Architecture and Sociologist. He is a professor at the Universidad Politécnica de Madrid (UPM) and recipient of the UPM's Extraordinary Doctorate Award. He served as Dean of the Colegio Oficial de Arquitectos de Madrid - COAM (2015-19) and has held various responsibilities in the Public Administration of Madrid. He is the founder of the firm Ezquiaga Arquitectura Sociedad y Territorio, which has received awards and professional recognitions such as the National Urban Planning Award 2005, the European Urban Planning Award ECTP-CEU 2012, the XII Spanish Biennial of Architecture and Urbanism 2013, and the Ibero-American Biennial of Architecture and Urbanism 2012, among others.

Ginés Garrido

Doctor arquitecto con premio extraordinario (2005), y Catedrático en la Escuela Técnica Superior de Arquitectura (ETSAM) de la Universidad Politécnica de Madrid (UPM). Profesor Invitado en Washington University St. Louis, GSD Harvard, University of Arizona y PUCP Lima. Ha publicado: *Landscapes in the City. Madrid Río: Geography, Infrastructure, and Public Space* (2014), *Melnikov en Paris 1925* (2011), *Alexander Ródchenko. Cartas de París* (2008), *Moisei Ginzburg. Escritos 1923-1930* (2007), *El Lissitzky. Wolkenbügel 1924-1925* (2005). En 2002 fundó Burgos & Garrido Arquitectos, que ha obtenido el XII Veronica Rudge Green Prize in Urban Design.

Doctor of Architecture (Recipient of the UPM's Extraordinary Doctorate, 2005). Chaired professor at the Escuela Técnica Superior de Arquitectura (ETSAM), Universidad Politécnica de Madrid (UPM). He has been a Visiting Professor at the Washington University in St. Louis, Harvard University Graduate School of Design, University of Arizona, and PUCP Lima. He has published: *Landscapes in the City. Madrid Río: Geography, Infrastructure, and Public Space* (2014), *Melnikov in Paris 1925* (2011), *Alexander Rodchenko. Letters from Paris* (2008), *Moisei Ginzburg. Writings 1923-1930* (2007), *El Lissitzky. Wolkenbügel 1924-1925* (2005). In 2002, he founded Burgos & Garrido Architects, which has been awarded the XII Veronica Rudge Green Prize in Urban Design.

Daniel Ibáñez

Es un arquitecto y urbanista español en ejercicio, actual director del Instituto de Arquitectura Avanzada de Catalunya (IAAC). Doctor en diseño y Máster en Urbanismo, Paisaje y Ecología por la Graduate School of Design (GSD) de la Universidad de Harvard. Ha codirigido el Máster en Edificios Ecológicos Avanzados y Biociudades (MAEBB) y el Máster en Diseño de Madera Masiva (MMTD) en el IAAC en Valldaura Self- Sufficient Labs, Barcelona. Desde 2017, Daniel es consultor urbano senior en el Banco Mundial que asesora a gobiernos e instituciones internacionales sobre viviendas de madera y desarrollo urbano de madera. Es coautor del libro *Wood Urbanism: From Molecular to Territorial* (Actar, 2019) y coorganizador de la conferencia homónima de Harvard GSD en 2014.

He is a Spanish practicing architect and urbanist. Director of the Institute for advanced architcture of Catalonia (IAAC). He holds a Doctorate in Design and a Master in Design Studies (Urbanism, Landscape and Ecology) from Harvard University Graduate School of Design (GSD). He has co-directed the Master's in Advanced Ecological Buildings and Biocities and the Master's in Mass Timber Design at IACC in Valldaura Self-Sufficient Labs, Barcelona. Since 2017, Daniel has been a senior urban consultant at the World Bank, advising governments and international institutions on timber housing and urban timber development. He is the co-author of the book *Wood Urbanism: From Molecular to Territorial* (Actar, 2019) and co-organized the Harvard GSD conference in 2014 with the same name.

Nikos Katsikis

Profesor contratado de Diseño Urbano en TU Delft. Trabaja en la intersección de la teoría de la urbanización, el diseño territorial y el análisis geoespacial. Su investigación busca contribuir a una comprensión geográfica de las relaciones socio-metabólicas entre las ciudades y sus 'paisajes operacionales': paisajes no urbanos de producción primaria, circulación y eliminación de residuos que sostienen la vida urbana. Posee títulos de posgrado en Arquitectura y Diseño Espacial de la Universidad Técnica Nacional de Atenas (2006, 2008) y un Doctorado en Diseño por la Graduate School of Design de la Universidad de Harvard (2016).

Assistant Professor of Urban Design at TU Delft. Nikos works at the intersection of urbanization theory, territorial design, and geospatial analysis. His research seeks to contribute to a geographical understanding of the socio-metabolic relations between cities and their "operational landscapes:" non-city landscapes of primary production, circulation and waste disposal that support urban life. He holds graduate degrees in Architecture and Spatial Design from the National Technical University of Athens (2006, 2008) and a Doctor of Design from Harvard University Graduate School of Design (2016).

Manuel Ocaña

Arquitecto por la Escuela Técnica Superior de Arquitectura de Madrid. Funda el estudio Manuel Ocaña Arquitectos en Madrid en el año 2000. Además de arquitecto, ha trabajado como road mánager de un grupo de pop de los años 90, así como de cerrajero, carpintero y fotógrafo. Ha publicado su obra en *A+U* y *ElCroquis*. Ha impartido más de 100 conferencias y ha sido profesor asociado de proyectos arquitectónicos y tribunal de Máster Habilitante en la UPM. También ha sido profesor y miembro de jurados en la Universidad Europea, IE University, la Escuela de Arquitectura de la U. de Alicante y la PUCP de Lima (Perú).

Architect who graduated from the Escuela Técnica Superior de Arquitectura (ETSAM) de la Universidad Politécnica de Madrid (UPM). He founded the studio Manuel Ocaña Arquitectos in Madrid in the year 2000. In addition to his work as an architect, he has worked as a road manager for a 90s pop group, as well as a locksmith, carpenter, and photographer. He has published his work in *A+U* and *El Croquis*. He has given over 100 lectures and has been an adjunct professor of architectural design and member of the Master's Qualifying Board at ETSAM (UPM). He has also been a professor and jury member at the European University, IE University, the School of Architecture at the University of Alicante, and PUCP in Lima (Perú).

Pedro Pegenaute

Fotógrafo profesional especializado en arquitectura desde 2005. Primer premio COAVN (2005); primer premio "Miradas desde la Arquitectura" (2011) Instituto Alicantino Juan Gil-Albert; finalista "Purificación García 2007". Sus trabajos han formado parte de numerosas exposiciones de arquitectura en ciudades como Pamplona, Barcelona, Tokio, Los Ángeles, Nueva York, Londres, etc. En 2011 funda Pegenaute Studio, en 2013 publica *Pedro Pegenaute Personal* , y la colección de libros de arquitectura *Pegenaute Photovolumes*. En 2023 expone 50 fotografías en el Pabellón de España de la 18ª Bienal de Venecia, bajo el proyecto Foodscapes.

Professional photographer specializing in architecture since 2005. Recipient of the COAVN first prize (2005); first prize in "Miradas desde la Arquitectura" (2011) by the Instituto Alicantino Juan Gil-Albert; finalist in the "Purificación García 2007" competition. His works have been part of numerous architectural exhibitions in cities such as Pamplona, Barcelona, Tokyo, Los Angeles, New York, London, etc. In 2011, he founded Pegenaute Studio. In 2013, he published *Pedro Pegenaute Personal* and the *Pegenaute Photovolumes* collection of architecture books. In 2023, he exhibited 50 photographs at the Spain Pavilion of the 18th Venice Biennale under the project Foodscapes.

Eduardo Prieto

Arquitecto y licenciado en filosofía (DEA en Estética y Teoría de la Artes). Profesor titular de Historia de la Arquitectura y el Urbanismo en la Escuela Técnica Superior de Arquitectura de la Universidad Politécnica de Madrid (UPM). Ha sido Visiting Scholar en la Graduate School of Design de la Universidad de Harvard (2015). Es autor, entre otros, de *Historia Medioambiental de la Arquitectura* (Cátedra, 2019, 2022). Su último libro, titulado *Los laberintos del aire. Vientos, miasmas y arquitectura en el Renacimiento*, ha sido publicado por Ediciones Asimétricas (2023).

Architect who pursued studies in Philosophy (Aesthetics and Art Theory). Full Professor of Architectural History at the ETSAM (Escuela Técnica Superior de Arquitectura, Universidad Politécnica de Madrid). He has been a visiting scholar at the Graduate School of Design, Harvard University (2015). Prieto's books include *Historia Medioambiental de la Arquitectura* (Cátedra, 2019, 2022). His last book, entitled *Los laberintos del aire. Vientos, miasmas y arquitectura en el Renacimiento*, has been published by Ediciones Asimétricas (2023).

Andrés Rubio

Periodista, autor de *España fea. El caos urbano, el mayor fracaso de la democracia* (2022, Editorial Debate), premio FAD 2023 de Pensamiento y Crítica (ex aequo). Durante casi dos décadas dirigió *El Viajero*, el suplemento de viajes de *El País*. Ha sido colaborador de las revistas *Bauwelt* y *Architecture*, y fue cofundador de la galería de arte Mad is Mad, en Madrid.

Journalist and the author of *España Fea: El caos urbano, el mayor fracaso de la democracia* (2022, Editorial Debate), awarded the FAD 2023 Prize for Thought and Critique (ex aequo). For nearly two decades, he directed *El Viajero*, the travel supplement of *El País*. He has contributed to the magazines *Bauwelt* and *Architecture* and was a co-founder of the Mad is Mad art gallery in Madrid.

Álvaro Sevilla-Buitrago

Profesor Titular en la Escuela Técnica Superior de Arquitectura (ETSAM) de la Universidad Politécnica de Madrid (UPM). Su trabajo se sitúa en la intersección de la teoría y la historia del urbanismo, prestando especial atención a la influencia de la urbanización, las prácticas de diseño y las políticas espaciales en los procesos de cambio social. Su libro más reciente es *Contra lo común: una historia radical del urbanismo* (Alianza, 2023). Imparte docencia a nivel internacional y cuenta con un extenso historial de más de cincuenta publicaciones. Antes de entregarse de lleno a la academia ejerció como urbanista durante más de una década.

Full Professor at the School of Architecture in Madrid (ETSAM, UPM). His work is located at the intersection of urbanism theory and history, with a special focus on the influence of urbanization, design practices, and spatial policies on social change processes. His most recent book is *Contra lo común: una historia radical del urbanismo* (Alianza, 2023). He teaches internationally and has an extensive record of over fifty publications. Before fully dedicating himself to academia, he practiced as an urban planner for more than a decade.

Créditos

- BOSQUE METROPOLITANO
Ayuntamiento de Madrid: Departamento de Información Geográfica, Departamento de Infraestructuras y Servicios Urbanos y Departamento de Difusión y Cooperación Institucional de la DG de Planificación Estratégica del Área de Gobierno de Urbanismo, Medio Ambiente y Movilidad.

Localización / Location
Madrid, España

Estado / Status
En desarrollo de ejecución

Lote 1
AGUAiLA – Madrid, Puerta de la Sierra
Arquitectos / Architects
Pino Forestal Ingeniería, SL

Equipo / Design Team
Pino Pliego Alegría, Alejandro Carbonell Martínez, Marina Agúndez Reigosa, Jose Miguel Ferrer Gisbert, Jose Luis Rodríguez Gamo, Alberto Ipas Garros, Ma Del Pino García Sánchez, Ignacio Pliego Alegría, María José González Legidos

Lote 2
Efecto Mariposa
Arquitectos / Architects
UTE CLIMENT-NAVASCUES-AR2V

Equipo / Design Team
Luis Climent Rosillo, Luis Climent Soto, María Navascués Abad, Arturo Ruiz De Villa Valdés, Belén Acero Pérez, Alicia López Pérez

Lote 3
A Flor de Yeso
Arquitectos / Architects
UTE Uxama Ingenieria y Arquitectura, SLPU, Gestión Integral Del Suelo SL y, Eslava y Tejada Arquitectos SL

Equipo / Design Team
Clara Eslava, Miguel Tejada, Luis Plaza, David Gistau, Guillermo Matamala, Joaquín Grijota, Daniel Fernandez, Miguel Cabrera, Sara Plaza, Magdalena Barreales, Guillermo Perales, Elena Calleja

Lote 4
Manantial Sur, Infraestructura Regenerada
Arquitectos / Architects
Alday Jover Arquitectos SLP

Equipo / Design Team
Iñaki Alday Sanz, Margarita Jover Biboum, Jesús Arcos Cordón, Francisco Mesonero Manzanares, Agustí Pere Figueras Romero, Narcís Pi Dalfó, Xavier Mayor Farguell, Júlia Barba Miralpeix, Fernando Benedicto Dumall, Iñaki Romero Fdez. de Larrea, David García Carrera, Fernando Domínguez Valentín

Lote 5
Del Manzanares al Guadarrama
Arquitectos / Architects
Rubio Arquitectura SLP

Equipo / Design Team
Carlos Rubio Carvajal, Clothos: Ignacio Cerredo Villa, Rubio Arquitectura: María Ángeles Navarro Arrate, José Estebaranz Montero, Irati Proyectos: Puy Alonso Martínez

- BIBLIOTECA GABRIEL GARCÍA MÁRQUEZ
Suma Arquitectura

Localización / Location
C/ del Treball, 219, Sant Martí, 08020 Barcelona, España

Cliente / Client
BIMSA - Municipalidad de Barcelona
Estado / Status
Construido

Fechas de proyecto / Design years
2015 (concurso),
2015-18 (proyecto),
2019-22 (construcción).

Arquitectos / Architects
Elena Orte y Guillermo Sevillano - SUMA Arquitectura

Equipo / Design Team
Marta Romero, Jesús Lopez, Luis Sierra, Ana Patricia Minguito, Pablo Corroto, María Abellán, Sara Contreras, Rita Álvarez Tabio, Miguel Ángel Maure

Colaboradores / Collaborators
Miguel Nevado (Ingeniería estructural), Nuria Sáiz (Arquitecta técnica de proyecto), ENAR (Consultores de fachada), Antonio Yoldi - Miguel Ángel Orcalla MasterPlan. (Dirección de ejecución de obra), Úrculo Ingenieros (Ingeniería de instalaciones), M7 Ingenieros (Ingeniería instalaciones obra), Julio González (Paisajismo), Margarida ingeniería acústica (Ingeniería acústica), CABA (Ingeniería Eficiencia energética)

Constructor / Contractor
UTE VIAS CRC (civil)
COBRA (instalaciones)

Fotografías/Photographs
Jesús Granada

Presupuesto/Budget
9.340.691,91 € PEC

Área construida/Building area
4.170,29 m²

- 10K HOUSE
Takk

Localización / Location
Barcelona, España

Cliente / Client
Privado

Estado / Status
Construido

Fechas de proyecto / Design years
2022-2023

Arquitectos / Architects
Takk / Mireia Luzárraga + Alejandro Muiño

Equipo / Design Team
Roger Monfort, Berta Ribaudí

Fotografías/Photographs
José Hevia

Presupuesto/Budget
10.000 €

Área construida/Building area
46 m²

- ESTACIÓN INTERMODAL, DISEÑO URBANO Y PARQUE FELIPE VI EN LOGROÑO
Abalos+Sentkiewicz AS+

Localización / Location
Logroño, España

Cliente / Client
LIF 2002 SA Adif - Adif Alta Velocidad - Renfe Operadora - Ayuntamiento de Logroño, Gobierno de La Rioja - Santiago Miyares (director) - Mª Cruz Gutiérrez (director técnico)

Estado / Status
Construido

Fechas de proyecto / Design years
PERI (2009-2019)
Primera fase (2008-2015): Estacion de ferrocarril y parte este del parque
Segunda fase (2015-2022): Estación de autobuses y cúpula central + oeste del parque

Arquitectos / Architects
Iñaki Ábalos,
Renata Sentkiewicz
(Abalos+Sentkiewicz AS+)

Equipo / Design Team
Paisajismo/landscape: Iñaki Ábalos, Renata Sentkiewicz (Abalos+Sentkiewicz AS+), Teresa Gal Izard, Jordi Nebot (Arquitectura Agronomía). Equipo AS+: Alfonso Miguel, Jorge Álvarez-Buila, Yeray Brito, Aaron Forest, Victor Garzón, Pablo de la Hoz, Ismael Martín, Laura Torres, Rodrigo Rieiro, José Rodríguez, Álvaro Maján, Eduardo López, Sofía Lens, Carlos Pascual.

Colaboradores / Collaborators
Engineering: UTE Ineco-SENER, Francisco Cifuentes (INECO), Pelayo Suárez (SENER) + TYPSA (Ricardo Castejón, Miguel García); Transport Infrastructure: INECO (Eduardo Muñoz), TYPSA (Ricardo Castejón) On-site technical office: Eduardo Muñoz, Ana Palacios, Alberto Merchán, José Primo.)

Constructor / Contractor
SACYR (Fase 1); UTE Vías y Construcciones S.A. + Agua y Jardín S.L. + Ismael Andrés S.A. (Fase 2)

Fotografías/Photographs
José Hevia, Jesús Rocandio

Presupuesto/Budget
108.000.000€ (Fase 1),
66.103.000€ (Fase 2)

Área construida/Building area
PERI: 213Ha. Estación de Tren: 8.000m2. Andenes: 19.000m². Aparcamiento: 18.000m². Estación de autobuses: 10.800m². Urbanización: 145.000m2. Vivienda colectiva (Torres): 41.250m². Vivienda colectiva (Bloques): 83.750m².

- SANTANDER, HÁBITAT FUTURO
LANDLAB, laboratorio de paisajes + Paisaje Transversal

Localización / Location
Santander, España

Cliente / Client
Ayuntamiento de Santander

Estado / Status
No Construido

Fechas de proyecto / Design years
2021-2022 (concurso), 2022 (Definición del Modelo de Ciudad Santander 2055)

Arquitectos / Architects
Paisaje Transversal (Guillermo Acero, Jon Aguirre, Jorge Arévalo, Pilar Díaz, Sonia Ortega, Ángela Peralta, Iñaki Romero) + LANDLAB, laboratorio de paisajes (Miriam García García)

Equipo / Design Team
Paisaje Transversal: Cristina Rodríguez Ábalos, Cristina Díaz Sánchez, Mireia Carrasco Ferri, Landa Hernández Martínez + LANDLAB, laboratorio de paisajes: Ibon Doval Martínez, María Sans Segura, Jordi Miró Rábago, Javier García Gallego, Pere Marieges Soucheiron, Carlos Barbero Durán

Colaboradores / Collaborators
Sociología: Emilio Luque Pulgar / Relato y comunicación: Pedro Bravo Aguilar / Urbanismo: Ramón López de Lucio
Economía y movilidad: Juan Murillo Arias / Geografía: U. de Oviedo (Ícaro Obeso Muñiz, Felipe Fernández García) / Energía y Residuos: Aiguasol (Albert García, Oscar Cámara, Neus Agost, Lissette Campoverde, Martí Riera, Olga Barrachina, Alex Ivancic, Antoni Herena) / Agua: Societat Orgánica (Víctor Viscor, Albert Sagrera, Amaia Larrañaga, Víctor Pesquera) / Suelo y ecología: Volterra (Marta Múgica Galán, Luis Suárez-Llanos) / Movilidad: Outeiriño SUM+Lab - U. de Cantabria (Jose Luis Moura Berodia, Borja Alonso Oreña) / Diseño gráfico: Spread (David Lorente Zaragoza, Tomoko Sakamoto) / Renderizado: Quatre Caps (Dídac Sendra, Miguel Tomas, Juan Suay, Bernat Ivars, Carlos López) / Arquitectura e identidad: U. Politécnica de Madrid (Daniel Díez Martínez), Ayto. de Santander: Antonio Bezanilla Cacicedo

Imágenes/Images
Planos, diagramas y dibujos: Paisaje Transversal + LANDLAB, laboratorio de paisajes / Renders: Quatre Caps

Superficie/Area
36.080.000 m²

- RAMBLA CLIMATE-HOUSE
Andrés Jaque/Office for Political Innovation+Miguel Mesa del Castillo

Localización / Location
Molina de Segura, Murcia, España

Cliente / Client
Victoria Sánchez, Antonio Mesa del Castillo

Estado / Status
Construido

Fechas de proyecto / Design years
2018-2021

Arquitectos / Architects
Andrés Jaque / Office for Political Innovation + Miguel Mesa del Castillo

Equipo / Design Team
Roberto González García, Nieves Calvo López, Joan Fernández Linares, Ana Fernández Martínez, Marina Fernández Ramos, David Gil Delgado, Marta Jarabo Devesa, Jesús Meseguer Cortés, Laura Mora Vitoria, Paola Pabón, Belverence Tameau

Colaboradores / Collaborators
Quantity Survey: Francisco de Asís Pérez Martínez, Estructural Engineering: Qube Ingeniería (Iago González Quelle), Edaphology Consultant: María Martínez Mena, Ecology Consultant: Paz Parrondo Celdrán, Planting Consultancy: Viveros Muzaló (Rubén Vives) Topographical Survey: Fulgencio Mª Coll Coll, Geotechnical Report: Forte Ingeniería, Quality Survey: Ingeolab, Drones Operator: Juan José Rojo Albadalejo

Fotografías/Photographs
José Hevia

Presupuesto/Budget
225,000 €

Área construida/Building area
205 m²

- RÍO SOMES
PRÁCTICA

Localización / Location
Cluj-Napoca, Rumania

Cliente / Client
Ayuntamiento de Cluj-Napoca

Estado / Status
Construido

Fechas de proyecto / Design years
2017 (concurso), 2018-2020 (proyecto), 2020-2023 (construcción).

Arquitectos / Architects
PRÁCTICA (Jaime Daroca, José Mayoral & José Ramón Sierra)

Equipo / Design Team
Blanca Amorós, Raúl Brito, Cesia Campos, Amanda Castellano, Gonzalo Cortes, Santiago Estepa, Daniel García, Elisabetta Gravina, Ivan Iglesias, Andrea Navarro, Francisca Rocuant, Alonso Rosa, Costan Svinti, Sofía Valdivia, Banika Vijay, Beatriz Whitham.

Colaboradores / Collaborators
Arquitecto Local: Planwerk Ingeniería: Aqua Prociv Proiect, Costin si Vlad Birou de Proiectare y EuroBB Energy / Paisajismo: Landlab Coordinador: Baseli Drum Consult

Fotografías/Photographs
Imagen Subliminal (Miguel de Guzmán + Rocío Romero), Sergiu Razvan y Ayuntamiento de Cluj-Napoca

Presupuesto/Budget
25.700.768€

Área construida/Building area
333.137 m²

- LA MAREA CONSTRUYE
padd: Justo Díaz y Guillermo Pozo

Localización / Location
Estuario del río Nalón, Principado de Asturias, España

Cliente / Client
Dirección General de Urbanismo, Consejería de Ordenación de Territorio, Urbanismo, Vivienda y Derechos Ciudadanos del Principado de Asturias

Estado / Status
1º premio de concurso.

Fechas de proyecto / Design years
Julio 2023 (convocatoria), diciembre 2023 (fallo)

Arquitectos / Architects
Guillermo Pozo y Justo Díaz (padd estudio)

Superficie/Area
53,62 ha

- URBAN BATTERY
Estudio SIC

Localización / Location
Valdecarante, Madrid, España

Cliente / Client
Master Battery

Estado / Status
Concurso "Reinventies Cities"/ en proceso

Fechas de proyecto / Design years
2018 (concurso)

Arquitectos / Architects
Estudio SIC

Equipo / Design Team
Miguel Jaenicke, Esaú Acosta, Mauro Gil-Fournier

Colaboradores / Collaborators
Miriam Alonso, Patricia Ramos, Poli del Canto, Luis Lecea, Borja Izaola, Bruno Sauer, Raquel Díez, Ecoo (Consultoría fotovoltaico), Green Building Council (estudios ambientales), Vivero de Iniciativas ciudadanas VIC (mediación social), Landlab (Paisajismo), Fundación Juan XXII (inclusión social y reinserción laboral personas diversidad mental), Ecosecha (plantación y proyecto permacultura), ITD (innovación, tecnología y academia)

Presupuesto/Budget
27 millones de euros

Área construida/Building area
130.479 m²

FUENTES TIPOGRÁFICAS
Esta revista ha sido compuesta en 'Acumin', familia tipográfica de palo seco (*sans-seriff*) creada por el diseñador gráfico Robert Slimbach en 2015 para Adobe, y en 'Plantin', tipografía romana de origen renacentista diseñada por el también diseñador e ingeniero estadounidense Frank Hinman Pierpont en 1914 para la histórica casa británica Lanston Monotype Corporation Limited. Debido a su ascendencia sobre las llamadas tipografías grotescas decimonónicas (*Gothic* en América), la primera de ellas ofrece una gran versatilidad, dando como resultado una amplia variedad de formas propia de las tipografías grotescas actuales. Por su lado, la segunda de ellas, aportando gran legibilidad al adaptarse a los cambios impuestos por la composición mecanizada y la producción en masa —formulando a través del diseño gráfico las demandas revolucionarias del siglo anterior— tomó como referencia los diseños que el tipógrafo francés del siglo XVI Robert Granjon realizó para la mítica imprenta Plantin de Amberes, a la que debe su nombre.

This magazine has been typeset in 'Acumin,' a *sans-serif* typeface created by graphic designer Robert Slimbach in 2015 for Adobe, and in 'Plantin', a Roman typeface of Renaissance origin designed by the American designer and engineer Frank Hinman Pierpont in 1914 for the historic British firm Lanston Monotype Corporation Limited. Due to its influence on the so-called nineteenth-century grotesque typefaces (known as *Gothic* in America), the former offers excellent versatility, resulting in a wide variety of forms typical of contemporary grotesque typefaces. On the other hand, the latter provides excellent legibility by adapting to the changes imposed by mechanized composition and mass production—formulating, through graphic design, the revolutionary demands of the previous century—taking as reference the designs that the sixteenth-century French typographer Robert Granjon created for the legendary Plantin press in Antwerp, from which it derives its name.

Primer número de la revista académica 'Textos de *Arquitectura*'

Presentamos la nueva revista científica 'Textos de *Arquitectura*' con la llamada a contribuciones del primer número titulado "Arquitectura y descarbonización: hacia la post-sostenibilidad".

ESP Asociada a la nueva etapa de la revista *Arquitectura* del Colegio Oficial de Arquitectos de Madrid (*El futuro Madrid*), presentamos 'Textos de *Arquitectura*', la nueva revista científica de revisión por pares, en línea y de acceso abierto. Su periodicidad será anual y estará abierta a todos los investigadores que consideren publicar artículos inéditos o reseñas de libros, tanto en español como en inglés.

Los primeros números abordarán las tres líneas de acción de la New European Bauhaus que articulan esta nueva etapa de la revista —sostenibilidad, inclusión y belleza—, y que constituyen asuntos centrales para la arquitectura y el urbanismo hoy en día. La convocatoria abierta para el primer número gira en torno al concepto de sostenibilidad, siguiendo los contenidos temáticos de los números 386 ('Territorio') y 387 ('Clima') de la revista.

Las ciudades y los edificios ya no pueden entenderse como constructos aislados, sino como nodos pertenecientes a las redes materiales que están en constante interacción tanto con la atmósfera como con la geobiosfera. Este entendimiento metabólico hace que la ciudad y la arquitectura no puedan considerarse ajenas al territorio sobre el que se asientan y con el que establecen continuos intercambios de materia, energía e información. A diferencia del ya obsoleto paradigma industrial moderno dónde los materiales seguían un modelo lineal desde su extracción hasta el vertedero, es necesario entender la construcción como parte de un sistema planetario de flujos de material. Cuestiones relativas a la descarbonización de la arquitectura, como son el llamado *'Urban Mining'* o la *'Non-Extractive Architecture'* así como las tensiones entre las tipologías constructivas regionales e industriales, formarán parte de este primer número de 'Textos de *Arquitectura*'. Este número también abordará el calentamiento global y su efecto sobre la ciudad y la arquitectura. Frente al paradigma moderno de la envolvente estanca y bien aislada, se propone un nuevo enfoque donde la arquitectura interactúe, por un lado, con el clima y, por otro, con las prácticas espaciales, así como con el cuerpo humano, incorporando cuestiones sobre salud, comodidad y bienestar a la arquitectura.

El objetivo último es articular una mirada crítica que desafíe la banalidad asociada al término 'sostenible', aspirando a ir más allá de los eslóganes vacuos con el objetivo de encontrar nuevos caminos de desarrollo compartido en el complejo equilibrio que las dimensiones de lo humano y lo más-que-humano deben desplegar entre el territorio, el clima y el espacio construido.

Instrucciones completas para autores y directrices de envío en el enlace www.coam.org/es/fundacion/biblioteca/revista-arquitectura-100-anios/arquitectura-etapa-2023-2026

First issue of the Academic Journal 'Textos de *Arquitectura*'

This text launches the new scientific journal 'Textos de *Arquitectura*' and the call for papers for issue no. 1 "Architecture and decarbonization: towards post-sustainability".

ENG Connected to the new period of the journal *Arquitectura* from Colegio Oficial de Arquitectos de Madrid (*El futuro Madrid*), we present 'Textos de *Arquitectura*', the new peer-reviewed, online and open access scientific journal. Its periodicity will be annual and will be open to all researchers who want to publish scientific articles or book reviews, both in Spanish and English.

The first three issues will address the lines of action of the New European Bauhaus. These three concepts —sustainability, inclusion and beauty— articulate the agenda of the new period of the journal *Arquitectura* and which also constitute central issues for architecture and urbanism nowadays. The open call for the first issue revolves around the concept of sustainability, following the thematic contents of numbers 386 ('Territory') and 387 ('Climate') of the magazine.

Cities and buildings can no longer be understood as isolated objects, but nodes in the material networks which belong — and are in interaction— with the atmosphere and the geobiosphere. This metabolic understanding implies that the city and its buildings can no longer be considered independently from the territory on which they sit and with which they exchange matter, energy and information. Unlike the obsolete modern industrial paradigm where materials followed a linear pattern from extraction to landfill, construction should be understood as an integral part of the planetary system of material flows. Issues related to the decarbonization of architecture such as *urban mining* or *non-extractive architecture*, or questions such as the tensions between regional and industrial construction typologies, will be part of this first issue of '. This issue of 'Textos de *Arquitectura*' will also address global warming and its effect on the city and on architecture. Faced with the modern airtight and well-insulated envelope paradigm, a new approach is proposed where architecture interacts with the climate, spatial practices and the human body, incorporating health, comfort and well-being to architecture.

The objective is to articulate a critical view that challenges the banality implied in the term 'sustainable', aspiring to go beyond empty slogans with the objective of finding new paths for collective development in the complex balance that the human and the more-than-human should unfold between the territory, the climate and the built space.

Complete instructions for authors and submission guidelines to be found on the link: www.coam.org/es/fundacion/biblioteca/revista-arquitectura-100-anios/arquitectura-etapa-2023-2026

(TRANSLATION BY *ARQUITECTURA*)

"Now we are left with a world without urbanism, only architecture, even more architecture. The neatness of architecture is its seduction; it defines, excludes, limits, separates from the "rest"— but it also consumes. It exploits and exhausts the potentials that can be generated finally only by urbanism, and that only the specific imagination of urbanism can invent and renew. The death of urbanism— our refuge in the parasitic security of architecture— creates an immanent disaster: more and more substance is grafted on starving roots."

Koolhaas, Rem, "What Ever Happened to Urbanism", *S M L XL*, The Monicelli Press, New York, 1995, pág. 967.

Agradecimientos

Acknowledgments

ESP El equipo editorial de la revista *Arquitectura* quiere agradecer a los arquitectos y urbanistas Alberto Leboreiro Amaro (ex subdirector general de Planificación Regional de la Comunidad de Madrid), Carlos Lasheras Merino (ex director general de Planeamiento y Gestión Urbanística del Ayuntamiento de Madrid) y, muy especialmente, a Juan Manuel Fernández Alonso (actual subdirector general de Evaluación Urbana de la Dirección General de Planificación Estratégica del Ayuntamiento de Madrid), la ayuda prestada para la realización de este número.

ENG The editorial team of *Arquitectura* would like to thank the architects and urban planners Alberto Leboreiro Amaro (Madrid Regional Government former deputy managing director of Regional Planning), Carlos Lasheras Merino (Madrid City Council former managing director of Planning and Urban Management) and, very especially, to Juan Manuel Fernández Alonso (current Madrid City Council deputy managing director of Strategic Planning), for the advice provided in the production of this issue.

Nota aclaratoria

Explanatory note

A petición expresa de los interesados, Mauro Doncel Marchán y Maitane Díaz Prieto son los autores del proyecto ganador del concurso del 'Paso sobre las vías del tren, reurbanización de su ámbito inmediato y reordenación del entorno de la estación de Fuenlabrada Central' (convocado en 2022 y fallado en febrero de 2023). La propuesta aparece reseñada en la página 46 del número anterior (386) de la revista *Arquitectura*.

Upon specific request, Mauro Doncel Marchán and Maitane Díaz Prieto are the authors of the winning project for the competition 'Paso sobre las vías del tren, reurbanización de su ámbito inmediato y reordenación del entorno de la estación de Fuenlabrada Central' (launched in 2022 and awarded in February 2023). The proposal is referenced on page 46 of the previous issue (386) of *Arquitectura*.

FORMACIÓN COAM
Instituto de Formación Continua, más de una década ofreciendo formación específica y de calidad a los arquitectos y arquitectas.
R Oficina COAM REHABILITACIÓN
Oficina de rehabilitación, tu espacio de referencia en materia de subvenciones. Te asesoramos y acompañamos tanto a ti como a tus clientes. Somos tu voz ante la administración. Y ahora, ¡también gestionamos!
MAT COAM
DEPARTAMENTO DE EDIFICACIÓN
El Departamento de Edificación MATCOAM está en constante evolución. Somos la principal comunidad del sector de la edificación, con la mayor exposición permanente de materiales, y un HUB de eventos y actividades orientados a las marcas y a los profesionales. ¡Encuéntranos en la 3ª planta del COAM!
COAM